Britta Petersen

Wo die Götter leben

HERDER spektrum

Band 5717

Das Buch

Indien ist seit der Romantik ein Land der spirituellen Sucher. Dabei faszinierte die religiöse Vielfalt ebenso wie die Exotik der anderen, toleranter anmutenden Religionen Hinduismus und Buddhismus Generationen von zivilisationsmüden prominenten Sinnsuchern von Hermann Hesse über die Beatles bis zu Hollywood-Schauspieler Richard Gere.

Aber wie ist der Alltag in dem Land, das sich anschickt, eine neue Supermacht zu werden? Welche Rolle spielen die Religionen im Leben der Menschen – und in der Politik? Britta Petersen ist kreuz und quer durch Indien gereist, auf der Suche nach Traditionen und Veränderung in einem Land, in dem viele Götter leben. Ihr Weg führt sie ebenso zu den Christen in den verfallenden Kolonialstädten von Goa wie zu den Muslimen und Hindus in Gujarat, das als Schauplatz religiös motivierter Pogrome bekannt wurde. Sie trifft Angehörige der kleinen Gruppe der Parsen, die nur untereinander heiraten dürfen und vom Aussterben bedroht sind, und Sikhs, die versuchen, das Beste von Hinduismus und Islam zu vereinen. Und sie berichtet vom Alltag der Unberührbaren, die heute im Bildungswesen und in der Arbeitswelt mit Quoten gefördert werden – und mit denen doch niemand am Tisch sitzen möchte.

Britta Petersen führt den Leser in ein faszinierendes Land, in dem täglich zu sehen ist, welche großartigen Chancen aus dem Kontakt der Religionen entstehen – und wie Religion immer wieder zu politischen Zwecken instrumentalisiert wird. Ihre spannende Reiseerzählung wird so zum Schlüssel für das Verständnis des modernen Indien.

Die Autorin

Britta Petersen, geb. 1966, war Asien-Redakteurin der Financial Times. Seit 2005 lebt sie als freie Journalistin und Autorin in Indien. Außerdem unterrichtet sie afghanische Journalisten in Kabul und arbeitet als Medienberaterin für internationale Organisationen. Im Jahr 2005 erhielt sie den Leipziger „Preis für die Freiheit und Zukunft der Medien“. Bei Herder spektrum: Einsatz am Hindukusch. Soldaten der Bundeswehr in Afghanistan (Band 5628).

Britta Petersen

Wo die Götter leben

Alltag und Religion in Indien. Eine Reise

HERDER

FREIBURG · BASEL · WIEN

Für Sultan

Originalausgabe

Gedruckt auf umweltfreundlichem, chlorfrei gebleichtem Papier

www.herder.de
Satz: Barbara Herrmann, Freiburg
Druck und Bindung: fgb · freiburger graphische betriebe 2006
www.fgb.de
Umschlaggestaltung und Konzeption: R·M·E München / Roland Eschlbeck, Liana Tuchel
Covermotiv: © Rapho/Laif
ISBN-13: 978-3-451-05717-5
ISBN-10: 3-451-05717-4

Inhalt

Das Gegenteil einer trivialen Wahrheit ist falsch,
das Gegenteil einer großen Wahrheit ist ebenfalls wahr.
(Niels Bohr)

Vorwort

Dieses Buch ist das Protokoll mehrerer Reisen, die ich zwischen Dezember 2005 und Mai 2006 in Indien unternommen habe. Die Idee dabei ist es, eine Einführung in die verschiedenen Religionen des Landes zu geben, indem ich die Orte ihrer Konflikte aufsuche und die beteiligten Menschen für sich sprechen lasse.

Obwohl Indien als multireligiöser Vielvölkerstaat bekannt ist, ist das Zusammenleben der Konfessionen nicht ohne Schwierigkeiten. In einer Welt, die derzeit eine Renaissance des Religiösen erlebt und in der die Zahl der gewalttätigen religiösen Auseinandersetzungen zunimmt, bleibt Indien keine Ausnahme. Im Gegenteil. Zwar ist Indien ein säkularer Staat, aber die indische Gesellschaft ist nicht, wie die westlichen Gesellschaften, in ihrer Mehrheit post-religiös. Für die meisten Menschen in Indien ist die Religion nach wie vor ein wichtiger Teil des Lebens und der Identität.

Und das ist nicht nur eine Frage der persönlichen Prägung und Entscheidung. Indien ist erst seit dem Ende der britischen Kolonialzeit 1947 ein einheitlicher Staat. Die Einheit ist unter Ausschluss einer der größten Religionen des Landes, der muslimischen, hergestellt worden. Die Gründe dafür sind vielfältig, zweifellos aber zum großen Teil in den Folgen der Kolonialherrschaft zu finden. Der Konflikt der Religionen ist ein Geburtskennzeichen des indischen Staates.

Aber trotz der Abspaltung Pakistans hat es ein Teil der muslimischen Bevölkerung vorgezogen, im Land und damit Inder zu bleiben. Daran lassen sich zwei verschiedene Konzepte von indischer Staatlichkeit ablesen, die bis heute relevant sind. Eines, das die Gesamtheit der auf indischem Staatsgebiet vorhandenen Religionen als Teil der Nation betrachtet, und ein anderes, das zu unterscheiden versucht zwischen „einheimischen“ und „fremden“ Religionen. Zu ersteren werden Hinduismus, Sikhismus, Buddhismus und Jainismus gezählt, zu letzteren Islam, Christentum und Zoroastrianismus.

Dieses Konzept, das versucht, vermeidlich fremde Religionen auszuschließen, hat seit den 90er Jahren an Einfluss gewonnen, als mit der BJP eine Partei an die Macht kam, die in ihrer Mehrheit Indien als hinduistischen Staat definieren will. Sie und ihre zum Teil radikalen Schwesterorganisationen haben eine Reihe gewalttätiger Konflikte geschürt, die bis heute nicht beigelegt sind und die Indien vermutlich noch lange beschäftigen werden. Im Zentrum steht erneut die Auseinandersetzung zwischen Hinduismus und Islam.

Aber auch die kleineren Religionen bergen ihr Konfliktpotenzial. Während das Christentum regelmäßig wegen der kolonialen Vergangenheit und der zum Teil bis heute andauernden Missionstätigkeit in die Kritik gerät, haben die Sikhs in den 80er Jahren ihre eigene Sezessionsbewegung hervorgebracht und sich damit in Opposition zum Staat gestellt. Der Buddhismus auf der anderen Seite, der als Religion in Indien fast völlig ausgestorben ist, wurde zur Kampf-Identität der bis heute am stärksten diskriminierten Gruppierung der indischen Gesellschaft, der so genannten Unberührbaren oder Dalits. Im Vergleich dazu muten die internen Auseinandersetzungen innerhalb der kleinen, wohlhabenden Gemeinde von Zoroastriern oder Parsis, postmodern an.

Neben der Beschreibung dieser Konflikte soll das Buch aber auch einen Einblick in den indischen Alltag geben. Dazu werden die einzelnen Kapitel durch kurze Charakterisierungen der jeweils behandelten Religion eingeleitet, die keinen

Anspruch auf Vollständigkeit erheben, sondern vielmehr dem Leser zur Orientierung dienen sollen. Religion ist nur einer von vielen möglichen Aspekten, unter dem indisches Leben betrachtet werden kann. Viele andere Blickwinkel wären möglich und sie würden einen gänzlich anderen Eindruck von diesem Land geben. Indien ist in seiner Größe so vielfältig, dass es weder mit einem Buch noch mit einer Reise ausgeschöpft werden kann.

Jede Reise ist von vielen Zufällen abhängig. Reisende sind immer nur für kurze Zeit zu einem bestimmten Zeitpunkt an einem Ort. Wem sie dort begegnen, ist nur wenig steuerbar. Ein Reisebuch ist daher immer eine Momentaufnahme. Die Auswahl der Gesprächspartner in diesem Buch ist daher nicht im strengen Sinne repräsentativ. Ich hoffe aber dennoch, dass sie einen Eindruck davon zu geben vermag, wie es um den Alltag und das Zusammenleben der Religionen in Indien derzeit bestellt ist.

Britta Petersen — Neu-Delhi, im Juni 2006

Der Tempel und die Moschee

Zwischen Toleranz und Ressentiment: Die Hindus

Rund 80 Prozent der indischen Bevölkerung sind Hindus. Der Hinduismus begann sich um 2000 v. Chr. herauszubilden, als am Ende der Indus-Kultur arische Stämme in Nordindien einwanderten. Er entstand aus einer Verschmelzung der vor-arischen Religionen und den neuen Konzepten der Einwanderer. Die wichtigsten philosophischen Schriften aus dieser Zeit sind die Upanishaden. Seine heutige Form erhielt der Hinduismus um 500 v. Chr. Brahma, Vishnu und Shiva entwickelten sich zu den drei Hauptgöttern (Trimurti). Das Ramayana und das Mahabharata sind wichtige mythologische Texte aus dieser Zeit, die noch heute im Alltag Bedeutung haben. Damals entstehen auch einzelne Glaubensrichtungen, die sich auf die Verehrung einzelner Götter beziehen (Shivaismus, Vishnuismus).

Aber der Hinduismus ist kein Polytheismus, auch wenn es im Volksglauben diesen Anschein hat. Eine der Hauptströmungen seit den Upanishaden ist das Advaita Vedanta – ein monistisches Konzept, wonach die individuelle Seele (Atman) und die Weltseele oder Gott (Brahman) in ihrem Wesen identisch sind. Dies wird jedoch durch Unwissenheit verschleiert. Die Welt, wie wir sie wahrnehmen, ist eine Illusion (Maya). Erlösung liegt in der Erkenntnis der Identität von Atman und Brahman (Advaita bedeutet wörtlich „Nicht-Zweiheit"). Andere Strömungen, die vor allem unter den Anhängern des Gottes Krishna verbreitet sind, beharren auf einer Zweiheit von Gott und Seele. Bis heute ist der Hinduismus keine organisierte Religion mit einer einheitlichen Lehre. Er ist vielmehr eine Lebenshaltung, die viele Philosophien anerkennt.

Im 19. Jahrhundert kam es in Indien zu verschiedenen Reformbewegungen, die als Neohinduismus bezeichnet werden. Sie waren auch das Ergebnis einer Auseinandersetzung mit der britischen Kolonialzeit. Zum ersten Mal begannen Hindus sich als eine Einheit zu betrachten. Es entstandenen Bewegungen, die die Bilderverehrung und das Kastensystem kritisierten, das seit der Zeit der arischen Einwanderung bestand. Mahatma Gandhi und Teile der Unabhängigkeitsbewegung sind diesen Strömungen zuzurechnen, die sich unter neuen Bedingungen darüber Gedanken machten, was es heißt, Hindu zu sein. Allerdings setzten Gandhi und die lange Zeit dominierende Kongress-Partei sich stets für einen säkularen Staat ein, in dem alle Religionen gleichberechtigt zusammenleben können.

Anfang des 20. Jahrhunderts entsteht aber auch eine chauvinistische Hindu-Bewegung, die lange relativ bedeutungslos war. Seit ihr politischer Arm, die Bharatiya Janata Party (BJP), 1998 zum ersten Mal an die Macht kam, ist in Indien nichts mehr, wie es war. Die Partei und ihre zahlreichen Schwesterorganisationen haben systematisch darauf hingearbeitet, religiöse Konflikte zu schaffen, bzw. bestehende eskalieren zu lassen. Das Ziel ist die Errichtung eines Hindu-Staates, in dem alle anderen Religionen sich unterordnen müssen. Bei Ausschreitungen zwischen Hindus und Muslimen starben seit der Machtübernahme der BJP mehrere Tausend Menschen. Die Partei wurde 2004 abgewählt. Aber das Problem bleibt.

Von Varanasi nach Ayodhya

Ich war nach Varanasi gekommen, um für das Magazin „Vogue" eine Geschichte zu recherchieren. Sie handelt von Stella Deetjen, einer Deutschen, die vor zwölf Jahren in die heilige Stadt der Hindus reiste – als Rucksacktouristin – und dann eine Straßenklinik für Leprakranke und ein Kinderheim gründete. Stella Deetjen schwärmt vom heiligen Fluss, dem Ganges, auch „Mutter Ganga“ genannt, und von der Liebe der Armen. Für diese Liebe hat sie schon eine Reihe von Männern in die Wüste geschickt.

Aber das ist nicht die Geschichte, die ich in diesem Buch erzählen will. Varanasi ist nur eine Durchgangsstation. Ich will nach Ayodhya, der Stadt in der 1992 eine Moschee demoliert wurde und die damit zum Ausgangspunkt eines Konflikts zwischen Hindus und Muslimen wurde, der bis heute andauert und Tausende von Todesopfern gefordert hat.

Dabei wäre auch Varanasi geeignet, um über die Hindus zu schreiben. Viele haben das getan. Eine der heiligsten Städte Indiens. Seit mehr als 2500 Jahren kommen Pilger dort hin, um im Wasser des heiligen Ganges zu baden. Wer in der Stadt des Gottes Shiva stirbt, so heißt es, erlangt Befreiung aus dem Kreislauf der Wiedergeburten. Eine Pilgerstadt, Lichtjahre entfernt vom Computerhype und der Aufbruchstimmung einer neuen Weltmacht, die in Städten wie Bombay oder Bangalore zu spüren ist.

Ich mache mich von Varanasi mit dem Zug auf den Weg nach Ayodhya. Wenige Tage nach meiner Abreise explodiert in einem Tempel unweit von Stella Deetjens Kinderheim eine Bombe. Indische Journalisten bringen das Ereignis in Zusammenhang mit den bevorstehenden Regionalwahlen. Das ist sie, die Geschichte dieses Buches. Sie kann derzeit überall in Indien spielen.

Der Zug braucht vier Stunden von Varanasi nach Faizabad, das knapp zehn Kilometer von Ayodhya, dem Ziel meiner Reise, entfernt liegt. Ich nehme eine Fahrradrikscha zum Hotel – auf dem Land noch immer ein weit verbreitetes Transportmittel für kurze Distanzen. Faizabad macht den Eindruck einer verschlafenen Distrikthauptstadt: flache Häuser, staubige

Straßen, hin und wieder hat ein Investor ein protziges Bürogebäude mit verspiegelten Scheiben hochgezogen, das er so oder ähnlich in Dubai gesehen haben mag.

Ich will mir die Tempelanlagen von Ayodhya anschauen. Mit dem Sammeltaxi dauert es eine halbe Stunde bis zu dem Nachbarort. Gern hätte ich mir ein richtiges Taxi für den verbleibenden Nachmittag gemietet, aber nach Auskunft der Hotelmitarbeiter in Faizabad gibt es so etwas in dieser Gegend nicht. Ayodhya ist ein Ort, der jährlich Millionen von Hindu-Pilgern anlockt – aber westlichen Touristen begegne ich nicht. Die Reiserouten der Ausländer und die der indischen Pilger sind Linien, die sich selten schneiden.

Dabei ist Ayodhya eine der sechs heiligen Städte der Hindus. Im Nationalepos, dem Ramayana, das zwischen dem vierten und zweiten Jahrhundert vor Christus entstand, wird es als Geburtsort des Gottes Rama erwähnt. Die populäre Geschichte des Königssohnes Rama, der mit Hilfe des Affengottes Hanuman seine geraubte Gattin Sita aus den Händen des Dämonenfürsten Ravana wiedergewinnt, hat sich bis nach Südostasien verbreitet. In Indien ist sie alljährlich Gegenstand populärer Theateraufführungen („Rama Lila“) und hat – nicht anders als im Westen Homers Ilias und die Odyssee – ihren Weg ins Kino, ins Fernsehen und in die moderne Kunst gefunden.

Rama oder Ram, der Archetypus des Helden, gilt zugleich als eine der zehn irdischen Verkörperungen (Avatare) des Gottes Vishnu. Vishnu ist neben Brahma und Shiva einer der drei Hauptgötter des Hinduismus. Brahma steht für die Erschaffung, Vishnu für die Erhaltung und Shiva für die kreative Zerstörung der Welt, aus der allein Neues entstehen kann.

Ich laufe über Faizabads staubige Straßen bis zu jener Kreuzung, an der die Sammeltaxis nach Ayodhya abfahren sollen. Es dauert nicht lange, bis eine dieser größeren Autorikschas, „Tempo“ genannt, vorbeikommt. Ich nehme neben einem Hindu-Pilger in einem ausgewaschenen, rosafarbenen Gewand Platz – ohne recht zu wissen, wo es hingeht und wo ich aussteigen muss. Der fromme Mann spricht kein Englisch. Aber er gibt mir zu verstehen, dass er sich auf einer Yatra, einer spirituellen Reise oder Pilgerfahrt, befindet und dass ich mich doch bitte in seinem Fahrtenbuch mit Namen und Adresse eintragen möge. Dem Wunsch komme ich gern nach. Während ich mich noch frage, ob er wohl auch eine Geldspende zur Unterstützung seiner Reise erwartet, verabschiedet er sich schon und steigt aus.

„... wie das Paradies selbst“

Auch die anderen Passagiere verlassen das Sammeltaxi einer nach dem anderen und so komme ich doch noch zu meinem Mietwagen. Der Fahrer versteht, wo ich hin will. Viele Orte gibt es ohnehin nicht in Ayodhya, wo eine Ausländerin hin wollen könnte. Das einzige, was mich überrascht, ist das Fehlen jeglicher Hinweise auf die Hauptpilgerstätte, die abseits der Hauptstraße liegt. Der dreirädrige Wagen kämpft sich etwa eine Viertelstunde durch eine staubige Schlaglochpiste, bis er vor einer Polizeisperre zum Stehen kommt. Darauf war ich vorbereitet. Die so genannte Ram Janma Bhumi – Ramas Geburtsort – ist die am besten gesicherte Pilgerstätte Indiens. Das war nicht immer so. Als Hindu-Fundamentalisten hier im Jahr 1992 die Babri-Moschee niederrissen, schaute die Polizei untätig zu.

Vorerst stellt sich ein praktisches Problem. Die freundlichen Polizisten in ihren olivgrünen Uniformen bitten mich, meine Tasche am Eingang abzugeben und nach Möglichkeit meine Wertsachen herauszunehmen. Doch als ich mit der

Brieftasche in der Hand das heilige Gelände betreten will, weist man mich darauf hin, dass ich auf keinen Fall etwas in der Hand tragen soll, weil die zahlreichen Affen auf dem Gelände sich darauf spezialisiert haben, Besucher zu beklauen. Affen sind in vielen indischen Tempeln ein Ärgernis. Da man aus Respekt vor der mythischen Armee des Affengottes Hanuman nicht gegen sie vorgeht, führen sie sich mitunter recht aggressiv gegenüber Besuchern auf.

Leider hat meine Hose keine Taschen und ich weiß nicht, wohin mit der Brieftasche. Nach einer längeren Diskussion über das Für und Wider verschiedener Optionen erklärt sich ein freundlicher Polizist bereit, mich auf das Tempelgelände zu begleiten und die Affen zu verscheuchen.

Vor dem eigentlichen Eingang zur Ram Janma Bhumi noch eine Leibesvisitation. Dann führt ein langer, beidseitig mit Zäunen gesicherter Gang zu dem, was im eigentlichen Sinne kein Tempel ist. Auf den Mauern der Nachbargebäude lauern die Affen. Noch einmal eine Sicherheitskontrolle. Die Zahl der Absperrungen und Metallgitter deutet darauf hin, dass hier zu Stoßzeiten Tausende von Besuchern durchgeschleust werden. Ich bin an diesem Nachmittag ganz allein.

Es ist kaum vorstellbar, dass an diesem Ort einmal eine der größtes Moscheen des Bundesstaats Uttar Pradesh gestanden haben soll – die Babri-Moschee. Vermutlich wurde sie im 16. Jahrhundert unter dem ersten Moghul-Kaiser Babur erbaut. Es ist aber auch möglich, dass er eine bereits bestehende Struktur überarbeiten ließ.

Nichts deutet heute mehr auf ihre Existenz hin. Fotos zeigen die Moschee als ein ehemals prachtvolles Gebäude mit drei Kuppeln im Moghul-Stil. Das Gotteshaus ist verschwunden. Was geblieben ist, sieht aus wie eine Mischung aus Ausgrabungsstätte und einem im Bau befindlichen Parkhaus. Grüne Plastikplanen überspannen Flächen aus Schutt und tiefen

Löchern. Archäologen haben hier versucht, historische Beweise für die These zu finden, dass dies tatsächlich der Geburtsort Ramas ist. Wie bei einem Mythos zu erwarten: bisher ohne Erfolg.

Das Archaeological Survey of India (ASI) fand allerdings Hinweise auf einen großen Hindu-Tempel, der hier vor der Moschee gestanden haben soll. Verschiedene Historiker zweifeln den Bericht aber an. Einige gehen davon aus, dass Ayodhya in vor-muslimischer Zeit vor allem von Buddhisten besiedelt war. Muslimische Historiker verweisen darauf, dass in der Stadt noch zahlreiche andere Orte als Geburtsort Ramas verehrt werden. Aus der britischen Kolonialzeit ist überliefert, dass in und vor der Moschee religiöse Zeremonien zu Ehren Ramas abgehalten wurden. Bis ins 19. Jahrhundert nutzten Hindus und Muslime gemeinsam die Moschee und schöpften Wasser aus einem unterirdischen Brunnen, dem heilende Kräfte nachgesagt wurden.

Erste Streitigkeiten zwischen Hindus und Muslimen um den Ort sind ebenfalls aus der Kolonialzeit überliefert. Die Briten haben nach der Regel „teile und herrsche" in Indien systematisch Hindus, Muslime und andere Religionsgemeinschaften gegeneinander ausgespielt. Die Teilung des Landes nach dem Abzug der Briten 1947 ist ein Ergebnis dieser Politik und religiöse Auseinandersetzungen müssen immer auch vor diesem Hintergrund gesehen werden.

1949 tauchte in der Babri-Moschee eine Rama-Statue auf, die offenbar von interessierten Kreisen dort platziert worden war. Dies führte dazu, dass die indischen Behörden das Gotteshaus aus Angst vor möglichen Konflikten schließen ließen. Ohnehin hatten die Muslime die Moschee seit 1936 nicht mehr genutzt, während Hindus weiterhin dort beteten.

Ram Janma Bhumi ist heute die vermutlich traurigste Pilgerstätte der Welt. Das Wort Ruine wäre noch eine Übertreibung, kein Stein ist hier auf dem anderen geblieben. Unter dem ungesunden Licht der grünen Bauplanen hockt ein Priester. Weit hinter ihm steht eine kleine Rama-Statue, die nur schwer zu erkennen ist. Ich spende einen kleinen Geldbetrag und bekomme von dem Priester ein rotes Bändchen um den Arm geschlungen. Es symbolisiert den Segen. Da es weiter nichts zu sehen gibt, mache ich mich mit dem Affen verscheuchenden Polizisten auf den Weg zum Ausgang.

Ich bedanke mich ratlos und schaue noch im Nachbartempel vorbei. Nach historischen Berichten soll es in Ayodhya mindestens 30 Tempel geben, die als Geburtsort Ramas verehrt werden. Auch dieser zeichnet sich – wie viele Hindu-Tempel – durch einen Brahmanen aus, der seine Priesterfunktion in erster Linie darin zu sehen scheint, den Besuchern Geld aus der Tasche zu ziehen. Meist murmeln sie kurz ein paar religiöse Verse, die der Besucher nachsprechen soll. Dann enthüllen sie mit großer Geste die Hauptstatue des Tempels – und dann geht es ans Bezahlen. Ich werde gebeten, mich in ein Buch einzutragen, in dem bereits zahlreiche Namen mit unglaublich hohen Spendenbeträgen dahinter stehen. Ich gebe einen kleinen Betrag und verschwinde.

Der wartende Taxifahrer kutschiert mich bis Sonnenuntergang noch zu einer ganzen Reihe mäßig interessanter Tempel. Dass diese Stadt in den Veden, den heiligen Schriften Indiens, als „von den Göttern gebaut und so wohlhabend wie das Paradies selbst“ bezeichnet wird, ist heute nicht mehr nachvollziehbar. Aber das frühere Awadh oder, wie es unter den Briten hieß, Oudh war über Jahrhunderte für Hindus, Buddhisten, Jains und Muslime ein bedeutendes kulturelles Zentrum. Dies und nicht das wirkliche Ayodhya ist der Ort, um den sich alle aktuellen Konflikte drehen.

Unter Anwälten

Am nächsten Morgen rufe ich C. Prasad an. Der Anwalt ist die einzige Kontaktadresse in Ayodhya, die ich habe. Ein Freund Stella Deetjens, der Musikalienhändler Nawal Kishore, hatte sie mir in Varanasi gegeben. Ein Glück, denn in der indischen Provinz ist es gar nicht so leicht, Menschen zu finden, die Englisch sprechen. Auf der Straße nach Gesprächspartnern zu suchen, fällt weitgehend aus. Prasad ist bereit, über die Situation in Ayodhya zu reden. „Ich bin allerdings den ganzen Tag bei Gericht in Faizabad. Wenn Sie Zeit haben, können wir uns dort treffen."

Mein Hotel ist nicht weit, ich kann eine Fahrradrikscha nehmen. Das Gericht erinnert in seiner Anlage an ein Dorf. Es gibt einen zentralen, von Bäumen beschatteten Platz, um den herum die wichtigsten Gebäude angeordnet sind, sowie eine ganze Reihe verschiedener Nebengebäude, in denen geschäftige Menschen – vor allem Männer – aus und ein gehen. C. Prasad hatte mir am Telefon die Nummer des Gerichtssaals mitgeteilt, in dem seine Verhandlung stattfindet. Ich erkundige mich danach in dem größten Gebäude – einem zweistöckigen Bau, in dessen Erdgeschoss sich ein Gerichtssaal von kolonialer Patina befindet. Ein Mitarbeiter schlägt mir vor, Platz zu nehmen, doch ich ziehe es vor, Prasad auf dem Handy anzurufen. „Ich komme gleich rüber, wir sind in einer Verhandlungspause", sagt er.

Zeit hat der Anwalt wenig. Wir setzen uns auf eine Mauer am Rande einer Rasenfläche. Da das Gericht offenbar selten Besuch von Ausländern hat, sind wir schnell von Schaulustigen umgeben, die unser Gespräch mit anhören. C. Prasad ist ein mittelgroßer, schlanker Mann mit scharf geschnittenen Zügen und einer Adlernase. Zur schwarzen Nehru-Jacke trägt er eine bunte Kappe mit geometrischen Stickereien, die sonst eher in der Himalayaregion zu finden ist. Die sorgfältig gepflegte, konservative Erscheinung setzt sich fort in seinem Sprachstil. Er wählt seine Worte mit Bedacht und geht weit in die Geschichte zurück, um über Ayodhya zu sprechen.

„Ayodhya ist die heiligste Stadt der Welt, aber sie hat ihren Charakter verloren." Dann erzählt er eine Geschichte aus den Puranas – jenen Schriften, die den einfachen Menschen zur Beginn unserer Zeitrechnung den Inhalt der Veden verständlich machen sollten. „Kush und Lava waren die Zwillingssöhne Ramas und Sitas. Kush kam zur Jagd in das ehemalige Ayodhya, aber er wusste nicht, dass es sich um Ayodhya handelte. Auf einmal hörte er eine Frau weinen. ‚Warum weinst Du?', fragte er sie. Sie antwortete: ‚Deine Eltern wurden zerstört. Baue Ayodhya wieder auf nach dem Vorbild des Königsreichs Ramas!'" Daraufhin soll Gott Shiva ihm eine Karte gegeben haben, nach der Kush die wichtigsten Orte Ayodhyas, unter anderem den Geburtsort seines Vaters, die Ram Janma Bhumi, wieder aufbaute.

Der Anwalt macht einen weiten Sprung in der Geschichte. „Dieser Ort wurde von den Moghulen zerstört, um eine Moschee darüber zu bauen. Aber das Problem ist, dass aus der Zeit vor Kaiser Akbar (1556–1605) keine schriftlichen Zeugnisse vorliegen. 1947 soll sich eine Statue Ramas von selbst in der Babri-Moschee materialisiert haben. Sie wird heute in einem Tempel aufbewahrt. Es hat viele Untersuchungen über das alles gegeben, aber der Fall liegt noch immer beim Höchsten Gericht." Mythologie, pseudo-historische Konstruktionen, von den Kolonialinteressen der Briten gefärbte Interpretationen und geschaffene Fakten – das und vieles mehr ist der Stoff, aus dem der Ayodhya-Konflikt gemacht ist.

Ich versuche, mich der Frage konkreter zu nähern. Welche Bedeutung hat der Konflikt für die lokale Gemeinde? C. Prasad überlegt lange, bevor er antwortet. Unsere Zuschauer warten gespannt. „Gefühle, Erregung, das hat zur Zerstörung der Moschee geführt. Die Leute wurden von Politikern angestachelt, die sich Wähler sichern wollten."

Am 6. Dezember 1992, dem Tag an dem die Babri-Moschee zerstört wurde, waren in der Tat mehrere Politiker in Ayodhya anwesend, die es in den kommenden Jahren zu Macht und Einfluss bringen sollten. Der wichtigste unter ihnen: Lal Krishna Advani, damals hochrangiges Mitglied der späteren hindu-nationalistischen Regierungspartei Bharatiya Janata Party (BJP). 1998 wurde er unter Premierminister Atal Bihari Vajpayee Innenminister.

Ayodhya war die letzte Station einer Pilgerreise (Rathayatra), die Advani unternommen hatte, um für den Wiederaufbau des Ram-Tempels zu werben. Dabei war er im offenen Toyota Pick-up durch die Lande gefahren und hatte sich selbst ikonografisch zum Nachfolger des Gottes stilisiert. Rama wird oft in einem Streitwagen dargestellt, wie er gegen den Dämonenkönig Ravana in die Schlacht zieht. Vor Ort war auch die prominente Politikerin Uma Bharti, ehemals Regierungschefin im Bundesstaat Madhya Pradesh. Sie soll die Massen beim Niederreißen der Moschee per Megafon angestachelt haben.

„Die lokalen Politiker waren nicht in die Sache verwickelt", sagt C. Prasad. „Das spielte sich alles nur auf nationaler Ebene ab. Die Politiker hier kennen und vertrauen sich und haben kein Interesse daran, gegeneinander zu kämpfen." Auch die meisten der so genannten Kar Sevaks – freiwillige Helfer bei einer religiösen Sache – die die Moschee niederrissen, seien von außerhalb gekommen. Er meint, der Ärger, der zur Zerstörung der Moschee führte, sei über einen längeren Zeitraum aufgebaut worden. „Schon 1990 waren hier Leute aus ganz Indien zu Demonstrationen angereist. Damals ließ die Polizei in die Menge feuern. Viele Menschen starben, darunter auch Frauen." Nach offiziellen Angaben kamen bei diesem Ereignis 45 Menschen ums Leben, nach Angaben der BJP waren es mindestens 168.

Über die Vorfälle am 6. Dezember 1992 berichtet der Anwalt: „Die Leute kamen aus ganz Indien und campierten außerhalb von Ayodhya. Sie erhielten Werkzeuge von der lokalen Bevölkerung, ohne diese Unterstützung wäre die Zerstörung der Moschee nicht möglich gewesen." Er selbst sei zu der Moschee gegangen, als er sah, wie viele Menschen sich dort versammelt hatten. „Die Politiker riefen die Leute dazu auf, dass jeder mindestens einen Stein der Moschee wegtragen sollte. Die Verwaltung von Uttar Pradesh hat das auch unterstützt. Die anwesenden Politiker hielten Reden."

Die Muslime in der Stadt hätten sich nicht gewehrt, sagt C. Prasad. Das wäre aufgrund ihrer geringen Zahl auch kaum möglich gewesen. In vielen anderen Teilen Indiens kam es allerdings zu gewalttätigen Ausschreitungen zwischen Muslimen und Hindus. In Bombay beispielsweise, wo viele Muslime leben und zugleich mit der Shiv Sena eine besonders fanatische Hindu-Partei aktiv ist, starben allein 800 Menschen. „Das Verhältnis zwischen Hindus und Muslimen war früher gut", erinnert sich der Jurist. „Jetzt ist das nicht mehr der Fall".

Autofahren ohne Hände

C. Prasad muss in seine Verhandlung zurück. Aber es haben sich inzwischen so viele Schaulustige versammelt, dass ich das Gespräch mit anderen Beteiligten fortführen kann. Und jeder hat eine Meinung dazu. R.B. Singh ist ebenfalls Anwalt und er scheut sich nicht vor deutlichen Worten: „Der Ram-Tempel wurde unter dem Moghul-Kaiser Akbar zerstört, deswegen *konnten* die Hindus die Moschee mitten in ihrer Pilgerstadt nicht mögen!" Dass die Moschee bereits von Akbars Vorgänger Babur oder sogar schon früher erbaut wurde, fällt ihm nicht weiter auf. „Warum bauen die Muslime ihre Moscheen nicht woanders? Dies ist eine Hindu-Stadt, die Muslime gehören nicht hierher, die kommen aus dem Ausland!"

Ein anderer Mann in der Gruppe war mir schon vorher aufgefallen. Aus seinem weißen, kurzärmeligen Hemd ragen zwei Armstümpfe. Er macht einen dynamischen Eindruck. „Was heißt hier überhaupt Moschee? Es stand dort eine Struktur, die Moschee genannt wurde, aber es war eine Moschee in der Form eines Tempels!" Er sagt das nicht aggressiv, vielmehr mit der Freude des Anwalts an einer gewissen Rabulistik. Ich schaue ihn fragend an. Er grinst. „Warum setzen wir uns nicht drüben ins Anwaltskasino und trinken einen Tee", schlägt er vor.

Ich willige ein. Dort angekommen versammelt sich sofort wieder eine Menschenmenge um uns. Der Mann ohne Hände stellt sich als Ashok Dwivedi vor, Anwalt und Menschenrechtsaktivist. „Die Idee war nicht, eine Moschee zu zerstören, sondern den Tempel wieder herzustellen", fährt er fort und dann preist er das Konzept der kreativen Zerstörung, das im Westen mit Namen wie Nietzsche und Schumpeter in Verbindung gebracht wird – in Indien jedoch viel älter ist: Es findet seine Verkörperung im Gott Shiva.

Man kann sich vorstellen, wie Ashok Dwivedi in seinen Verhandlungen versucht, die Richter schwindelig zu reden. Andere Anwesende haben auch ihre Meinungen: „Ach, die Muslime sind doch sowieso nie in diese Moschee gegangen. Probleme gibt es nur zwischen den Politikern!" Chandrakan Pande, der sich als „Präsident der klassenlosen Gesellschaft" vorstellt, meint: „Das ist wie ein Streit zwischen Eheleuten! Es gibt keine ernsthaften Probleme zwischen Hindus und Muslimen."

Das Dorf hält offenbar zusammen, wenn es um den Eindruck auf Fremde geht. Zwar haben Faizabad und Ayodhya zusammen 250 000 Einwohner, aber für ein Land mit Milliardenbevölkerung ist das eine kleinere Gemeinde. Ashok Dwivedi schlägt vor, mich zu einigen Leuten zu bringen, die sich näher mit den Ereignissen um die Babri-Moschee befasst haben.

Sein Auto, ein alter beigefarbener russischer Jeep, steht vor der Tür. Während ich mich noch nach dem Fahrer umsehe, setzt Dwivedi sich selbst ans Steuer. Er bemerkt meine Überraschung. „Haben Sie Angst, von einem Mann ohne Hände gefahren zu werden?“ „Nein“, antworte ich wahrheitsgemäß. Er hat den Jeep so routiniert angeworfen und vom Parkplatz gesteuert, dass an seinen Fahrkünsten kein Zweifel besteht. Wie er es trotz seiner Behinderung gleichzeitig auch noch schafft, während der Fahrt abwechselnd mit einem seiner beiden Handys zu telefonieren, grenzt an ein Wunder. Die Tour dauert etwas länger, da die Mobiltelefone ständig klingeln und er dann an den Straßenrand fährt, um sie aus den Brusttaschen seines Hemdes zu fischen.

„Wie haben Sie Ihre Hände verloren?“, frage ich. „Ich komme aus einer Landbesitzerfamilie“, erzählt er. „Als junger Mann sah ich, wie einer unserer Arbeiter unter einen Mähdrescher geriet ist. Ich habe ihn da rausgezogen und das hat ihm das Leben gerettet. Dabei bin ich selbst verletzt worden.“ Er studierte später Jura und gründete einen Verein, der sich für die Rechte von Behinderten, aber auch für Frauen, Umwelt und Menschenrechte allgemein einsetzt.

„Ich will, dass Sie sich ein umfassendes Bild von Ayodhya machen können“, sagt er. Und er hält Wort. Obwohl er selbst die Zerstörung der Babri-Moschee unterstützt hat, scheint der quirlige Anwalt überall im Ort ein gern gesehener Gast zu sein. Mit seiner Hans-Dampf-in-allen-Gassen-Qualität gelingt es ihm offenbar, gemocht zu werden, egal was er gerade redet.

Unser erstes Ziel ist ein Ashram unweit der Ram Janma Bhumi namens Karsavah Puram. Er befindet sich unter Kontrolle des Vishva Hindu Parishad (VHP), was übersetzt etwa Welt-Hindu-Rat bedeutet. Er ist eine Schwesterorganisation der hindu-nationalistischen Partei BJP. Zur deren ideologischer „Familie“ gehören noch eine Reihe anderer Organisationen, die alle auf die 1925 gegründete RSS – Rashtriya Swayamsevak Sangh oder Nationale Freiwilligenvereinigung – zurückzuführen sind. Sie laufen unter dem Namen Sangh Parivar. RSS-Gründer Keshav Baliram Hedgewar erklärte es 1925 zu seinem Ziel, Indien in eine Hindu-Nation zu verwandeln (Hindutva-Ideologie). Das mag in westlichen Ohren plausibel klingen – ist es aber nicht. Denn Indien ist schon sehr lange ein multireligiöser Vielvölkerstaat.

Und auch der Hinduismus hat seine Geschichte. Noch immer gibt es in Indien Volksgruppen, die ihre vor-arischen Religionsformen bewahrt haben. Spätestens mit Buddha Shakyamuni (5. Jh. v. Chr.) bildeten sich weitere Religionen heraus: Einige, wie Buddhismus und Jainismus als Reformbewegungen aus dem Hinduismus, andere, wie der Sikhismus, aus der Begegnung zwischen Hinduismus und Islam. Viele indische Religionen sind somit älter als das Christentum und beharren auf ihrer eigenen Identität, auch wenn der Hinduismus dazu neigt, Buddhisten, Jains und Sikhs für sich zu vereinnahmen. So wird etwa Buddha Shakyamuni von einigen Hindus als Verkörperung (Avatar) des Gottes Vishnu betrachtet. Eine Zuschreibung, die die meisten Buddhisten ablehnen und die der buddhistischen Philosophie widerspricht. Dennoch betrachtet der Hindu-Fundamentalismus diese Religionen als indisch und somit quasi hinduistisch.

Aber auch die nicht auf indischem Boden entstandenen

Religionen – Islam, Christentum, Judentum und Zoroastrianismus – können zumeist auf eine mehr als tausendjährige Geschichte im Land zurückblicken. Sollte sich die Idee eines Hindu-Staates jemals durchsetzen, würde sie Indiens Gesicht fundamental verändern. Denn statt Umarmung der einen und Tolerierung der anderen, setzt der moderne Hindu-Fundamentalismus auf die faktische Dominanz einer einzigen Religion, der sich alle anderen unterordnen sollen.

Als der politische Arm des Sangh Parivar – die BJP – 1998 zum ersten Mal in Indien an die Macht kam, war die Furcht unter den religiösen Minderheiten des Landes daher ebenso groß wie im säkularen Bürgertum. Zu Recht, wie sich herausstellen sollte. Obwohl die BJP sich bei der wirtschaftlichen Modernisierung des Landes Verdienste erworben hat und der Dichter Atal Bihari Vajpayee als Premierminister ein kulturelles Aushängeschild war, hat der Hindu-Nationalismus eine Blutspur gezogen, deren Ende auch nach der Abwahl der BJP 2004 nicht garantiert ist.

Der Ashram macht einen unspektakulären Eindruck, muss aber vor der Zerstörung der Moschee ein Zentrum des Geschehens gewesen sein. „Hier haben wir uns getroffen, als es losging“, sagt Dwivedi und freut sich wie ein Pfadfinderjunge über die Erinnerung. „Tausende Leute haben hier gezeltet.“ Heute ist das Fußballplatz-große Gelände leer. Nur zwei Gebäude am Eingang des Ashrams werden benutzt. Eines beherbergt das Modell des geplanten Ram-Tempels. Es ist groß, präzise und nimmt den vielleicht 60 Quadratmeter großen Raum fast vollständig ein.

„Wir haben das hier seit vier oder fünf Jahren“, sagt der Brahmane, der das Modell bewacht, als wäre es der Tempel selbst. Eigentlich sei es geplant, eine ganze Tempelstadt zu bauen, aber die Regierung habe das Land beschlagnahmt, „damit die Hindus den Tempel nicht bauen können.“ Über den Fall solle doch das Gericht entscheiden, wende ich ein. „Gerichte können nicht über die Angelegenheiten unserer Götter entscheiden", sagt der Brahmane.

Dann kaufe ich von ihm noch ein Büchlein mit dem Titel: „Einige oft gestellte Fragen über Shri Rama Janma Bhumi". Es enthält die Argumentationslinie derer, die die Moschee niedergerissen haben, und der auch Ashok Dwivedi folgt. Darin heißt es, dass „die Struktur, die am 6. Dezember 1992 zerstört wurde, keineswegs eine Moschee war". Als Argument wird angeführt, dass das Gebäude seit 1949 nicht mehr als Moschee genutzt worden sei.

Es wäre zu harmlos, dies nur als abenteuerliche Argumentation religiöser Fanatiker zu betrachten. Vielmehr ist es die Fabrikation eines Weltbildes, wie bereits der erste Satz in dem Büchlein zeigt: „Es ist ein Gesetz des Lebens, dass es keine Realität gibt, sondern nur Wahrnehmungen." Und dann folgt das bekannte Zitat von Joseph Goebbels: „Wiederhole eine Lüge sechs Mal und sie fängt an wahr zu klingen."

Die Autoren der Broschüre wenden dies gegen die Aussage des damaligen Premierministers Narasimha Rao, der 1992 im Fernsehen bekannt gab: „Die Babri-Moschee wurde zerstört." Doch zweifellos sind sie selbst bei Goebbels in die Lehre gegangen. In der Literatur der hindu-nationalistischen Organisationen findet man verdächtig viele Hinweise auf und Zitate von Nazi-Größen. Was darauf schließen lässt, dass man sich intensiv mit diesen beschäftigt hat. Der eine oder andere politische Führer hat sich auch schon als Anhänger Hitlers bekannt.

Ashok Dwivedi macht mich mit einem Mann bekannt, der sich noch besser mit dem Thema auskennen soll. Er heißt Adita Prashad Mishra und wir haben ihn offenbar gerade bei einem Mittagsschläfchen gestört. Als wir das Haus gegenüber vom Tempelmodell betreten, schält er sich gerade unter Decken und Kissen hervor, ist aber sofort zu einem Gespräch bereit. Warum, so frage ich ihn, soll ausgerechnet jetzt der Tempel wieder aufgebaut werden?

„Der Tempel wurde 1528 von Babur zerstört", antwortet er. „Seitdem ist schon 76 Mal versucht worden, den Tempel wieder aufzubauen. Dabei wurden 300 000 Hindus getötet. Schon bevor der VHP gegründet wurde, haben Königinnen und Könige ihr Leben gelassen, um den Tempel Ramas zu schützen."

Ist die Bewegung, die zur Zerstörung der Moschee führte, von diesem Ashram aus gestartet worden? „Dieser Ashram wurde vom VHP 1968 gegründet, mit dem Ziel, den Tempel wieder aufzubauen. Die Idee war, Leute aus ganz Indien hier her zu bringen, um Bewusstsein zu schaffen für eine Rekonstruktion des Tempels im Rahmen der Verfassung. Aber 1992 haben 200 000 Hindus hier gecampt. Die waren nicht da, um Reden zu hören, die wollten den Tempel um jeden Preis wiedergewinnen. Keiner konnte die kontrollieren, auch der VHP nicht."

Aber die Massen sind ja nicht auf einmal spontan dort zusammengekommen? „Schon nach der Befreiung von den Engländern hatte die Moschee die Form eines Tempels. Ein Bildnis Ramas war dort, aber niemand konnte dort *darshan* machen (d. h. die Statue erblicken), weil der Tempel von der Regierung verschlossen worden war. 1992 konnte die Regierung das Gebäude nicht mehr schützen", sagt Mishra.

Welche Rolle spielten prominente Politiker wie L.K. Advani? „Es gab keinen Führer der Bewegung. Einige Freunde aus der BJP haben sogar versucht, Advani davon abzuhalten, hierher zu kommen. Aber er und andere respektierte Führer wie Uma Bharti haben gesagt: „Wir haben lange genug auf friedlichem Wege versucht, den Tempel zurückzubekommen, diesmal müssen wir stark sein."

„Im Übrigen", so fügt er hinzu, „geht es ja nicht nur um diesen Tempel, sondern um die Bharatmata-Tempel insgesamt. Das Ziel des VHP ist der Schutz der Hindu-Kultur." Neben dem Tempel in Ayodhya befinden sich nach Auffassung der Hindu-Fundamentalisten noch an zwei weiteren heiligen Orten unrechtmäßigerweise Moscheen: am Geburtsort Krishnas in Mathura und am Kashi-Vishwanat-Tempel in Varanasi.

Wie lange, glaubt er, wird es noch dauern, bis dieses Ziel erreicht ist? „Für den Tempel hier in Ayodhya brauchen wir vielleicht noch zwei Jahre oder ein bisschen länger. Wenn es länger dauert, macht das auch nichts. Unsere Kultur hat Zeit. Und schließlich geht es nicht nur um den Tempel, sondern um das philosophische Konzept eines neuen Indiens."

Kein Grund zum Dschihad

Ich bedanke mich für die klaren Worte und wir verabschieden uns. Ashok Dwivedi will mich zu einigen Muslimen bringen, mit denen er befreundet ist. Mansur Ehmad betreibt ein Geschäft für Schuhmaterialien im Schatten der Freitagsmoschee. Nebenbei fungiert er als Assistent des dortigen Imam. Wir nehmen in seinem zur Straße offenen kleinen Laden auf dem Boden Platz. Jemand bringt Tee und innerhalb kürzester Zeit hat sich eine kleine Menschenmenge vor dem Laden versammelt, als Ashok Dwivedi plötzlich aufspringt.

Er hat einen Freund gesehen, den er herzlich begrüßt. Es ist Dipak Shivastu, ein Journalist des lokalen Radios, der über meinen Besuch in Ayodhya gleich einen Beitrag machen will. Bevor ich dazu komme, mit Mansur Ehmad zu sprechen, muss ich daher selbst ein Interview geben: Wer ich bin, was ich mache und warum ich nach Ayodhya gekommen bin.

Als das zum Amüsement der versammelten Massen überstanden ist, frage ich Mansur Ehmad: „Es gibt Leute, die behaupten, es habe gar keine Moschee gegeben, die zerstört worden sei?“ Der Mann mit dem weißen Bart kennt das Argument natürlich. Er antwortet ruhig: „Vor 1992 hat es dort immer eine Moschee gegeben. Ich habe selbst gesehen, dass es eine Moschee war. Bis 1949 haben Muslime dort gebetet, aber dann wurde die Moschee von der Regierung geschlossen, weil dort eine Rama-Statue aufgetaucht war. Es kam zu Auseinandersetzungen mit der Polizei. Die Muslime haben gegen die Schließung protestiert. Jetzt liegt der Fall beim Obersten Gericht.“

Hat sich das Verhältnis zwischen Hindus und Muslimen seit der Zerstörung der Moschee verändert? „Die Muslime sind natürlich verärgert, aber nicht über alle Hindus. Letztendlich steckt die Politik dahinter, die versucht, die Religionen zu missbrauchen. 16 Menschen wurden hier 1992 ermordet, 300 Häuser angezündet und die Polizei hat zugeschaut. Das war eine Tragödie für dieses Land. Aber wir versuchen, für Harmonie in der Gesellschaft zu arbeiten. Einige Hindus sind auch auf unserer Seite.“

Gibt es Muslime in Ayodhya, die zum Dschihad aufrufen? „Nein“, sagt Ehmad, „es gibt keinen Grund zum Dschihad. Wir warten jetzt erst mal das Gerichtsurteil ab. Ich vertraue diesem Land, bisher hat es in Indien Gerechtigkeit gegeben.“ Er verabschiedet sich kurz, um in der Moschee das Mittagsgebet zu verrichten.

Ich frage die Schaulustigen vor dem Laden, was sie denken. „Man muss Harmonie zwischen den Religionen fördern durch Gewaltfreiheit“, ruft Pulu Hariyan, ein Schuster, der offenbar bei Gandhi in die Lehre gegangen ist. Meraj Anwari sieht das anders: „Der Koran sagt, man soll sein Leben opfern, wenn die Zeit gekommen ist. Ich würde auch mein Leben geben, aber nicht, wenn es die Harmonie zerstört. Es ist schwer für das Gericht, eine Entscheidung zu fällen, denn es wird auf jeden Fall Probleme geben, egal wie das Urteil ausfällt."

Ehmad kommt zurück. Er betont, dass es auf jeden Fall eine Entscheidung geben wird. „Wenn das Gericht nicht entscheidet, dann wird nach der Scharia entschieden. Das könnte die Harmonie zerstören, denn nach der Scharia wird dort immer eine Moschee stehen, egal, wie das Gebäude genannt wird. Die Moschee war sogar schon vor Babur dort. Sikander Lodhi hat angefangen, sie bauen zu lassen, aber weil die Lodhi-Dynastie besiegt wurde, heißt sie jetzt Babri-Moschee."

Was denken die Muslime über den oft gehörten Vorwurf, dass sie eigentlich Ausländer in Indien seien? „Das ist absurd", sagt Ehmad. „Wir Muslime gehören zu Indien, unsere Vorfahren waren Inder, wir trauen diesem Land. Sogar der VHP gibt doch zu, dass unsere Vorfahren Hindus waren, die zum Islam konvertiert sind."

Ich verlasse den kleinen Laden, nicht ohne selbst vorher Rede und Antwort stehen zu müssen. Es ist die Zeit, als eine dänische Zeitung durch eine Reihe von Mohammad-Karikaturen weltweit in die Kritik der Muslime geraten ist. Was ich darüber denke, wollen die Leute wissen. Ich sage, dass ich die Karikaturen nicht gut finde, aber dass wir in Europa meinen, dass es zur Pressefreiheit gehört, sie veröffentlichen zu dürfen. Kein Einspruch von den indischen Muslimen. Pressefreiheit ist auch hierzulande ein anerkannter Wert.

Der Abgeordnete

Ashok Dwivedi ist noch lange nicht am Ende. Als nächstes kurvt er mit mir in den Tempelbezirk, wo in einer bescheidenen kleinen Wohnung im ersten Stock über einem Tempel ein früherer BJP-Parlamentarier wohnt. Den Tempel im Erdgeschoss hatte ich schon am Vortag besucht. Er beherbergt die Rama-Statue, die sich 1947 auf wundersame Weise in der Babri-Moschee materialisiert haben soll. Sie sieht kunstlos und sehr gewöhnlich aus – eine einfarbig bemalte Gipsfigur.

Vishwanath Das Shastri, der von 1991 bis 1996 für die BJP im indischen Parlament, der „Lokh Sabha“, in Delhi saß, sieht aus wie der Weihnachtsmann. Über dem weißen weiten Gewand trägt er einen dichten, weißen Bart, der bis auf die Brust reicht. Darüber ein freundliches Gesicht mit großen braunen Augen. „Der Tempel, der hier bis 1528 stand, war einer der größten Nordindiens und eine Inspiration für jeden, der im nationalen Interesse arbeitet. Es geht dabei nicht nur um Lord Rama, sondern um eine historische Bewegung.“

Er ruft eine junge Frau herbei, die er als seine Adoptivtochter vorstellt. Ashok Dwivedi soll später zweideutige Bemerkungen über sie und die Moral der Politiker machen. Das Mädchen bringt Tee, Süßigkeiten und ein Buch. Der Autor ist Muslim und er versucht zu beweisen, dass auf dem Gelände der früheren Babri-Moschee schon immer ein Tempel stand. „Tausende Tempel wurden von den Moghul-Invasoren zerstört“, fährt Shastri fort, „aber nicht über alle gab es so einen langen Disput. Bis 1934 waren ein Tempel und eine Moschee auf demselben Gelände. Danach wurde den Muslimen verboten, dort weiter zu beten, aber die Hindu-Pujas wurde fortgeführt. Die indische Kultur ist eine gemischte Kultur, die auf Harmonie aus ist. Daher musste eine Lösung gefunden werden und es gab im Prinzip nur drei Möglichkeiten: Entweder das Parlament erlässt ein Gesetz oder ein allgemeiner Konsens wird gefunden oder ein Gericht entscheidet, aber das dauert lange. Es wäre daher das Beste gewesen, wenn man einen Konsens gefunden hätte.“

„Aber keine dieser Möglichkeiten wurde realisiert“, wende ich ein. „Stattdessen wurde die Moschee zerstört.“ „Ja“, sagt er, „vor der Zerstörung der Moschee waren die Politiker nicht gerade entscheidungsfreudig. Gegen die Engländer waren Hindus und Muslime noch vereint. So konnte man den Engländern am besten Probleme machen. Aber sie haben es mit ihren Verschwörungen geschafft, unsere Einheit zu zerstören." Ist das auch als Selbstkritik zu verstehen?

„Die Politiker haben bisher nichts versucht, um das Problem zu lösen", sagt er. „Ich glaube auch, wir sollten uns da raushalten. Stattdessen sollten die Hindu-Priester und die Maulanas zusammenkommen. Einige haben das schon versucht und das muss fortgeführt werden." „Aber das Problem wurde doch erst von der Politik geschaffen", versuche ich es noch einmal. „Wie sehen Sie die Rolle der BJP in dem Konflikt?" „Die BJP", räumt er ein, „hat keine positive Rolle gespielt auf der Ebene, wo es nötig gewesen wäre. Das denken die Leute. Ich teile die Meinung meiner Partei in dieser Frage nicht. Die Kongress-Partei hat eine Lösung gesucht, ist aber gescheitert. Das Problem ist, dass einige Leute hier nicht unter Kontrolle gebracht werden konnten."

Für einen Politiker, der zum Zeitpunkt der Moschee-Zerstörung für die Regierungspartei als Abgeordneter aus Ayodhya im Parlament saß, ist das ein recht weit gehendes Zugeständnis. Mehr ist wohl in dieser Stadt, die über sich selbst erschrocken ist, und über die Bedeutung, die sie für ganz Indien gewonnen hat, nicht zu erfahren.

Ashok Dwivedi fährt mich an meinem Hotel vorbei, um meine Sachen abzuholen. Ich will mit dem Nachmittagszug nach Varanasi zurückfahren, doch als wir am Bahnhof ankommen, erfahren wir, dass dieser mit mindestens sechs Stunden Verspätung aus Lucknow eintreffen wird. Dwivedi ist im Gegensatz zu mir erfreut. Er wollte mich ohnehin noch zu einem Freund mitschleppen, bei dem er zum Abendessen eingeladen ist.

Der Freund wohnt in der Nähe des Bahnhofs. Er ist Arzt und verfügt – wie die meisten Staatsangestellten in Indien – über eine Dienstwohnung. Diese Wohnungen oder Häuser spiegeln die Position des Beamten wider. Meist sind sie etwas heruntergekommen, weil man mit der Versetzung oft auch Anspruch auf eine größere Wohnung hat und daher viele gar nicht erst in ihre jeweilige Wohnung investieren.

Ajit Singh und seine Frau haben eine sehr ungewöhnliche Unterkunft erhalten. Es handelt sich um die Villa eines früheren Zamidars, eines Großgrundbesitzers, die in mehrere Einheiten aufgeteilt wurde. Um den riesigen Garten kümmert sich offenbar niemand und das Haus macht den Eindruck, als habe es mit der Abreise des Zamindars auch seine Seele verloren. Die von Säulen umgebene Veranda wird nicht genutzt. Der große runde Salon mit dem offenen Kamin, der zu Ajit Singhs Wohnung gehört, ist ebenfalls fast leer. Um ihn zu füllen – nicht nur mit Möbeln, sondern auch mental – müsste man zur Oberschicht gehören. „Der frühere Besitzer ist nach der Teilung nach Pakistan gegangen“, erklärt Singh.

Er führt uns in einen kleinen Raum neben der Küche, in dem wir zu Abend essen. Seine Frau, eine Lehrerin, brät Panir – eine Art Weißkäse, der von indischen Vegetariern gern an Stelle von Fleisch gegessen wird – in einer scharfen Sauce. Aus dem Fernsehen erfahren wir, dass bei Demonstrationen gegen den Besuch von US-Präsident George W. Bush in der Landeshauptstadt Lucknow gerade zwei Menschen ums Leben gekommen sind. Es sind Hindus. „Die Demonstrationen haben sich zu einer Hindu-Muslim-Konfrontation entwickelt“, kommentiert Ajit Singh. Er gibt der Kongress-Partei die Schuld, die versuche, die Muslime aufzustacheln, um bei den bevorstehenden Regionalwahlen besser abzuschneiden. „Der Kongress profitiert am meisten von den Muslim-Stimmen“, sagt er.

Gegen acht Uhr abends fährt Ashok Dwivedi mich wieder zum Bahnhof. Wir verabschieden uns, nachdem er mir seinen ganzen Arbeitstag zur Verfügung gestellt hatte. Ich bin immer wieder erstaunt über diese Mischung aus Gastfreundschaft und Neugierde, die mir in Indien oft begegnet. Als ich mich beim Bahnhofsvorsteher nach dem Zug erkundige, erfahre ich, dass er inzwischen elf Stunden Verspätung hat – vielleicht wegen der Unruhen in Lucknow. Vor Mitternacht werde ich also nicht wegkommen. Langsam werde ich etwas nervös, denn am nächsten Morgen habe ich einen Flug von Varanasi nach Delhi. Eigentlich hätte ich schon längst wieder in Varanasi sein sollen. Aber nun bleibt mir nichts anderes übrig, als es den bereits in großer Zahl auf dem Bahnsteig campierenden Passagieren gleich zu tun und zu warten.

Ich versuche, ein Buch zu lesen, aber auf dem Bahnsteig fällt alle zehn Minuten der Strom aus. Die Zeitungs- und Teeverkäufer kennen das offenbar schon, innerhalb kürzester Zeit haben sie an ihren Ständen Kerzen angezündet. Die wartenden Passagiere vertreiben sich die Zeit mit ihren Mobiltelefonen; an allen Ecken und Enden leuchten deren blaue Displays. Zwischen den Fahrgästen drängt sich schattenhaft eine magere Kuh vorbei.

Ich fliehe vor den Mücken in den Wartesaal für die Passagiere höherer Klassen. Der Wartesaal für Damen ist kaum gefüllt. Nach einer Stunde bin ich ganz allein in dem Raum. Ein Bahnhofsmitarbeiter fordert mich auf, den Saal zu verlassen. Offenbar will er Feierabend machen. Ich beschwere mich beim Bahnhofsmanager. Der Wartesaal wird wieder aufgeschlossen. Es ist weit nach Mitternacht, als der Zug endlich eintrifft. Obwohl die Fahrt von Ayodhya nach Varanasi nur vier Stunden dauern sollte, komme ich erst gegen sieben Uhr morgens in meinem Hotel an. Ich versuche noch, ein paar Stunden Schlaf zu finden, aber um elf Uhr muss ich wieder am Flughafen sein.

Die Tragödie von Gujarat

Die Geschichte, die 1992 in Ayodhya begann, sollte zehn Jahre später eine Fortsetzung finden, die Indien erschütterte – und von der es sich bis heute nicht erholt hat. Am 27. Februar 2002 fährt in den Bahnhof der kleinen Stadt Godhra im Bundesstaat Gujarat ein Zug ein, unter dessen Passagieren sich eine größere Zahl Aktivisten des VHP befindet. Die „Kar Sevaks" sind auf der Rückreise von Ayodhya, wo sie an einer Veranstaltung teilgenommen haben, die für den Neubau des Ram-Tempels Stimmung machen sollte.

Entsprechend aufgeheizt ist die Atmosphäre, als der Zug in Godhra für einige Minuten Halt macht. Die Stadt hat einen großen muslimischen Bevölkerungsanteil und viele der auf dem Bahnsteig wartenden Passagiere sind Muslime. Wie Augenzeugen berichten, steigen die VHP-Aktivisten bereits in Randale-Laune aus den Waggons aus und legen sich gleich mit den muslimischen Händlern an, von denen sie gratis Tee und Lebensmittel verlangten. Innerhalb kürzester Zeit kommt es zu Schlägereien.

Als der Zug sich wieder in Bewegung setzt, fliegen Steine und jemand im Inneren zieht die Notbremse. Was danach passierte, ist bis heute nicht geklärt, fest steht aber, dass der Waggon S6 Feuer fängt und innerhalb kürzester Zeit völlig ausbrennt. Dabei sterben 86 Menschen, die den Zug nicht rechtzeitig verlassen konnten. Die meisten davon Mitglieder des VHP. Ob das Feuer von außerhalb gelegt wurde oder innerhalb des Waggons ausbracht, konnte die später einberufene Untersuchungskommission nicht abschließend feststellen.

Doch mit diesem Unglück nahm die Tragödie erst ihren Anfang. In den darauf folgenden Tagen zogen durch den gesamten Bundesstaat Gujarat mordende und brandschatzende Mobs, die unvorstellbare Grausamkeiten begingen. Mehr als

2000 Muslime wurden bei diesen später als „spontane Racheaktionen“ hingestellten Pogromen getötet, 12 000 aus ihren Dörfern vertrieben. Viele Familien leben bis heute in Flüchtlingslagern, weil ihre Existenzgrundlage zerstört wurde. Die Polizei griff nicht ein.

Die Stadt Gandhis

Einer der Schauplätze dieses Massakers war die Hauptstadt Gujarats, Ahmedabad. Und die einfachste Antwort auf die Frage, warum diese zivilisierte Großstadt in einem der reichsten Bundesstaaten Indiens innerhalb kürzester Zeit zu einem Ort des Schreckens werden konnte, scheint die Tatsache zu sein, dass die BJP in Gujarat mit absoluter Mehrheit regiert. Die Nationale Menschenrechtskommission wirft in ihrem Untersuchungsbericht der Landesregierung von Gujarat „ein vollständiges Versagen“ bei der Kontrolle der Unruhen vor.

Da der Verdacht nicht ausgeräumt werden konnte, die Regierung selbst habe die Polizei angewiesen, dem Mob freie Hand zu lassen, wurde der Ruf nach einem Rücktritt des Regierungschefs Narendra Modi laut. Doch Modi sitzt heute fester denn je im Sattel. Die BJP gewann unter Modis Führung die auf die Pogrome folgenden Landtagswahlen haushoch. Gujarat ist heute der einzige indische Bundesstaat, in dem die Partei mit absoluter Mehrheit regiert. Aber das gewollte Versagen der staatlichen Ordnung ist nur eine Facette des Dramas. Ich bin nach Ahmedabad gefahren, um mehr zu erfahren.

Dabei lerne ich die Stadt zunächst – und vermutlich nicht zufällig – von ihrer bürgerlichen Seite kennen. Ich quartiere mich im Haus eines ehemaligen Industriellen ein, das von der Familie in ein Hotel umgewandelt wurde. Die 1920 erbaute Villa pflegt liebevoll das Erbe ihres Erbauers, Sheth Mangaldas Girdharas. Die Zimmer kombinieren modernes Design mit alten Kolonialmöbeln. An den Wänden hängen sepiafarbene Familienfotos, eine Hotelboutique bietet Kunsthandwerk aus lokaler Produktion an und das Dachterrassen-Restaurant pflegt die traditionelle Kochkunst Gujarats mit süß-sauren vegetarischen Thalis.

Ich beziehe eine riesige Suite und mache mich als erstes daran, aus dem Internet einige Adressen in der Stadt heraus zu suchen. Um die Mittagszeit ruft ein Muezzin zum Gebet. Auf der anderen Straßenseite liegt die Siddi-Sayid-Moschee aus dem 16. Jahrhundert, mit Fensterornamenten, die so delikat aus Sandstein gehauen sind, dass man sie aus der Entfernung für feinste Spitze halten könnte. Einige Männer sitzen noch an der Wasserstelle und waschen sich, andere beten bereits. Es ist eine Szene der Ruhe und des Friedens. Das Leben der Muslime in Ahmedabad hat zumindest äußerlich seinen Rhythmus wiedergefunden.

Am Nachmittag mache ich mich mit der Autorikscha auf den Weg zum Sabarmati Ashram. Der große indische Heilige Mahatma Gandhi stammt aus Gujarat und in Ahmedabad ließ er sich nieder, um den gewaltfreien Widerstand gegen die britische Kolonialmacht zu organisieren. Ich frage mich, ob es Zufall ist, dass die Stadt zum Ausgangspunkt des gewaltfreien Widerstands sowie zum manifesten Ort seines Vergessens wurde.

Gandhi gründete den Sabarmati Ashram nach seiner Rückkehr aus Südafrika 1915. Wenige Jahre später zog er mit seiner Gemeinde auf das Gelände, am Ufer des Flusses Sabarmati, das heute ein Museum beherbergt. Seine Absicht war es, mit einer Gruppe von Schülern und Gleichgesinnten seine Ideen im täglichen Leben umzusetzen. Die Gandhi-Gemeinde lebte zusammen unter einfachsten Bedingungen, produzierte ihre eigenen Lebensmittel und Kleider und bereitete sich geistig und mental auf den gewaltfreien Widerstand gegen eine Kolonialmacht vor, deren Zeit ablief.

Das erstaunlichste Merkmal des Ashrams ist seine völlige Zeitlosigkeit. Nichts hier wirkt museal, alles scheint so frisch, als könnte der Mahatma jederzeit um die Ecke kommen. Gandhis einfaches Haus mit seiner minimalen Möblierung und dem berühmten Spinnrad, die Unterkünfte seiner Mitstreiter – all das atmet bis heute den Geist der Askese und der Selbstlosigkeit. „Ich habe die Welt nichts Neues zu lehren. Gewaltlosigkeit und Wahrheit sind steinalt", sagte Gandhi. Aber für jeden, der sie für sich entdeckt, sind sie so jung wie der neue Morgen.

Auf der Veranda vor Gandhis Haus sitzt ein Mann auf dem Boden, der offenbar eine offizielle Funktion hat. Vor ihm liegt ein dickes Buch, er spricht mit einigen Besuchern, die sich vor ihm niedergelassen haben. Als sie gegangen sind, spreche ich ihn an. Er stellt sich als Vijay Vay vor, zuständig für Öffentlichkeitsarbeit. Ich frage ihn, was Gandhi ihm bedeutet. Er antwortet: „Ich bin 80 Jahre alt und habe Gandhi als Kind mit elf Jahren noch kennen gelernt. Ich versuche, seinen Regeln im täglichen Leben zu folgen, aber das ist sehr schwer heute, wo man um die ganze Welt telefonieren kann." Er lacht.

Wir schauen hinaus auf den Fluss, über dem langsam die Sonne untergeht. Hat man im Ashram etwas von den Massakern in der Stadt 2002 mitbekommen?, will ich wissen. „Nein", sagt er, „das war auf der anderen Seite des Flusses" – in der mehrheitlich von Muslimen bewohnten Altstadt. „Ich habe mit Politik nichts zu tun." In Ahmedabad erzählt man sich, dass die BJP auf dem Land alle ehemals zum Gandhi-Ashram gehörenden Einrichtungen übernommen habe. Hat er eine Erklärung dafür, dass ausgerechnet diese Stadt zum Ort extremster Gewalt wurde? „Man darf nicht vergessen, dass auch Gandhi ermordet wurde", sagt er.

„Nicht zu töten, ist nicht genug. Der aktive Part der Gewaltfreiheit ist die Liebe“, lautet eine der von Gandhi aufgestellten Ashram-Regeln. Wer diesen Weg gehe, müsse seinen Widersacher lieben, ohne seine Ungerechtigkeit jemals zu vergelten. Stattdessen nehme er alle Härten auf sich, die dieser über ihn als Strafe für seine Opposition verhängen mag. Gandhis Ethik ist die Ethik der Bergpredigt in ihrer ganzen Radikalität. Die Liebe, die Gandhi predigte, kennt – wie die Liebe Jesu – keine gesellschaftlichen Schranken. Das überlieferte System der „Unberührbarkeit“ im Hinduismus lehnte er ab, die Muslime sah er als „Brüder“.

Auf dem Weg zum Ausgang komme ich an jenem Ort vorbei, an dem Gandhi 1930 mit einer Reihe von Mitstreitern den legendären Salzmarsch nach Dandi an der Küste Gujarats startete. Der Protest gegen die Salzsteuer ging einher mit dem Gelübde, nicht eher in den Ashram zurückzukehren, bis Indien frei sei. 60 000 Sympathisanten landeten in der Folge in britischen Gefängnissen. Das Land wurde 1947 befreit, aber Gandhi kam nicht zurück. 1948 wurde er von einem radikalen Hindu erschossen. Bis zum Schluss kämpfte er gegen die Teilung Indiens und für den Erhalt des Landes als multireligiöser Staat.

Am Ausgang des Ashram betreibt die NGO Manav Sadhna ein keines Zentrum, in dem sie mit armen Kindern arbeitet. Das Haus macht einen fröhlichen Eindruck mit seinen bunten Wandmalereien. An einer der Wände steht geschrieben: „Wer ist Hindu, wer ist Moslem? Es ist doch Ali in Diw*ali* und Ram in *Ram*adan.“ Diwali ist das hinduistische Lichterfest, Ramazan der muslimische Fastenmonat – und Ahmedabad scheint von einem normalen Zusammenleben beider Religionen weiter entfernt zu sein denn je.

Jesuitenpater zwischen den Stühlen

Pater Cedric Prakash ist ein kleiner Mann in einer grau-blauen Kurta, der immer so aussieht, als denke er gerade nach. Mit seiner Organisation „Prashant“, die sich nach seiner Auskunft für „Menschenrechte, Frieden und Gerechtigkeit“ einsetzt, ist er so etwas wie der Vater der Zivilgesellschaft in Ahmedabad. Als Geistlicher kann er sich viel Zeit nehmen für sein Engagement, als Pater und Katholik kann er Dinge sagen, die anderen nicht verziehen würden.

Er ist der Erste, der Zeit hat für ein Gespräch. Seine NGO „Prashant“ hat ihr Zentrum an der breiten Ausfallstraße auf dem Weg zum Sabarmati Ashram. Es ist ein geschäftiger Tag für Pater Cedric. Ein verdienter Mitarbeiter seiner Organisation feiert heute seinen Abschied, morgen soll eine Pressekonferenz verschiedener Organisationen stattfinden, die der Jesuit organisieren muss, und im obersten Stockwerk des Hauses läuft ein Seminar für muslimische Frauen, auf dem er später noch ein Referat halten soll.

Dass dies kein normales Gemeindezentrum ist, wird klar, wenn man mit Pater Cedric über die Situation in Ahmedabad redet. „Es gibt keinerlei Toleranz hier und keinen Dialog mit bestimmten Leuten. Was soll man auch mit Faschisten reden. Ich bekomme regelmäßig zu hören, dass Leute wie ich am besten in den arabischen Ozean getrieben werden sollten. Ich bin zu einem Unberührbaren geworden, seit ich die Wahrheit über diese Gesellschaft ausspreche.“

Er zeigt mir ein Buch, in dem die Massaker von 2002 dokumentiert sind. Die Fotos der bis zur Unkenntlichkeit verbrannten und geschändeten Leichen sind schwer zu ertragen. Augenzeugen berichten darin von Frauen, die vergewaltigt und in Stücke geschlagen wurden. „Es war ein Blutrausch“, sagt der Pater. „Und das Schlimmste ist, dass viele Hindu-Freunde sogar noch rechtfertigen, was geschehen ist." Dabei sei er in einem pluralistischen Umfeld aufgewachsen. „Sicher, es gab immer auch religiöse Gewalt in Indien", sagt der Jesuit, aber erst der VHP und der RSS benutzten das religiöse Idiom manipulativ „für fast alles". Das sei deshalb so gefährlich, weil „der Frieden in Indien an der kulturellen, ethnischen und religiösen Diversität" hänge.

Für den Katholiken geht es bei seinem Engagement um mehr als Versöhnung. Man spürt die Angst der Christen, dass auch sie irgendwann betroffen sein könnten. Ihr Anteil an der Bevölkerung in Gujarat liegt mit 0,25 Prozent weit unter dem indischen Durchschnittswert, aber Pater Cedric sieht sich unter Rechtfertigungszwang. Wie die Muslime werden auch die Christen von bestimmten Kreisen zu „Fremden" erklärt, die als Invasoren und Besatzer nach Indien kamen. „Es gibt genug Beweise, dass das Christentum schon seit der Zeit Jesu in Indien ist", sagt Cedric. Nach dieser umstrittenen Theorie soll der Apostel Thomas bereits 52 n. Chr. in Südindien gelandet sein. „Das Christentum war vor dem Kolonialismus hier. Alles andere ist Quatsch", erregt sich der Pater.

Dann drückt er mir die Einladung zu der Pressekonferenz am nächsten Morgen in die Hand. Es geht um ein 2003 in Gujarat erlassenes Gesetz, die so genannte „Freedom of Religion Bill". „Darin heißt es, dass man eine Genehmigung der lokalen Behörden braucht, wenn man seine Religion wechseln will", ärgert sich der Priester. „Und es steht unter Strafe, Leute zu missionieren." Wer eine Frau oder einen Adivasi (einen Ureinwohner) bekehre, müsse sogar das Doppelte zahlen.

Zwar wird von katholischer Seite in Indien kaum noch missioniert, aber Pater Cedric sieht in dem Gesetz wohl zu Recht einen vor allem gegen Christen gerichteten, feindlichen Akt. Er holt ein Buch aus dem Regal, das im Geschichtsunterricht an den Schulen von Gujarat verwendet wird. Pater Cedric glaubt, die BJP-Regierung versuche, die Geschichte in ihrem Sinne umzuschreiben. Er schlägt das Kapitel über den Zweiten Weltkrieg auf. Darin wird Adolf Hitler als ein Mann beschrieben, der Deutschland stark gemacht hat. Der Holocaust wird mit keinem Wort erwähnt. „Hitler ist Narendra Modis Vorbild“, sagt der Pater.

Wie erklärt er es sich, dass Gandhis Ideen in Gujarat völlig vergessen zu sein scheinen? „Gandhi war damals schon für viele nicht akzeptabel. Oder, wie Modi sagen würde: Für jede Aktion gibt es eine Reaktion. Heute gibt es in Gujarat eine kleine Gruppe von Kapitalisten, die sehr rechts sind. Viel Geld kommt von Leuten, die in den USA leben.“

Pater Cedric springt auf. „So, jetzt müssen wir aber Mittagessen. Wir haben zur Verabschiedung unseres Mitarbeiters ein besonderes Buffet vorbereitet. Ich hoffe, Sie bleiben noch!“ Da ich schon am Abend in meinem Hotel die Küche von Gujarat schätzen gelernt habe, nehme ich die Einladung gern an. Und in der Tat: Auch hier ist das Essen köstlich. Es wird im kleinen Garten hinter dem Haus serviert, und das gibt mir die Gelegenheit, mit einigen der Mitarbeiter zu sprechen.

Was sie mir erzählen, will nicht zum Plauderton einer kleinen Betriebsfeier passen. „Ich bin heute froh, wenn ich in meiner Nachbarschaft überhaupt noch Muslime auf der Straße sehe“, sagt Veronica D’Souza, Pater Cedrics Sekretärin. „Sie werden ghettoisiert und bekommen keine Jobs mehr, seit Modi an der Regierung ist. Es war auch schon früher schwer, für muslimische Kinder an einer Schule angenommen zu werden. Aber inzwischen geht nichts mehr. Die Intoleranz ist so schlimm geworden. Niemand vermietet noch Wohnungen an Muslime. Und selbst wir als Christen haben Probleme. Stellen Sie sich vor: Wir wollten das Haus kaufen, in dem wir bisher zur Miete wohnen. Aber der Vermieter hat sich geweigert, weil wir keine Vegetarier sind.“

„So weit sind wir inzwischen gesunken", klagt sie. „Ich kenne sogar jemanden, der seine Hochzeit mit einem Mädchen aus Gujarat abgesagt hat, weil er mit diesem Bundesstaat nichts zu tun haben will. Die Zivilgesellschaft ist zu klein. Die Reichen kümmern sich um nichts und die Armen haben zu viel mit sich selbst zu tun." Unter den Christen geht Angst um. „Wir erhalten regelmäßig Morddrohungen. Neulich sind hier Leute vom VHP in das Büro gekommen und haben gesagt: Wir wissen, wo ihr seid, wir kriegen euch! Ich habe schon manchmal daran gedacht, den Job hier zu kündigen, ich habe schließlich Familie. So lange diese Regierung an der Macht ist, wird es keinen Frieden in Gujarat geben."

Das Trauma der Frauen

Als ich mich gerade verabschieden will, kommt Sophie Khan in Pater Cedrics Büro. Sie leitet die Frauenorganisation „Safar", die gerade im ersten Stock ein Seminar abhält. Ich hatte schon am Vortag mit ihr telefoniert, aber sie war nicht sicher, ob sie vor ihrer Abreise am kommenden Tag nach Delhi noch ein Treffen würde einrichten können. Es ist Glück, dass wir uns hier treffen.

„Bis 2002 haben wir vor allem zum Thema häusliche Gewalt gegen Frauen gearbeitet", erzählt sie. „Aber schon 1997/98 mussten wir angefangen, uns auch anderen Fragen zuzuwenden, denn damals begann die hinduistische Propaganda. Mit der muslimischen Gemeinschaft arbeiten wir seit dem großen Erdbeben 2001 zusammen. Die Muslime erhielten damals keine Hilfe von der Regierung. Seit 2002 kümmern wir uns um die Opfer der Pogrome."

Auf den Seminaren versucht Sophie Khan, die Teilnehmerinnen zu schulen, mit der fundamentalistischen Hindu-Rhetorik umzugehen, und ihnen gleichzeitig eine „feministische Identität“ zu geben. „Wir wollen die Frauen stärken und eigentlich vor allem über Bildung und ökonomische Rechte reden. Aber inzwischen dreht sich alles nur noch um Religion. Die Pogrome haben die Muslime um 30 Jahre zurückgeworfen. Die Flüchtlingslager sind fast alle in der Hand von Fundamentalisten, die die Frauen am liebsten in Burka sehen würden“, klagt sie.

Dabei rückten die allgemeinen Probleme, die Frauen in Indien haben, in den Hintergrund. „Diese Pogrome waren auch ein gezielter Angriff auf die Reproduktionsorgane der muslimischen Frauen.“ Wie Untersuchungen gezeigt haben, kam es 2002 nicht nur zu Massenvergewaltigungen. Man hat auch gezielt schwangere Frauen angegriffen und ihnen die Föten aus dem Leib geschnitten. Die höhere Geburtenrate der Muslime in Indien, die angeblich zum Aussterben der Hindus führen wird, gehört zum Propaganda-Arsenal der Hindu-Fundamentalisten.

„Es gibt viele Männer, die mit ansehen mussten, wie ihre Frauen vergewaltigt wurden“, sagt Sophie Khan. „Für die Frauen ist das auch deshalb schlimm, weil die Männer sich nun schwach fühlen und aus Schuldgefühlen heraus ihre Frauen erst recht unterdrücken.“ Über Menschenrechte zu reden, sei schwer geworden, weil so viele Teilnehmerinnen traumatisiert seien. „Es fangen regelmäßig Frauen an zu weinen oder sie brechen zusammen. Wir hatten zum Beispiel einen Vater, dessen Tochter vor seinen Augen vergewaltigt wurde. Sie starb einen Tag später. Ihr Vater konnte ihr nicht helfen.“

Auch innerhalb der Zivilgesellschaft sei eine Zusammenarbeit kaum noch möglich. „Es gibt jetzt eine klare Trennung zwischen Hindu NGOs und den anderen. Die Hindus versuchen weiterhin, mit der Regierung zu kooperieren, weil sie Angst haben, sonst kein Geld mehr zu bekommen“, sagt Sophie Khan. Für eine Versöhnung sieht sie derzeit keinerlei Chance. „Es kann keine Versöhnung ohne Gerechtigkeit geben. Was momentan passiert, ist ein stiller Genozid.“ So würden auch heute noch die Geschäfte der Muslime boykottiert. Einige seien in ihre Dörfer zurückgekehrt – aber als Bürger zweiter Klasse. Sie dürften nicht mit dem Lautsprecher zum Gebet rufen, sie dürften ihre traditionellen Kappen nicht tragen. „Die Mehrheit der Hindus hat keine Schuldgefühle“, meint sie.

Geteilte Stadt

Dr. Hanif Lakdawala hat dafür eine Erklärung. Der muslimische Arzt ist Chef und Gründer der Organisation „Sanchetana“, die vor allem Gesundheitsfürsorge in Armenvierteln betreibt. Ich treffe ihn in seinem Büro in einem Geschäftshaus am Rande von Ahmedabad. Ich muss mich mühsam durchfragen. Kein Schild weist auf die NGO hin. Die Zentrale liegt im vierten Stock.

„Die Hindus in Gujarat waren immer gegen die Muslime eingestellt“, sagt er. „Wenn man von außerhalb kommt, merkt man erst, wie schlimm das ist. Man findet anti-muslimische Gefühle sogar in populären Volksliedern. Die Leute wachsen damit auf. Das ist Teil des kollektiven Unbewussten.“ Noch heute, so Lakdawala, werde den Muslimen vorgeworfen, dass Mohammad von Ghazni vor tausend Jahren den Somnath-Tempel an der Küste Gujarats zerstört habe. „Dieser Hass wird von der Regierung ausgebeutet.“

Selbst für seine Organisation, die Gesundheitsfürsorge für alle anbietet, sei das ein Problem. „Die Hälfte meiner Mitarbeiter sind Hindus, aber in einigen Slums können wir nicht arbeiten, weil die Hindus es nicht wollen. Der VHP macht dort gezielt Propaganda. Der einzige Grund ist, dass ich Muslim bin.“ Nach 2002 sei es für „Sanchetana“ dann sogar schwer geworden, in den muslimischen Slums zu arbeiten, weil viele der Mitarbeiter Hindus sind. „Diese Ausschreitungen sind ja genau geplant gewesen. Es wurden gezielt nur Häuser von Muslimen angegriffen. Irgendjemand musste den Leuten die Informationen gegeben haben und da wurden unsere hinduistischen Mitarbeiter verdächtigt“, berichtet Lakdawala.

So seien etwa in seiner eigenen Nachbarschaft mehrere Hotels abgebrannt worden, die alle Muslimen gehörten. „Ich wusste noch nicht einmal, dass die Besitzer Muslime waren“, sagt der Arzt. Auch die Kaufhauskette „Pantaloon“ wurde attackiert. „Später stellte sich heraus, dass zehn Prozent des Unternehmens einem Moslem gehören. Das wusste fast niemand in Indien. Daran kann man sehen, wie effektiv die recherchiert haben.“ Inzwischen sei Ahmedabad eine geteilte Stadt. „Von unserem Haus muss ich in jede Richtung acht Kilometer gehen, um überhaupt noch einen Moslem zu treffen.“

Wenigstens die Arbeitssituation für „Sanchetana“ habe sich wieder etwas verbessert, „weil die Leute wissen, dass wir Gutes für sie tun“. „Das Absurde ist ja, dass die Armen alle dieselben Probleme haben: Gesundheit, fehlende Sanitäreinrichtungen, Wassermangel.“ Von der Regierung hätten sie nicht viel zu erwarten. „Stellen Sie sich vor, die Regierung hat gerade das einzige Lepra-Krankenhaus der Stadt geschlossen, weil es von christlichen Nonnen betrieben wurde. Der zuständige Minister hat gesagt, es gebe keine Lepra in Gujarat. Aber wer waren dann wohl die Patienten? Ich bin sicher, das Haus wird demnächst an einen Geschäftsmann verkauft.“

Wie seine Frau Sophie Khan beobachtet auch Lakdawala in der muslimischen Gemeinde einen wachsenden Einfluss der Fundamentalisten. „Organisationen wie wir haben nicht genügend Geld, um den Leuten neue Häuser zu bauen. Daher sind die Flüchtlingslager fast alle in der Hand der Radikalen." Für die Zukunft sei daher eher mit einer Verschärfung der Konflikte zu rechnen. „Der Regierung passt das natürlich gut ins Konzept. Modi sagt ja selbst, man sollte alle Säkularisten in einen Lastwagen sperren und ins Meer fahren."

Staatsterrorismus

Dabei treten die so genannten Fundamentalisten in Gujarat ziemlich gemäßigt auf. Einer von ihnen ist Professor Nisar Ansari, Vorstand der „Jamiat-e-Ulema-e-Hind", eine von drei Muslimorganisationen in Ahmedabad. Er lebt in einem zentralen Wohnviertel. Es dauert etwas, bis ich sein Haus gefunden habe. Seine Frau kommt herunter, um mich in die Wohnung im ersten Stock zu führen. Sie trägt kein Kopftuch.

Ansari ist Professor für persische Literatur und er gibt sich betont gelassen. „2002 war nichts Neues für Gujarat. Schon 1969 habe ich die ersten Aufstände erlebt", sagt er. „Ich sehe das weniger als einen Konflikt zwischen Hindus und Muslimen als einen geplanten Genozid. Das war Staatsterrorismus. Verwaltung und Polizei haben zusammengearbeitet. Sie wollen einen Angst-Zirkel schaffen und das ist gelungen."

Vielleicht ist es notwendig, die Dinge so zu sehen, um weiterhin unter Hindus leben zu können. „Ich war während der Ausschreitungen unterwegs und habe erlebt, dass zum Beispiel in dem Dorf Kidyat im Distrikt Sabarkatha alle Muslime geflohen waren, weil ihre Nachbarn sie rechtzeitig gewarnt hatten. Sie flohen in einem Lastwagen. Leider wurde der dann unterwegs angehalten und angezündet. Alle Insassen starben. Ich habe den Wagen gesehen, als wir in das Dorf zurückkamen. Die Hindus haben geweint, als wir ihnen davon erzählten."

Aber dennoch haben so viele Menschen die BJP gewählt, wende ich ein. „Das Problem ist, dass es nur zwei Parteien hier gibt", sagt Ansari. „Die BJP ist sehr erfolgreich dabei, ihre Propagandisten in die Dörfer zu schicken und unter den Ureinwohnern und den Armen Werbung zu machen. Die kriegen dann Geld und Essen und es wird ihnen eingeredet, dass die Kongress-Partei nur was für Muslime ist. Die Kongress-Partei hat ja angekündigt, den Opfern Gerechtigkeit zu verschaffen. Da haben natürlich viele Leute Angst, dass es ihnen an den Kragen gehen könnte, wenn der Kongress an die Macht kommt."

Er betont, dass seine Organisation keine politische Partei ist, sondern sich ausschließlich für die soziale und wirtschaftliche Besserstellung der Muslime einsetzt. „Wir haben seit 2002 insgesamt 3000 Häuser für Flüchtlinge gebaut. Es wurden ja 100 000 Menschen vertrieben. Das haben wir zum Teil aus privaten Spenden finanziert und zum Teil mit Geld aus Saudi Arabien." Das größte Problem in den Flüchtlingslagern sei, dass es dort zumeist keine guten Schulen gebe. „Es ist auch nicht gut, wenn die Schüler von Flüchtlingen nur unter sich bleiben, da fehlt der Wettbewerb."

Ist unter den Muslimen die Angst größer oder der Hass?, frage ich. „Eindeutig der Hass", antwortet er. „Die Muslime werden sich rächen wollen. Der Konflikt wird sich nicht so schnell beruhigen." Versucht seine Organisation, etwas dagegen zu tun? „Ja", sagt er. „Wir haben eine Konferenz organisiert, um den Muslimen die Angst zu nehmen. Die Leute sind aus ganz Gujarat angereist, aber viele wurden unterwegs illegal verhaftet. Der VHP bedroht Frauen und Sozialarbeiter. Die Frage ist, was ein Dialog mit diesen Leuten bringen soll."

Ich möchte gern ein Flüchtlingslager besuchen, um mit den Opfern zu sprechen. Ansari ruft einen Mitarbeiter der „Jamiat-e-Ulema-e-Hind" an. Wir vereinbaren einen Termin für den nächsten Morgen.

Aber zunächst treffe ich Gagan Sethi. Er ist Mitglied in der Nationalen Menschenrechtskommission und leitet die Organisation „Janvikas“, die in Gujarat 14 „Zentren für soziale Gerechtigkeit“ betreibt. Ihr Ziel ist es, den Opfern der Gewalt vor Gericht zu ihrem Recht zu verhelfen. Das ist bisher kaum geschehen. „Wir sind im Moment an zwei Fällen dran, wo Opfer sexueller Gewalt gegen Polizisten und Ärzte geklagt haben. Das ist der einzige Fall, in dem von der Bundespolizei eine Untersuchung vorgenommen wurde. Man kann daran erkennen, welche Rolle der Staat hier gespielt hat“, sagt Sethi. „Vier Polizisten und zwei Ärzte sind angeklagt. Das ist ein Präzedenzfall, der typisch ist, für das, was hier geschehen ist.“

Gibt es Unterstützung von der Regierung in Neu-Delhi?, frage ich. „Es hilft sicher, dass ich in der Menschenrechtskommission bin“, sagt der Mann, der in seinem karierten Hemd wie ein Arbeiterführer alten Schlags aussieht. „Aber ich habe den Eindruck, dass die Kongress-Partei eher ein Interesse daran hat, dass es hier hoch hergeht. Die BJP ist hier ohnehin so stark, dass es für den Kongress in Gujarat nichts zu gewinnen gibt.“

Gagan Sethi ist gelernter Sozialarbeiter und kommt aus der Dalit-Bewegung, die sich für die Rechte der Unberührbaren einsetzt. In diesem Umfeld neigt man dazu, die sozialen Konflikte in Indien als Klassenkonflikte zu interpretieren, was ein interessantes Licht auf die Probleme in Gujarat wirft. „Dieser Hass hier ist über 20 Jahre lang von der BJP aufgebaut worden“, sagt Sethi. Zwar würden zum Zwecke der Gewaltausübung vor allem die Unterschichten instrumentalisiert. Aber eigentlich habe die BJP die „Nicht-Brahmanischen Oberkasten“ im Blick, vor allem die Händler-Kaste (*Vaishya*), die in Gujarat sehr stark ist und aus der auch Mahatma Gandhi stammte. „Die Händler standen hier immer schon in Opposition zu den Muslimen, weil die traditionell auch Händler und damit Konkurrenz sind“, sagt Sethi.

Zu diesem Zweck arbeiteten VHP und RSS daran, den Ureinwohnern (*Adivasis*), die nicht zum Kastensystem gehörten, eine Hindu-Identität zu verschaffen. „Die erzählen den Leuten auf den Dörfern, dass sie eigentlich Hindus sind. Das geht so weit, dass sie ihnen sogar eigene Götter geben."

Für die Adivasis ist damit eine soziale Aufwertung verbunden. Das indische Kastensystem ist nicht so starr, wie im Westen oft geglaubt wird. Seit jeher erfolgt ein gewisser Aufstieg unterer Kasten durch Imitation von Regeln und Lebensstil höherer Kasten. Ein Prozess, den Wissenschaftler „Sanskritierung" genannt haben.

„Es wird versucht, den Leuten eine einzige Identität, eine religiöse Identität zuzuweisen. Das ist das Fatale," sagt Sethi. „Wir versuchen daher, in unserer Jugendarbeit den Leuten klar zu machen, dass man 20 verschiedene Identitäten haben kann." Dennoch, fürchtet er, wird es lange dauern, bis diese Arbeit Früchte trägt. „Diesmal wurden die Muslime so stark geschlagen, dass ihr Widerstand gebrochen ist. Es gibt eigentlich nur zwei Perspektiven für die Zukunft: Entweder die Muslime akzeptieren dauerhaft, dass sie nun Bürger zweiter Klasse sind, oder wir steuern langfristig auf eine Katastrophe zu, weil sich so viel Hass unter den Jugendlichen anstaut."

In der Höhle des Löwen

Die Männer, die diesen Hass gesät haben, treffe ich einige Stunden später. Sie sind misstrauisch. Sie sind schwer zu finden. Ihr Büro befindet sich in einem Mietshaus in der Nähe des Bahnhofs. Es ist bereits dunkel als ich dort eintreffe. Sie dirigieren mich per Telefon bis zu dem Gebäude. „Medienzentrum Vishva Samvad Kendra" steht an der Tür. Es ist die Propagandaabteilung des RSS.

Der Termin war durch einen lokalen Redakteur der „Times of India“ vermittelt worden. Durch normales Herumsuchen und -fragen hätte ich keinerlei Hinweise auf die Organisationen des Sangh Parivar gefunden. Anil Pathak, der Redakteur, tat geheimnisvoll. „Gehen Sie nicht einfach dort hin. Ich rufe für Sie an. Zitieren Sie mich nicht. Ich habe diese Kontakte über lange Zeit aufgebaut.“ Als ich bei Pathak im Büro saß, fragte ich mich noch, ob er sich wohl wichtig machen will. Aber seine Vorsicht war berechtigt.

Mokundrao ist ein älterer, unscheinbarer Mann. Er trägt eine dieser indischen „Kassengestell-Brillen“, die heute eigentlich nur noch von kleinen Beamten und Politikern geschätzt werden, die sich bescheiden geben wollen. Er ist ein altgedienter RSS-Funktionär und ich hatte eigentlich damit gerechnet, mit ihm ein kurzes, wenig ergiebiges Gespräch zu führen. Stattdessen inszenieren die Herren in ihrem Büro ein ziemliches Spektakel.

Mokundrao führt mich in einen Raum, in dem bereits ein anderer Mann sitzt. Er stellt sich als Krishnapal Singh Bhadauria vor, Redakteur der hier produzierten Zeitschrift. Während sie mich noch fragen, ob ich Tee möchte, und die üblichen Höflichkeitsfloskeln ausgetauscht werden, erscheint ein dritter Mann, dessen Funktion mir nicht erläutert wird. Er sagt, er sei ein früherer Offizier. Nachdem wir angefangen haben zu sprechen, winkt Mokundrao auch den dicklichen Jungen herbei, der nebenan am Computer sitzt und vermutlich die modern gestaltete Website der Organisation betreut. Nun steht es vier gegen einen und mir wird langsam ungemütlich.

Bevor ich nur dazu komme, eine einzige Frage zu stellen, wollen die Herren von mir wissen, wen ich in Ahmedabad getroffen habe. Ich sage, ich versuche, mir ein umfassendes Bild zu machen und treffe Vertreter aller gesellschaftlichen und religiösen Gruppierungen. Doch diese Antwort ist ihnen nicht genug. Sie wollen Namen hören, die ich ihnen nicht nennen will. Sie versuchen, mich in die Defensive zu drängen. Sie beharren auf Namen. Sie klagen über die Vorurteile der Journalisten. Ich nenne keine Namen. Ich sage ihnen, ich sei gekommen, um ihre Version der Geschichte zu hören.

Das geht etwa eine halbe Stunde so. Am Ende gewinnt niemand. Ich nenne keine Namen, aber ich weiß, dass diese Männer sicher kein offenes Gespräch mit mir führen werden. „Wir haben keine politischen Ziele“, sagt Mokundrao über den RSS, „wir interessieren uns für die Entwicklung der Nation. Es geht um Werte und Moral der Hindu-Gesellschaft. Wir wollen ein nationales Bewusstsein schaffen.“

„Wie viele Mitglieder hat der RSS?“

„Es gibt keine eingeschriebenen Mitglieder. Wir sind eine Bewegung. Das ist wie mit Spaziergängern, die haben auch keinen Mitgliedsausweis.“

„Welche Funktion hat das Training mit Waffen?“

„Es gibt keinerlei Training mit Waffen. Wir machen in unseren Lagern nur Yoga und Karate und singen nationale Lieder.“

„Welche Rolle spielte der RSS bei den Massakern 2002?“

„Alles, was passiert ist, war eine Reaktion auf Godhra.“

„Was bedeutet das: eine Reaktion?“

„Das ist wie ein Naturgesetz. Auf jede Aktion folgt eine Reaktion.“

„Bedauern Sie, dass so viele Menschen gestorben sind?“

„Eine Reaktion ist weder gut noch schlecht. Sie passiert einfach.“

„Was heißt, sie passiert einfach? Menschen treffen Entscheidungen?“

„Wenn jemand Ihren Bruder ermorden würde, würden Sie doch auch reagieren!“

„Ja, wahrscheinlich, aber nicht so.“

„Niemand sollte ungerechtfertigte Gewalt unterstützten", sagt Mokundrao. „Aber selbst Gandhi hat sich gewehrt, als er in Südafrika angegriffen wurde. Es ist ja nicht das erste Mal gewesen, dass Muslime in Godhra Hindus angegriffen haben. Früher hat der RSS mit Muslimen zusammengearbeitet. Wir haben den muslimischen Erdbebenopfern geholfen ..." Dann holt er ein Buch mit dem Titel „Godhra – The Missing Rage" („Godhra – Die fehlende Wut") hervor. Der Autor, S. K. Modi, versucht darin nachzuweisen, dass die nationalen, englischsprachigen Medien hindufeindlich sind und daher nicht objektiv über die Ereignisse von 2002 berichten. „Diesen Autor sollten Sie treffen", sagt er und schreibt mir seine Telefonnummer auf.

Ob es jemals wieder Frieden zwischen Hindus und Muslimen in Gujarat geben wird, will ich wissen. „Gujarat ist einer der sichersten Orte Indiens", sagt der Ex-Offizier. „Ich war bei der Armee, ich weiß, wovon ich rede. Sie können sich in Ahmedabad auch als Frau abends völlig frei bewegen." Als ob es um mich ginge! Man könnte dieses Gespräch für amüsant halten – wären da nicht die Bilder der zerhackten und verbrannten Leichen. „Es herrscht eine enorme Harmonie hier", sagt Mokundrao zum Abschied. Ich brauche ein paar Stunden, um mich von dieser Harmonie zu erholen.

Überlebende und Flüchtlinge

Am nächsten Morgen bin ich mit einem Herrn der „Jamiat-e-Ulema-e-Hind" verabredet, um ein Flüchtlingslager zu besuchen. Das Büro der Muslimorganisation liegt in der Nähe meines Hotels. Als ich um neun Uhr dort ankomme, wischt ein Bediensteter den Flur. Ich frage nach dem Generalsekretär Ahmed Scheich. Er deutet in das leere Büro. In einem Nebenraum erheben sich zwei Männer gerade von ihrem Nachtlager. Sie sprechen kein Englisch. Ahmed Scheich ist nicht da, aber sie rufen ihn per Handy herbei. Ich warte eine Viertelstunde bei einer Tasse Tee, während die Männer sich im Flur nebenan die Zähne putzen.

Ahmed Scheich entschuldigt sich: „Sorry, ich hatte den Termin vergessen." Er ist ein älterer Mann mit grauem Bart und schütterem Haar, der auf einem Auge blind ist. Aber er ist sofort einsatzbereit. Wir nehmen eine Autorikscha, um zum Lager Madni Nagar zu fahren, das am Stadtrand liegt. Während der langen Fahrt gibt er mir einige Details über das Lager. „Madni Nagar verfügt über 334 Häuser. Insgesamt haben wir 5200 Häuser in verschiedenen Lagern gebaut. Es gibt ein kleines Krankenhaus, in dem täglich ein Arzt die Menschen umsonst behandelt, und eine Grundschule. Wir wollen auch eine Moschee bauen, aber die ist noch nicht fertig. Es fehlt an Geld."

Über eine Sandpiste erreichen wir das Lager. „Wir haben schon mehrfach bei der Regierung beantragt, dass der Weg geteert wird, aber ohne Erfolg. Wenn der Monsunregen kommt, ist es schwer hier durchzukommen." Das Lager macht einen gepflegten Eindruck. In mehreren Reihen stehen die kleinen Häuser. Sie haben zwei Zimmer von insgesamt vielleicht zwölf Quadratmetern und ein kleines Bad. Das hintere Zimmer wird als Küche benutzt. „Die Familien, die hier leben, haben alle mindestens fünf Mitglieder", sagt Ahmed Scheich. Wir nehmen kurz im Büro des Lagerverwalters, Hafiz Bashir Ahmad, Platz. Jemand bringt Pepsi, es ist heiß. Ein Mullah kommt hinzu. Er stellt sich als Maulana Istiaq vor. Gemeinsam machen wir uns auf den Weg, um mit einigen Familien zu sprechen.

Die Sonne brennt unbarmherzig, obwohl es noch Vormittag ist. Kein Baum, kein Strauch spendet Schatten. „Wir hatten Probleme mit dem Trinkwasser hier", sagt Ahmed Scheich, „deshalb haben wir einen Tank gebaut." Wir kommen an der Moschee vorbei, die sich noch im Bau befindet. Sie macht einen überdimensionierten Eindruck. Daneben steht das Gemeinschaftszentrum, eine große Halle mit Nähmaschinen darin. „Wir bieten berufliche Bildung an, damit die Frauen Geld verdienen können." Die meisten Familienoberhäupter in dem Lager sind Witwen. Sie produzieren hier Kleidung, Räucherstäbchen oder bauen Drachen.

Wir klopfen am Haus von Zairah Bibi, die ihren Mann in den Ausschreitungen verloren hat. Sie ist eine schlanke, schöne Frau von 35 Jahren, stark und aufrecht. Sie lebt mit ihren fünf Kindern hier. „Mein Mann war Gemüseverkäufer in Ahmedabad. Am 28. Februar 2002 ging er mit seinem Gemüsekarren durch die Hindu-Viertel der Stadt. Er wurde erschossen", sagt sie. „Wir lebten in einem kleinen Haus, das während der Aufstände völlig zerstört wurde. Auf einmal stand ich allein mit den Kindern und ohne Dach über dem Kopf da." Eine ihrer Töchter ist taubstumm, die Älteste arbeitet als Putzfrau. Die drei anderen Kinder gehen zur Schule. „Ich möchte, dass mein Sohn ein gebildeter Mann wird. Dafür arbeite ich hart", sagt sie.

Auch Hasina Banu hat ihren Mann verloren. Vermutlich wäre die ganze Familie heute nicht mehr am Leben, wenn sie nicht während der Ausschreitungen mit den Kindern bei ihren Eltern in Agra gewesen wäre. „Wir lebten in Sundaran Nagar, am Stadtrand von Ahmedabad. Das war eine gemischte Wohngegend. Ein Mob stürmte unser Haus und tötete meinen Mann. Ich kam erst 15 Tage später zurück", berichtet die 40-Jährige. „Die Polizei fand die Leiche meines Mannes neun Tage nach den Unruhen. Sein Bruder rief mich in Agra an." Das Haus der Familie wurde völlig zerstört.

Ihre Tochter kommt herein, stolz in Schuluniform, sie geht in die fünfte Klasse. Hasina Banu arbeitet, wie die meisten Frauen hier, in Heimarbeit zu erbärmlichen Löhnen. Sie verdient 20 Rupien am Tag (34 Cent) mit der Herstellung von Räucherstäbchen. „Ich bin jetzt zufrieden", sagt sie. „Am Anfang hatte ich viel Angst und wollte Ahmedabad verlassen, aber die Nachbarn haben mir geholfen. Wir müssen vergessen, was passiert ist. Ich hoffe, dass so etwas nie wieder passiert."

Naimunisa und ihr Mann Bismillah Khan Patan stammen aus Naroda. Sie berichtet, dass ein hinduistischer Mob ihr Dorf stürmte. „Die Angreifer hatten Schwerter und Dreizacke dabei (ein Symbol des Gottes Shiva, Anm. d. Autorin). Unsere Nachbarn wurden lebendig verbrannt. Sie haben sie mit Öl übergossen und angezündet." Auch ihr Haus wurde verwüstet. Zunächst wehrten sich die Muslime, dann flohen sie. Auf der Flucht wurde ihr Mann verhaftet. „Mein Mann ist noch immer im Gefängnis", sagt Naimunisa. „Sie machen ihn für die Auseinandersetzungen verantwortlich. Wir haben alles verloren, aber er wartet noch immer auf seine Verhandlung."

In dem kleinen Zimmer stapeln sich Stoffe vor einer Nähmaschine. Naimunisa und ihre drei Töchter nähen in Heimarbeit. Das haben sie auch schon in Naroda getan. Damit verdienen sie monatlich zwischen 2500 und 3000 Rupien (40 bis 50 Euro). „Eine Zeit lang haben wir von der Regierung 200 Rupien am Tag fürs Essen bekommen", sagt Naimunisa, doch nun verdienten sie ihr eigenes Geld. Ihre beiden Söhne gehen zur Schule. Nach Naroda will sie nicht mehr zurück. „Ich hoffe, dass Allah meinen Mann wiederbringt und wir hier zusammen wohnen können."

Auf dem Rückweg kommen wir am Kindergarten vorbei. Eine Mitarbeiterin der Regierung ist gerade dort, um die Kinder zu impfen. Wir nehmen im Büro des Verwalters Platz. Der Mullah bringt Eiskrem für alle. Bashir Ahmed spricht über die Pläne für das Lager: „Wir sind gerade dabei, eine Drainage zu bauen. Außerdem wolle wir einen Kinderspielplatz, einen Swimming Pool und eine weiterführende Schule bauen. Wir hoffen, dass wir auch für die Erwachsenen Lehrer bekommen, denn alle Bewohner hier sind Analphabeten."

Wir machen uns auf den Rückweg. Ahmed Scheich lädt mich noch zum Mittagessen ein. Er will wissen, ob ich Fleisch oder vegetarisch esse. Ich plädiere fürs Vegetarische. Wir fahren in ein Restaurant in der Innenstadt. Es ist gerappelt voll und serviert die inzwischen von mir geliebten Gujarati Thalis. Ich bitte ihn, mir etwas über die „Jamiat-e-Ulema-e-Hind" zu erzählen. Er schweigt. Dann sagt er in gedämpftem Ton, dass er darüber lieber nach dem Essen sprechen wolle. Offenbar hat er Angst, sich in dem hinduistischen Restaurant als Muslim zu erkennen zu geben.

„Ich esse gern vegetarisch, auch wenn ich Muslim bin", sagt er, als wir das Restaurant verlassen. Dann erzählt er von seiner Organisation, die im linken Spektrum der Zivilgesellschaft als „fundamentalistisch" wahrgenommen wird. Mein Eindruck ist ein anderer, aber ich habe zwei Jahre in Afghanistan gelebt. Politische Zuschreibungen sind relativ.

„Die Jamiat-e-Ulema-e-Hind wurde 1857 gegründet. Wir haben gegen die Briten gekämpft. Wir haben die Teilung Indiens abgelehnt. Wir wollen in Indien leben, die Hindus sind unsere Brüder", sagt er. Nach der Unabhängigkeit habe sich die Partei zu einer Wohltätigkeitsorganisation gewandelt, die vor allem soziale Projekte betreibt, Schulen, Colleges und Ausbildungsstätten. „Wir wollen uns nicht mehr in die Politik einmischen, sondern einander helfen."

Mathura und Vrindavan

Wir verabschieden uns. Am nächsten Tag fliege ich nach Goa weiter, wo Pater Cedric mich mit einigen Adressen von Katholiken versorgt hat. Aber dieses Kapitel soll mit einer kurzen

Reise zu Ende gehen, die ich von Delhi aus mit dem Auto unternommen habe. Sie führte nach Mathura und Vrindavan.

Beide Orte liegen an der Straße von Delhi nach Agra, die wegen des Taj-Mahal-Tourismus zu den am besten ausgebautesten Straßen Indiens gehört. Serge, ein Freund von mir, hatte den Ausflug vorgeschlagen. Und er passt gut in meinen Rechercheplan, denn beide Orte beherbergen heilige Stätten der Hindus. Außerdem steht Mathura ebenfalls auf dem Aktionsplan des Sangh Parivar, weil hier über dem Geburtsort des Gottes Krishna eine Moschee gebaut wurde.

Wir brechen erst am frühen Nachmittag mit Serges Auto auf. Die Fahrt sollte eigentlich nicht länger als zwei Stunden dauern, aber wir brauchen schon eine Stunde, um an die Stadtgrenze Delhis zu gelangen. Es ist ein Feiertag und viele nutzen die Gelegenheit zu einer kurzen Flucht aus dem Moloch.

Mathura und Vrindavan sind – wie Ayodhya auch – außerordentlich beliebte Pilgerstädte, aber westliche Touristen halten nur selten hier an. Die großen Tourbusse fahren alle direkt zum Taj Mahal durch. Eine nennenswerte touristische Infrastruktur gibt es nicht. Serge, ein Indo-Kanadier, war als junger Mann einmal hier gewesen, aber an den genauen Weg erinnert er sich auch nicht. Wir müssen uns an den staubigen Seitenstraßen durchfragen, um zu dem Pilgerzentrum zu gelangen.

Vrindavan ist der Ort, an dem einer der beliebtesten Götter des hinduistischen Pantheons seine Jugendjahre verbracht haben soll. Krishna ist eine Inkarnation Vishnus und mit seinem Namen ist eine der bedeutendsten Richtungen innerhalb des Hinduismus verbunden: die Bhakti-Bewegung. Bhakti, was Hingabe bedeutet, ist nicht an einen speziellen Gott gebunden, aber Krishna ist der wichtigste Fokus für die auf Hingabe und Ekstase ausgerichteten Praktiken.

Als Vorbild gilt Krishnas Geliebte Radha, deren liebende Hingabe an Krishna dem Menschen Vorbild für seine Hingabe an Gott sein soll. Hierin unterscheidet sich die Bhakti-Philosophie grundlegend vom monistischen *Advaita Vedanta*, das davon ausgeht, dass Individualseele und Gott letztlich eins sind.

Krishna ist aber vor allem aus einem anderen Grund populär: Der Gott trägt sehr menschliche Züge. Als kleines Kind war er naschhaft und spielte gern Streiche, wie etwa in der berühmten Episode, als er einer Gruppe von Milchmädchen (Gopis), die in einem Teich badeten, die Kleider stahl. Die Anhänger der Bhakti-Bewegung sehen das göttliche Spiel (Lila) als grundlegendes Prinzip des Universums.

Als wir in Vrindavan ankommen, wissen wir immer noch nicht, wo wir eigentlich hin wollen. Serge erinnert sich noch an den Tempel der auch im Westen bekannten „Hare Krishna"-Bewegung. Er liegt am Eingang des Ortens, aber wir wollen uns zunächst noch einige andere Orte anschauen, die mit Krishna in Verbindung stehen. Wir fahren orientierungslos herum. Der Ort scheint über Hunderte von Tempeln zu verfügen. Als an einer Ecke ein Junge an unsere Fensterscheibe klopft und sich als Fremdenführer anbietet, lassen wir ihn einsteigen.

Er führt uns zu einem Tempel, der eigentlich ein Garten ist. Wir geben unsere Schuhe am Eingang ab und betreten barfuß diesen wahrhaft verwunschenen Ort. Es sollen Reste des Gartens sein, in dem Krishna rund 3000 v. Chr. Teile seiner Jugend verbracht hat. Kleine uralte, verkrüppelte Bäume wachsen dort, die sich wie ein Labyrinth über das Gelände ziehen. Junge Frauen fegen ununterbrochen die sandigen Wege, auf denen man unter den Bäumen hindurchgehen kann. Radha soll hier jede Nacht auf ihren Geliebten warten. Ein kleines Häuschen, heißt es, sei die Garderobe, in der sie sich für das Tête-à-tête zurecht macht.

Wir kommen an eine marmorne Plattform, auf der Krishna mit seiner Geliebten tanzen soll. Ihr gegenüber liegt eine Reihe von Gräbern. Unser jugendlicher Führer erzählt, es seien die Gräber derer, die hier versucht hätten, das göttliche Paar heimlich zu beobachten. Doch kein Sterblicher bekomme die beiden je lebend zu Gesicht.

Unser Fremdenführer bringt uns zu einem weiteren Tempel. Der Einfachheit halber laufen wir zu Fuß. Unterwegs halten wir an einem der vielen Stände, die Lassi mit Rosenwasser servieren: ein köstliches Getränk aus frischem Joghurt. Der Tempel beherbergt eine Krishna-Figur, die der zuständige Brahmane – wie immer mit grandioser Geste – vor unseren Augen enthüllt. Dann geht es ans Bezahlen. Wir machen uns schnell wieder davon. Serge drängt es zum Hare-Krishna-Tempel, wo bei Sonnenuntergang ein beeindruckendes Spektakel seinen Lauf nehmen soll.

Krishna-Bewusstsein

In der Tat ist es schon ziemlich voll, als wir dort ankommen. Der so genannte Krishna Balaram Komplex ist eine gigantische Struktur mit zahlreichen Gebäuden aus Marmor und der Hauptsitz der International Society for Krishna Consciousness (ISKCON). Die Gruppe hat im Westen einige Berühmtheit erlangt, weil ihre Anhänger vor allem in den 70er Jahren in blass-orangefarbenen Roben durch Fußgängerzonen gelaufen sind und das Mantra „Hare Krishna“ gesungen haben. Heute scheint es im Westen etwas stiller um die Gruppe geworden zu sein.

Nicht aber an ihrem Hauptsitz in Vrindavan. Ein Seitengebäude des Tempels ist ganz ihrem Gründer, A.C. Bhaktivedanta Swami Prabhupada, gewidmet. Lebensechte Puppen stellen hier Stationen seines Lebens in Glaskästen nach. Einer zeigt die kleine Schreibstube, in der der aus Kalkutta stammende Abhay Charan De, wie er damals noch hieß, auf die Idee kam, das Krishna-Bewusstsein in der ganzen Welt zu verbreiten. Ein anderer Glaskasten zeigt, wie er sich 1966 nach New York einschifft. Von dort nahm die Bewegung, die sich in der Hippie-Zeit schnell im Westen verbreitete, ihren Ausgang.

Die ziemlich exotisch wirkenden westlichen Anhänger mit ihren kahl geschorenen Köpfen, haben der Gruppe im Westen einen eher dubiosen Anschein gegeben. Aber eigentlich vertreten die Krishna-Anhänger eine der Hauptrichtungen der hinduistischen Philosophie, den Gaudiya Vaishnava, der im 15. Jahrhundert von Caitanya Mahaprabhu ins Leben gerufen wurde. Mit Mahaprabhu, der von seinen Anhängern als Verkörperung Krishnas selbst betrachtet wird, nahm der Kult des Gottes in Vrindavan seinen Anfang.

Heute versammeln sich im Krishna Balaram Komplex jeweils bei Sonnenaufgang und Sonnenuntergang die indischen und westlichen Anhänger der Sekte. Die Stimmung ist ekstatisch. Zur Trommelmusik und den rhythmischen Hare-Krishna-Gesängen tanzen sich die Gläubigen in Trance. Serge lästert, dass die jungen indischen Männer nur hierher kommen, um eine der Anhängerinnen aus dem Westen aufzureißen. Da weiter nichts passiert, gehen wir nach einer halben Stunde. Ich möchte noch nach Mathura fahren und es ist schon ziemlich spät.

Auch in Mathura, das nur einige Kilometer von Vrindavan entfernt liegt, fehlt jegliche Ausschilderung. Als wir endlich an dem Haupttempel ankommen, wundere ich mich, wie man einen so großen Tempel so lange verfehlen kann. Aber die kleinen Orte in Delhis Nachbarschaft sind alle dicht besiedelt und man sieht aus dem Auto meist nichts anderes als Läden und Wohnhäuser.

Mathura soll der Geburtsort Krishnas sein und ich wollte ihn sehen, weil hier eine ähnliche Ausgangssituation besteht wie in Ayodhya vor der Zerstörung der Babri-Moschee. Und was wir sehen, ist tatsächlich verblüffend. Direkt über dem Ort, an dem Krishna das Licht der Welt erblickt haben soll, erhebt sich die riesige Katra-Moschee, die hier unter dem letzten Moghul-Herrscher Aurangazeb erbaut wurde. Das Gelände wird rund um die Uhr von Soldaten bewacht, um ein zweites Ayodhya zu verhindern.

Es fällt schwer, in der Moschee nicht den symbolischen Triumph einer siegreichen Religion über eine andere zu sehen. Ich denke an die Aussage des britischen Historikers Edward Gibbon: Statt sich zu wundern, warum das Römische Reich unterging, solle man lieber fragen, warum es so lange Bestand hatte. Aber eine solche Frage ist Wasser auf den Mühlen des Sangh Parivar. Ein multireligiöser Vielvölkerstaat wie Indien kann seine Geschichte nur um den Preis des Bürgerkriegs umschreiben.

Wir steigen hinab in den Keller zur Krishna Janmabhoomi. Es handelt sich um eine bescheidene Plattform aus dunklem Stein, vor der ein Brahmane sitzt. Die Gebete der Gläubigen haben diesen Ort geheiligt. Der Stein scheint wie aufgeladen mit Energie. Der Brahmane sagt uns, dass der eigentliche Geburtsort Krishnas gar nicht hier ist, sondern unzugänglich unterhalb der Moschee liegt.

Indien wird die Geister, die der Hindu-Fundamentalismus rief, so bald nicht loswerden.

„Das waren noch Zeiten ...“

Zwischen Angst und Gewissheit: Die Christen

Die Christen stellen 2,3 Prozent der indischen Bevölkerung und sind damit die drittgrößte Religionsgemeinschaft des Landes. 70 Prozent sind Katholiken. Es wird vermutet, dass der Apostel Thomas bereits im Jahre 52 n. Chr. entlang der südlichen Malabarküste mehrere christliche Gemeinden gegründet hat. Sollte dies stimmen, wäre die christliche Kirche in Indien älter als in Europa. Die so genannten Thomaschristen leben heute vor allem im Bundesstaat Kerala, wo sie einen erheblichen Anteil an der Bevölkerung stellen. Es gibt aber auch Theorien, wonach sie erst mit dem syrischen Kaufmann Thomas Cana nach Kerala kamen, der im 4. Jahrhundert nach Chr. mit 400 Familien dort landete.

Portugiesische Missionare führten im 15. Jahrhundert den römischen Katholizismus in Indien ein und verbreiteten ihn an der Westküste des Landes, vor allem in der Kolonie Goa, wo der Anteil der Christen an der Bevölkerung heute etwa 23 Prozent beträgt. Die britischen Kolonialherren zeigten im Gegensatz zu den Portugiesen wenig Interesse am Missionieren. Dennoch konvertierten in der Kolonialzeit vor allem Stammesvölker im Nordosten des Landes zur Anglikanischen Kirche. Auch heute noch sind Konversionen vor allem unter den Ureinwohnern (Adivasis) und den Unberührbaren zu finden, die dadurch hoffen, der Ungerechtigkeit des Kastensystems zu entkommen. Missionarisch sind heute fast nur noch evangelische Gruppierungen aus den USA tätig, darunter viele Pfingstler.

Ich verlasse Ahmedabad am späten Vormittag, ausgestattet mit einer Adressliste von Cedric Prakash, dem quirligen Jesuitenpater. Mein Flug geht mit Jet Airways zunächst nach Bombay, wo ich in eine Maschine der Kingfisher Airlines nach Panjim, der Hauptstadt Goas, umsteige. Indien verfügt inzwischen über eine Reihe ausgezeichneter privater Fluggesellschaften. Jet Airways wurde mehrfach zur besten Fluggesellschaft Asiens gewählt und ist Partner der Star Alliance, der Kooperation internationaler Airlines zu der auch Lufthansa gehört.

Die neueste Fluggesellschaft aber ist Kingfisher – ein Name, der vielen Goa-Touristen bekannt vorkommen wird, weil sie so heißt wie die beliebteste Biermarke im Land. Und das ist kein Zufall. Ihr Gründer Vijay Mallya ist einer der erfolgreichsten Unternehmer Indiens. Mit der Gründung einer eigenen Airline hat er sich nicht nur einen privaten Traum erfüllt, sondern zugleich einen geschickten Marketingfeldzug gestartet. Da es verboten ist, in Indien für Alkohol zu werben, ist durch die Fluggesellschaft endlich der Name des Biers in aller Munde.

Und seine Airline setzt neue Maßstäbe in Sachen Professionalität. Schon beim Einchecken werden die Passagiere von rot gekleideten Kingfisher-Mitarbeitern in Empfang genommen. Sie helfen den Reisenden dabei, ihr Gepäck schnell durch die Sicherheitskontrollen zu bringen, und schieben den Gepäckwagen bis vor den Schalter – ohne dafür ein Trinkgeld zu verlangen. Bequemer kann man derzeit nicht nach Goa gelangen.

Am Flughafen werde ich von einem Fahrer des Hotels „Panjim Inn" abgeholt. Die Fahrt in die charmante Hauptstadt dauert etwa 45 Minuten. Sie führt durch Palmenlandschaften und Reisfelder, das Meer meistens in Sichtweite. Ein Idyll ist Goa dennoch nicht. Wie überall in Indien säumen ärmliche Kioske und Hütten die Wege, Wäsche ist zwischen Palmen aufgespannt. Ehemals herrschaftliche portugiesische Villen verfallen. Die Randregionen der Städte werden von Straßennetzen durchkreuzt, an deren Ausfallstraßen sich Unternehmen angesiedelt haben. Doch außer den Unternehmensgeländen ist nichts entwickelt. Schutt liegt herum, Bauruinen gähnen in die Landschaft.

Der Stadtteil Fontainhas in Panjim erzählt von besseren Zeiten. Die kleinen Gassen sind von Häusern im portugiesischen Stil gesäumt. Doch nur wenige sind so liebevoll restauriert wie das Hotel „Panjim Inn". Von seinem kleinen, blumengeschmückten Vorhof führt eine hölzerne Freitreppe hinauf auf eine Terrasse mit Restaurant. Dahinter liegen die Zimmer, die alle mit schweren Kolonialmöbeln aus dunklem Holz eingerichtet sind. Die Badezimmer sind mit Kachelmosaiken gefliest. In den Fluren hängen Gemälde zeitgenössischer Maler aus der Region zum Verkauf.

Ich komme am Nachmittag an und mache einen Spaziergang durch die Stadt, bevor es dunkel wird. In den Straßen hängt noch bunter Osterschmuck in Form von glitzernden Girlanden. Ein großes Poster, das über die Straße gespannt ist, zeigt den auferstandenen Jesus.

In den schmalen Gassen fällt die Vielzahl düsterer Spelunken auf; meist stehen demonstrativ Whiskyflaschen in den Fenstern. Kneipen sind in Indien eine Besonderheit. Die meisten Bundesstaaten kontrollieren den Alkoholausschank rigide. Zwar wird fast überall oft und gern Whisky getrunken, aber das passiert meist in Hotelbars oder in Restaurants. In Goa hingegen sind die Sitten wegen des christlichen Erbes lockerer. In der Wahrnehmung der Hindus hat dies zu einer interessanten Verschiebung geführt: Da das hinduistische Kastensystem sich stark über Nahrungsvorschriften definiert, ist es in Indien zu einem Kennzeichen der Christen geworden, Schweinefleisch zu essen und Alkohol zu trinken – auch wenn in christlichen Ländern niemand darin etwas Religiöses sehen würde.

Panjim strahlt mediterranes Flair aus. Dazu trägt neben den Bauten aus der portugiesischen Zeit und der Hafenlage am Mandovi Fluss auch die Kirche „Unserer Lieben Frau der Unbefleckten Empfängnis“ bei. Ihre Lage hoch über dem zentralen Platz der Stadt ist majestätisch. Außen ist der grobe Stein mit mehreren Schichten weißer Farbe übermalt. Auch die Treppen, die über mehrere Ebenen hinauf zu dem Gotteshaus führen, sind gesäumt von leuchtend weiß gestrichenen, steinernen Geländern. Auf den Stufen sitzen einige Bettler und hoffen auf Almosen.

Als ich oben ankomme, beginnt gerade die Messe. Die Portale des Haupteingangs stehen jedoch noch weit offen. Obwohl die Kirche nicht vollbesetzt ist, ruhen sich einige Gläubige auf den steinernen Bänken vor den Toren aus. Andere warten unentschlossen vor dem Eingang. Immer wieder kommen Gläubige aus der Kirche heraus, ein Kreuz schlagend, bevor sie den heiligen Raum verlassen. Offenbar nimmt man es in Goa mit der Anwesenheitspflicht im Gottesdienst nicht so genau. Der Pater predigt in der Landessprache Konkani. Wie ich der Anschlagtafel um die Ecke entnehme, gibt es aber auch Messen auf Englisch und Portugiesisch, das noch immer einige der älteren Menschen hier sprechen.

Die Kirche wurde 1541 geweiht, als Panjim noch nicht Goas Hauptstadt war. Dennoch hatte sie damals schon große Bedeutung, da vom Hafen in Panjim die Schiffe nach Lissabon aufbrachen. Seeleute nutzen hier die Gelegenheit, für eine sichere Reise zu beten oder sich auf dem Rückweg dafür zu bedanken.

Bis 1843 war Old Goa (portugiesisch: Velha Goa) die Hauptstadt der portugiesischen Kolonie. Ich mache mich dorthin am nächsten Morgen auf den Weg. Es heißt, in seiner

Blütezeit soll Old Goa mit Lissabon darum rivalisiert haben, welche Stadt die schönere sei. Der Ort ist aber weitaus älter als die europäische Besiedlung. Er war schon unter dem von Adil Schahi 1490 gegründeten Sultanat von Bijapur eine große Stadt, bestehend aus Fort, Moscheen und dem Palast des Sultans. Davon ist heute nichts mehr erhalten.

Der Körper des heiligen Francisco de Xavier

Da die meisten Touristen, die nach Goa kommen, direkt in Richtung Strand weiterfahren, ist die Infrastruktur in Panjim erstaunlich schwach ausgebaut. Taxis sind selten und teuer. Ich nehme daher den lokalen Linienbus in das rund zehn Kilometer entfernte Old Goa. Er verkehrt alle halbe Stunde und kostet fünf Rupien (weniger als einen Cent). Ein Schaffner kommt während der Fahrt herum und sammelt das Geld ein. Ich soll später in der Lokalzeitung lesen, dass immer wieder Schaffner von ahnungslosen Touristen in den Bussen das Doppelte verlangen. Ich habe offenbar Glück, aber wenn ich mehr gezahlt hätte, wäre es mir auch nicht aufgefallen.

Der Weg führt durch einige der ärmsten Viertel Panjims, unter anderem vorbei an einer fürchterlich stinkenden Kläranlage. Außerhalb der Stadt geht es am Mandovi Fluss entlang mit wunderschönen Aussichten. Auch den richtigen Zeitpunkt zum Aussteigen zu erkennen, ist nicht schwer. Die Hand voll großer Kirchen und Kathedralen, die heute Old Goa ausmachen, liegt leicht sichtbar beiderseits der Straße. Seuchen hatten die Bedeutung Velha Goas im späten 17. und frühen 18. Jahrhundert so lange sinken lassen, bis sie zur Geisterstadt verkam. 1843 wurde Panjim offiziell zur Hauptstadt erklärt.

Da es Sonntag ist, sind schon einige Touristen im Ort. Vor allem Inder, denn es ist Nachsaison und den meisten Westlern wird es im April in Goa zu heiß. Auf dem riesigen Platz, der von nur wenigen Bäumen beschattet wird, brennt die Sonne. Einige Souvenirverkäufer bieten Kitsch aus Muscheln, Jesusbildchen und Rosenkränze aus Plastik an. Kokosnussverkäufer hacken mit ihren Macheten die noch grünen Früchte auf und reichen das erfrischende Kokoswasser zum Trank.

Die interessanteste Kirche in Old Goa ist die Basilika de Bom Jesus, denn sie beherbergt die sterblichen Überreste des heiligen Francisco de Xavier – einem der Pioniere der christlichen Mission in Asien und Mitbegründer der Gesellschaft Jesu. Er ist Schutzpatron von Indien und aller Missionare. Sein Leben bietet jede Menge Stoff für einen Abenteuerroman, führte ihn doch seine unermüdliche Missionstätigkeit über Goa hinaus auf die Molukken im heutigen Indonesien und nach Japan und China, wo er an Malaria starb, ohne sein Ziel erreicht zu haben. Eine kleine Galerie für moderne Kunst in einem Seitenflügel der Kirche zeigt Gemälde moderner Künstler, die sich von seinen abenteuerlichen Reisen inspirieren ließen.

„Da ist eine Mumie drin", raunt mir vor der Kirche aufgeregt ein Junge aus Hyderabad zu, der mit seinen Eltern in Goa Urlaub macht. Ansonsten sei der Urlaub recht langweilig. Die Familie komme jedes Jahr her, weil sie umsonst bei einem Onkel wohnen könnten. Die „Mumie" ist allerdings gar keine, sondern das, was hier der „inkorrupte" Körper des heiligen Franz genannt wird. Kurz: ein Wunder.

Xavier starb 1552 auf der dem chinesischen Festland vorgelagerten Insel Sancian in der Bucht von Kanton, weil ihm der Zugang zum Reich der Mitte untersagt wurde. Aber da der Heilige 1542 seine Missionstätigkeit in Goa begonnen hatte und hier am erfolgreichsten war, wurde seine Leiche 1554 nach Velha Goa zurückgebracht. Und da nahm das Wunder seinen Lauf. Denn obwohl man seinem Sarg Ätzkalk zugefügt hatte, damit die Leiche in der tropischen Hitze schneller verwese, wies der Körper bei seiner Ankunft in Goa nicht die geringsten Spuren des Verfalls auf.

Die katholische Kirche ordnete 1556 eine Untersuchung an, um herauszufinden, ob die Leiche einbalsamiert worden war. Doch es wurde festgestellt, dass noch alle inneren Organe vorhanden waren und keine Spuren von Chemikalien. Stattdessen blutete der Körper aus einer kleinen Wunde an der Brust. Francisco Xavier wurde 1622 heilig gesprochen, doch vorher hatten Reliquienjäger schon zahlreiche Teile des inkorrupten Körpers entfernt, so etwa den rechten Arm, den Jesuiten aus Rom und Japan untereinander aufteilten.

Dennoch ist es auch heute noch beeindruckend, den Körper zu sehen. Er thront rechts neben dem Hauptaltar in der Basilika de Bom Jesus in einer Höhe, die es schwer macht, in dem gläsernen Sarkophag viel zu erkennen. Deutlich sichtbar liegt dort aber eine Leiche und nicht etwa ein Skelett. Nur alle zehn Jahre wird der Sarkophag um die Weihnachtszeit für einige Wochen geöffnet, um der Öffentlichkeit einen Blick auf den Heiligen zu erlauben. Das nächste Mal wieder 2014.

Ein Besuch in Old Goa gleicht einer Reise durch Raum und Zeit. Die Vergangenheit ist anwesend – aber prägt sie auch noch? Im benachbarten Konvent und der Kirche des heiligen Franz von Assisi haben die Wandmalereien unter dem feuchtwarmen Tropenklima gelitten und blättern in schillernden Farben ab. Die Holzaltäre mit ihren schönen Schnitzereien tragen noch Spuren von Blattgold, die Grabplatten am Boden sind von Feuchtigkeit ausgewaschen. Eine Frau im blauen Sari verscheucht fotografierende junge Männer auf Portugiesisch. Es ist unwahrscheinlich, dass sie ihre Worte verstehen, aber die Geste ist eindeutig.

Was bleibt, ist Respekt für die Arbeit der Handwerker, die im 16. Jahrhundert in einer fremden Kultur dieses Stück Europa hier aufgebaut haben. Über dem Hauptalter der Basilika de Bom Jesus thront eine Statue des Gründers des Jesuitenordens, Ignatius von Loyola. Er blickt in den Himmel und sieht mit seiner aufgeblähten Soutane so aus, als wolle er gleich abheben.

Terror im Sonnenstaat

Als ich zu meinem Hotel zurückkehre, empfängt mich der Besitzer an der Rezeption und stellt sich als Ajit vor. Er ist ein kleiner, graubärtiger Mann von Anfang 60. Als er hört, dass ich ein Buch über Religionen in Indien schreibe, sagt er ungefragt: „Ich habe in meiner Jugend beschlossen, Atheist zu sein. Ich dachte damals, wenn ich alt bin, werden alle so weit sein. Aber was ich sehe, ist das Gegenteil. Sie werden wieder religiöser." Er erzählt, dass seine Mutter Christin und sein Vater Hindu seien. Er habe immer den Hinduismus bevorzugt – „da kann man machen, was man will". Dann aber habe er eine Christin geheiratet. „All dieser Fanatismus", seufzt er, „ich weiß nicht, in welche Richtung sich die Welt bewegt."

Am nächsten Morgen treffe ich Averthanus D'Souza. Er lebt in Dona Paula, am Rande von Panjim. Der große Mann von Ende 50 ist der frühere Direktor der Caritas in Indien und hat in dieser Funktion lange in Delhi gelebt. Nach der Pensionierung zog es ihn in seine Heimat zurück. Er empfängt mich am Eingang seines von Bougainvilleen umgebenen Hauses und sperrt noch schnell den kläffenden Hund in ein Zimmer.

Wie er die Lage der Christen in Indien einschätzt, will ich wissen. Er zeigt sich besorgt. „Es gibt inzwischen auch in Goa Hindu-Fundamentalisten", sagt er. „Kürzlich wurden bei Unruhen in einem Dorf zwei Muslime ermordet. Seitdem wächst die Angst unter den Christen. Die Leute reagieren sehr emotional darauf." Dabei glaubt er, dass die Radikalen sich vor allem an der Sichtbarkeit der christlichen Kultur stören. „Seit zehn Jahren schon stellen sie überall dort, wo an der Straße ein Kreuz steht, einen Hindu-Tempel auf. Und immer wieder werfen sie Kreuze um oder beschmieren sie mit Hindu-Symbolen." Dabei seien die Beziehungen zwischen Hindus und Christen eigentlich gut. „Es gibt viele gemischte Ehen."

Trotz der Christianisierung sind hinduistische Traditionen auch in Goa stärker geblieben. Gemischte Ehen finden in der Regel unter Angehörigen derselben Kaste statt. „Theologisch kann die Kirche das Kastensystem natürlich nicht akzeptieren", sagt D'Souza. „Aber es ist so stark verwurzelt in Indien, dass sie kaum etwas dagegen tun kann." Noch heute weiß jeder Christ in Goa, welcher Kaste er angehört. Der ehemalige Caritas-Chef ist Brahmane.

„Bis vor 50 Jahren war es noch so, dass ausschließlich Brahmanen zum Priesteramt zugelassen waren. Aber das hat sich geändert", sagt er. Die Portugiesen hatten bei der Kolonialisierung geschickt versucht, vor allem die Oberschicht des Landes für sich zu gewinnen. Aber auch von den einfachen Leuten wurde ein Brahmane als Geistlicher eher akzeptiert. „Es wurden damals oft auch ganze Dörfer konvertiert. Die bekamen dann den Namen des zuständigen Gouverneurs oder Priesters." So erklärt es sich, dass so viele Goaner denselben Namen tragen: „D'Souzas" beispielsweise trifft man sehr häufig.

Er selbst ist in Bombay aufgewachsen, einer Stadt die früher als andere indische Städte zu einem Schmelztiegel der Kulturen wurde. Brahmane zu sein, hatte daher für ihn nie eine besondere Bedeutung. „In Bombay hat unsere Familie mit Hindu- und Muslimfreunden immer zusammen gegessen. Und auch hier in Goa hat meine Tochter viele Hindu-Freunde. Die sind Vegetarier, aber wenn sie bei denen zum Essen eingeladen ist, kochen sie Fleisch für sie."

Welche Bedeutung hat der christliche Glaube für ihn? „Ich

hatte immer einen sehr engen Kontakt zur katholischen Kirche", sagt er. „In Bhopal habe ich mit dem Erzbischof zusammengearbeitet. Mit dem Kardinal war ich gut befreundet. So kam es auch, dass ich Caritas-Direktor wurde. Ich bin der einzige Laie, der jemals dieses Amt innehatte." Ist die Mehrheit der Christen in Goa gläubig?, will ich wissen. „Ja", meint er, „die meisten praktizieren ihren Glauben ernsthaft. Aber in vielen Familien geht nur einer der Partner zu Kirche."

In den letzten 40 Jahren ist der Anteil der Christen an der Bevölkerung erheblich zurückgegangen. „Bis in die 60er Jahre hinein waren etwa 60 Prozent der Menschen Christen", sagt D'Souza. Als die indische Armee 1961 in Goa einmarschierte und der portugiesischen Kolonialzeit ein Ende machte, seien viele jedoch ausgewandert. „Jetzt wandern viele Leute aus anderen Bundesstaaten ein und kaufen unsere Häuser."

Dennoch verfallen viele der alten Villen, weil die Besitzverhältnisse ungeklärt sind. Gerade für Ausländer, die in den letzten Jahren verstärkt Häuser in Goa erwerben, ist das ein riskantes Spiel. Manche fallen auf Betrüger herein und kaufen ein Haus, ohne dass der rechtmäßige Besitzer davon weiß. „Viele ältere Leute wollen ihr Haus der Kirche vererben", so D'Souza, „aber die Kirche zögert oft, das anzunehmen – wegen der vielen Erbstreitigkeiten, die das nach sich ziehen kann."

„Vor der so genannten Unabhängigkeit Goas sind viele Christen ins katholische Afrika gegangen", erzählt D'Souza. In den ehemaligen portugiesischen Kolonien seien zum Teil bis heute das Bankwesen und die Eisenbahn in der Hand von Goanern. „Sie haben ihre Häuser von Hindus verwalten lassen. Aber nach 1961 hat die Regierung ein Gesetz erlassen, wonach abwesende Besitzer ihr Recht verlieren, wenn sie eine bestimmt Zeit lang nicht da sind. Das Land geht dann über an die Leute, die es bearbeiten."

Den Begriff „so genannte Unabhängigkeit" hört man oft in Goa. Wären die Christen lieber ein Teil Portugals geblieben? „Viele begrüßen es, dass wir zu Indien gehören, aber gerade die älteren Leute klagen oft, dass es unter den Portugiesen besser war. Es gab nicht diese Korruption, weniger Kriminalität, die Städte waren in besserem Zustand. Sehen Sie sich zum Beispiel diese Gitter vor den Fenstern an", sagt er, „ich habe mich schon mit meiner Frau darüber gestritten, die sie nicht haben wollte. Aber in unser Haus wird ständig eingebrochen."

„Wir fühlen uns als Inder", sagt er, „aber wir hätten es gern, wenn die guten Traditionen fortgeführt würden." Es klingelt an der Tür. Mein Gastgeber steht auf und kommt mit einer Dame zurück, die sich als Dorothy D'Souza vorstellt. Sie ist nicht verwandt mit der Familie, obwohl sie auch aus Goa stammt. Sie lebt in Pune und ist Chefin der dortigen „Indo-Global Social Service Society", einer Entwicklungshilfeorganisation, die vor allem von Misereor gefördert wird. Wir setzen das Gespräch gemeinsam fort.

„Heute haben Konsumwillen und Gier keine Grenzen mehr", sagt Frau D'Souza. „Es werde sogar alte Leute überfallen. Es ist ein Werteverfall zu beobachten." Die Goaner haben oft das Gefühl, die Kontrolle über ihren Staat zu verlieren. „Viele von den Gebildeten sind weggezogen, weil es anderswo bessere Jobs gab. Heute haben wir nur noch den Tourismus, und der ist in der Hand von nationalen und internationalen Konzernen", meint Dorothy D'Souza. Aber sie räumt auch ein, dass die Goaner daran ein wenig selbst schuld seien.

„Die Leute hier sind ja sehr entspannt und es fehlt der Unternehmergeist." In ihrer Nachbarschaft habe kürzlich ein Mann aus Kerala eine Bäckerei-Kette aufgezogen, die sehr erfolgreich sei, während die lokalen Bäcker noch immer mit ihren Fahrrädern durch das Dorf radeln.

Am Nachmittag mache ich mich mit dem Taxi in Richtung Südgoa auf. Der Besitzer meines Hotels hat mir die Adresse eines Mannes in Loutolim in der Provinz Salcete gegeben, der eine Art „Gedächtnis“ des christlichen Goa sei. Es ist der Cartoonist Mario Miranda, der auch in Europa bekannt ist. Seine knuffigen Figuren werden in Goa inzwischen sogar in Ton modelliert und auf Azuleijos, die traditionellen portugiesischen Kacheln, gemalt. In den 70er Jahren veröffentlichte er auch ein Buch über Deutschland.

Die Fahrt von Panjim nach Loutolim dauert eine Stunde und führt über kleine Dorfstraßen vorbei an Reisfeldern, Hütten und Villen. Im Inneren Goas ist vom Tourismus nicht viel zu spüren. Das Haus Mario Mirandas ist leicht zu finden, denn es ist eigentlich ein Schloss. Die Palmen gesäumte Auffahrt erinnert an herrschaftliche Anwesen in Portugal oder Spanien. Über dem Eingang hängt ein Wappen, das der Familie, wie ich später erfahren soll, von König Manuel von Portugal für besondere Verdienste verliehen wurde.

Als ich an der Tür läute, höre ich zunächst nur das Bellen einer ganzen Meute von Hunden. Es vergehen Minuten, bis sich die Tür öffnet. Eine Angestellte versucht, die Vierbeiner unterschiedlicher Größe davon abzuhalten, über mich herzufallen. Der Hausbesitzer, so erfahre ich, schläft. Ich sage, dass ich extra aus Panjim zu diesem Termin angereist sei. Sie schließt die Tür wieder, was mich vermutlich davor rettet, zerfleischt zu werden. Vorher sagt sie noch, sie werde nachschauen, wo der Herr sei.

Wenig später öffnet sich die Tür und es ist Mario Miranda. Er entschuldigt sich, er habe unsere Verabredung vergessen. Seine Frau sei leider nicht zuhause. Das ist schade, denn ich hatte gehört, dass sie Muslimin ist und, wie Ajit vom Hotel „Panjim Inn" lästerte, „viel mehr zu sagen hat als ihr Mann." Miranda dirigiert mich an einer beeindruckenden Freitreppe vorbei in einen düsteren Raum, der wie ein Vorzimmer aussieht. Er steht voller alter Möbel, die einen vernachlässigten und melancholischen Eindruck machen. Dieses Haus, so scheint es, erhält gerade genug Aufmerksamkeit, um es vor dem Verfall zu bewahren. Aber es lebt unter ständiger Bedrohung.

„Das Haus ist 325 Jahre alt", sagt mein Gastgeber. „Ich wollte es eigentlich schon verkaufen, weil es viel zu groß ist, aber meine Frau hat mich davon abgehalten. Sie hat gesagt, ich sei für das Familienerbe verantwortlich, und sie hat Recht." Seine Familie sei bis etwa 1700 hinduistisch gewesen und habe bis heute die Patronage über einen Hindu-Tempel. Noch immer führe sie dort zu bestimmten Feiertagen Opfer durch.

Da er sich selbst für Religion nicht besonders interessiere, führe seine Frau die erforderlichen Opfer am Tempel durch – obwohl sie Muslimin ist. „Wahrscheinlich sind wir das einzige christlich-muslimische Paar in Goa", lacht er. Seine Frau, Habiba Hydari, stamme aus der Familie eines ehemaligen Premierministers von Hyderabad, die „sehr verwestlicht" sei. Die traditionsbewusste Habiba habe auch darauf gedrängt, dass die beiden Söhne des Paars im katholischen Glauben erzogen wurden. „Obwohl ich eigentlich nicht wollte, dass die Kinder zu viel mit Religion zu tun haben. Die Portugiesen haben ja die Leute hier teilweise mit Zwang konvertiert. Tempel wurden zerstört und viele Hindus sind weggelaufen nach Mangalore. Bisher hat es aber nie Probleme zwischen Christen und Hindus gegeben. Erst seit die BJP und der RSS hier aktiv sind, werden Probleme geschaffen."

Einer der Söhne wohnt mit seiner österreichischen Frau im Familienanwesen. Wir treffen uns kurz auf der Terrasse. Er arbeitet für eine Filmproduktionsfirma. Als er hört, dass ich

Deutsche bin, sagt er, dass er gerade an einem Film „über so ein deutsches Model“ arbeite, die in den 70er Jahren mit ihrem Freund auf dem Landwege nach Goa gekommen sei, aber in der Zwischenzeit in den USA Schmuck verkaufe. Ich denke kurz nach. Es muss sich wohl um Uschi Obermeier handeln. Ich nenne ihren Namen. „Jaja, das ist sie“, sagt er. Ich hatte nicht gewusst, dass Uschi Obermeier in Goa war, aber es überrascht auch nicht weiter. Wo hätte sie sonst in den 70er Jahren gewesen sein sollen?

Ich frage Mario Miranda, ob er mir seine Arbeiten zeigen könnte. Er holt ein Buch hervor. Es heißt „Goa with Love“ und ist ein humorvoll-melancholischer Abgesang auf eine vergangene Zeit: Da lassen sich Herrschaften in Sänften, „Machila“ genannt, durch die Dörfer tragen, junge Troubadoure bringen unter Balkonen ihren geliebten „Senhorinhas“ auf der Gitarre Ständchen dar und traditionsbewusste „katholische Brahmaninnen“ verlassen im „Pano Baju“, einem weißen Überwurf, der bis in die 60er Jahre hinein in Goa getragen wurde, die Kirche.

Sich selbst porträtiert Mario Miranda darin als „Joao Manuel Batista de Baltazar e Barbosa, Gentleman und Müßiggänger“ vor seinem Haus, mit schwarzem Schnurrbart, umgeben von fünf Hunden. „Sein palastartiges Anwesen, einst der Ort vieler fröhlicher Familienfeiern, Bälle und opulenter Bankette, trägt die Zeichen der Zeit und des Verfalls“, heißt es in dem Text.

Dann kamen die Hippies mit Joints, langen Haaren und barbusigen Schönheiten an die Strände und „Goa war nie wieder dasselbe“. Am Ende des Buches sitzt ein kleiner gefleckter Hund und seufzt: „Das waren noch Zeiten, Freunde ...“

Miranda schenkt mir das Buch und signiert es. „Meine Arbeiten sind beeinflusst von Cartoonisten in England, Deutschland und den USA“, sagt er. „Ich habe ja auch über Berlin, Paris und New York Bücher gemacht. Heute sind aber eher Geschichten aus Goa gefragt, die sich mit dem Alltag der Menschen auseinandersetzen."

Da die fünf Hunde inzwischen aus dem anderen Zimmer ausgebrochen sind, ist meine Konzentration etwas gestört. Es scheint jedoch keine Gefahr für Leib und Leben zu bestehen, und ich frage meinen Gastgeber, ob er mir das Haus zeigt. Wir stehen auf und es erweist sich, dass der kleine Raum, in dem wir Tee getrunken haben, tatsächlich ein Vorraum ist – und zwar zu einem Ballsaal von ungeheurem Ausmaß.

Aber die Zeit der Bälle ist vorbei. Der riesige Saal sieht aus wie das Lager eines Antiquitätenhändlers. An den großen runden Tischen, um die bestimmt 20 Personen Platz haben, hat schon lange kein Gast getafelt. Und getanzt hat sicher noch länger niemand. „Das meiste Land, das wir besaßen, habe ich verkauft, als ich aus London zurückkam", sagt Mario Miranda.

Ich frage ihn, ob er die Befreiung von der Kolonialherrschaft auch als Niedergang empfinde. „Befreit wovon?", sagt er. „Wir hatten eine portugiesische Regierung, jetzt haben wir eine in Delhi. Aber die Portugiesen waren 500 Jahre hier. Wir sind mit ihnen aufgewachsen, mit ihrer Musik, ihrem Essen. 500 Jahre kann man nicht einfach vergessen." Anders als die Engländer hätten sich die Portugiesen mit den Menschen in Goa vermischt. „Meine Verwandten haben alle Portugiesen geheiratet. Ich bin der Letzte hier. Es war easy-going damals. Vielleicht war es falsch, aber es gab keine Armut." Und wer hat die Sänften getragen?, frage ich. „Ich meine, die Leute hatten alle ihr Auskommen", relativiert er. Die lokale Regierung von Goa hingegen sei furchtbar: „Wir haben die Wahl zwischen zwei Idioten."

Er zeigt mir weitere Räume, unter anderem ein Zimmer, in dem viele seiner Bilder ausgestellt sind und in dem die Zeit in den 70er Jahren stehen geblieben scheint. Sein Arbeitszimmer ist ein großer Raum mit Wänden in blassem Rosa. Auf den Seitentischen stehen alte Familienfotos. Es war das Zimmer seiner Mutter. Ich kann mir vorstellen, dass es heiter war in der Zeit, als hier noch täglich die Fensterläden am Morgen geöffnet wurden.

Auch eine eigene Kapelle hat das Haus. Es ist ein lang gestreckter, großer Raum, dessen Fensterfront auf die Terrasse geht. Auf der anderen Seite liegen Türen zu Räumen, die ich nicht zu sehen bekomme. Die Kapelle wird nicht viel benutzt. Sie atmet die Feuchtigkeit einer alten Kirche. Die Wände sind rosa mit goldenen Schmuckbordüren, die von Hand im Blockdruck aufgetragen wurden. Es gibt eine schöne Kunstsammlung: alte Heiligenstatuen aus Holz, moderne Gemälde der Mutter mit dem Kinde und kraftvolle Jesusfiguren eines jungen Bildhauers. „Wir haben hier als Kinder Fußball gespielt", sagt Mario Miranda.

„Sie sollten übrigens auch noch zum Branganza-Haus fahren. Das ist hier im Ort", sagt er. „Dort leben zwei alte Damen allein in einer großen Villa. Diese Häuser wird es bald nicht mehr geben." Und dann erzählt er mir noch, dass er im September in Stuttgart eine Ausstellung habe – pünktlich zur Frankfurter Buchmesse. „Kommen Sie gern wieder, auch wenn es nicht zum Arbeiten ist", sagt er zum Abschied.

Am Sitz des Erzbischofs

Der Erzbischof von Goa hatte einen guten Geschmack. Wer immer den Bischofssitz gebaut haben mag – er hat sich das schönste Fleckchen von Panjim ausgewählt. Das herrschaftliche Gebäude liegt auf einem Hügel hoch über der Stadt und blickt weit hinaus auf den Hafen. Der gegenüberliegende

Wohnsitz des Regierungschefs macht dazu einen vergleichsweise bescheidenen Eindruck. Auf dem großzügigen Platz vor dem Eingang wacht eine mehrere Meter hohe Jesus-Statue und erinnert ein wenig an Rio de Janeiro.

Angst vor Terroristen scheint der Bischof aber trotz des wachsenden Hindu-Fundamentalismus nicht zu haben. Ich laufe ungehindert über den Vorplatz bis zum Eingang. Und auch dort nimmt niemand von meiner Ankunft Notiz. Ich erkundige mich nach dem Büro von Bruder Joaquim Loiola Pereira. Es liegt im ersten Stock. Die imposante Freitreppe führt hinauf in einen holzgetäfelten Saal, von dem weitere, mittelalterlich anmutende Säle abzweigen. Der größte ist mit einem geschnitzten gotischen Thron ausgestattet. An den Wänden hängen Ölgemälde der Erzbischöfe, die hier bereits residiert haben.

Das Büro von Bruder Joaquim liegt auf der anderen Seite des Flurs und sieht vergleichsweise nüchtern aus. Die großen Räume wurden offenbar schon vor einiger Zeit durch Holzwände voneinander getrennt. Der Bruder ist Sekretär des Erzbischofs und leitet das „Zentrum für soziale Kommunikation" der Diözese. Er trägt eine blütenweiße Soutane und eine randlose Brille. „Dieses Haus ist für unsere Bedürfnisse eigentlich ungeeignet", klagt er. All die großen Säle, die kaum zu gebrauchen seien. „Wir haben vor zwei Jahren ein neues Haus gebaut", sagt er und weist hinter sich aus dem Fenster. „Dort haben wir jetzt Gästezimmer und bessere Unterkünfte – vor allem für die Schwestern."

Nur sechs Priester und zwei Bischöfe wohnen in dem Anwesen – der alte Bischof hatte sich entschlossen, nach seiner Pensionierung am Ort seines Wirkens wohnen zu bleiben. Und trotzdem ist es zu klein?, frage ich erstaunt. „In diesen Sälen kann man ja niemanden unterbringen", sagt Loiola Pereira. „Bevor wir den Neubau hatten, haben wir Meetings im Zimmer eines Bruders abhalten müssen." Wir gehen hinüber ins Esszimmer der Brüder, um einen Tee zu trinken. Auf dem langen Tisch liegt ein geblümtes Wachstuch. Kekse stehen in einer Plastikdose. „Wir sind hier ja so ein Junggesellenhaushalt", entschuldigt er sich. Für die Beköstigung der Brüder sind die Nonnen zuständig, die im Neubau wohnen.

Die Ausmaße des Bischofssitzes erklären sich aus der Geschichte Goas. Die 1557 gegründete Diözese war bis 1886 nicht nur für die kleine portugiesische Kolonie zuständig, erläutert Bruder Joaquim, sondern auch für China, Japan, Macao, Ost-Timor und Südafrika. Heute betreut die Diözese außer Goa nur noch einige kleine Inseln, die vormals in portugiesischem Besitz waren, darunter das vor der Küste Gujarats gelegene Diu. „Macao und Ost-Timor wurden erst 1976 abgetrennt, als die Portugiesen ihre Patronage über die Diözese aufgaben", so Loiola Pereira. Seitdem ist sie Rom unterstellt. „Der Papst war schon vorher mit einigen Entwicklungen hier nicht zufrieden und entsandte eigene apostolische Vikare gegen die Bischöfe."

„Hat sich für die Kirche viel verändert, seit in den 60er Jahren ein Großteil der christlichen Bevölkerung ausgewandert ist?", will ich wissen. „Eigentlich nicht", meint der Sekretär des Bischofs. „Es waren vorher 46 Prozent Katholiken, jetzt sind es nur noch 29 Prozent. Es hat sich sogar vieles verbessert, vor allem nach dem Zweiten Vatikanischen Konzil. Die Liturgie darf in der Landessprache abgehalten werden und insgesamt wurden die Laien mehr beteiligt."

Dennoch vermisst er in der Bevölkerung manchmal grundlegende Kenntnisse über den katholischen Glauben. „Man findet kaum Leute, die hier Theologie studieren, und die meisten Einwohner interessieren sich nicht für die Theorie. Wir haben zwar keine Probleme, Priester zu finden, jedes Jahr ordinieren wir 30 neue, aber die kommen fast alle aus Kerala oder Mangalore."

Wie ist die offizielle Haltung der Kirche zum Kastensystem? „Tja“, klagt er, „das Kastensystem wurde leider von den Portugiesen fortgesetzt. Nur die Brahmanen durften dem Orden beitreten und die unteren Kasten wurden als Arbeiterklasse gehalten. Wir haben das in gewisser Weise geerbt. Zwar gibt es bereits seit hundert Jahren Priester aus unteren Kasten, dennoch hat sich vieles im Bewusstsein der Bevölkerung gehalten.“ Die Kirche versuche aber, dagegen anzugehen. Gerade habe der Bischof ein Papier zu dem Thema herausgegeben.

Er selbst habe schon seit er denken könne Priester werden wollen. „Meine Mutter war sehr gläubig und sie hat uns Kindern immer erzählt, dass die Priester Gott am nächsten sind.“ Er sei dann mit zehn Jahren in ein Priesterseminar gekommen; die meisten seiner Mitschüler seien später wieder abgesprungen. Seine Familie sei bereits 1581 zum Christentum konvertiert und habe jeden Kontakt zu den vor-christlichen Traditionen verloren.

Der wachsende Hindu-Fundamentalismus beunruhigt auch ihn. „Wir sind besorgt darüber, weil es hier bisher immer sehr friedlich und harmonisch zuging, obwohl die Portugiesen das Kreuz mit dem Schwert gebracht haben und viele lange Zeit dachten, wer nicht an Jesus glaubt, komme in die Hölle“, sagt Loiola Pereira. Inzwischen werde aber der Eindruck erweckt, Christen und Muslime seien eigentlich Ausländer. Er hält diese Entwicklung auch für einen Ausdruck von Bitterkeit unter den Hindus, „weil damals viele Tempel zerstört wurden. Das ist nicht vergessen.“ Dabei sieht er persönlich im Hinduismus viel Positives. „Die Hindus sind allgemein sehr offen gegenüber den katholischen Lehren und viele Hindus kommen an Feiertagen in die Kirche.“

Sein Handy klingelt. Er entschuldigt sich kurz. Nach dem Telefonat sagt er: „Ich glaube, es geht jetzt wieder los. Sie haben großes Glück gehabt. Normalerweise klingelt mein Telefon ständig. Nun haben wir schon eine Stunde geredet. Der Herr ist anscheinend auf ihrer Seite."

Tochter vom Herzen Mariä

Meine nächste Gesprächspartnerin ist nicht weit. Es ist Schwester Rita Paez, die in einem Konvent gleich um die Ecke wohnt. Ich laufe zu Fuß durch das ruhige Villenviertel, vorbei an üppig blühenden Gärten. Rita Paez ist die Leiterin eines Ausbildungszentrums für junge Frauen. Eine Angestellte führt mich in ihr Büro. Ich bin überrascht, als ich die Frau mit den kurzen, grauen Haaren im lila Kostüm vor mir sehe. Ich hatte eine Nonnentracht erwartet.

„Ich gehöre zum Orden der Töchter vom Herzen Mariä", erklärt sie. „Wir wurden während der Französischen Revolution gegründet und tragen kein Habit. Die Idee dabei ist, dass man überall arbeiten und wohnen kann, wo es notwendig ist. Der Hauptsitz des Ordens ist nach wie vor Paris." In Indien sei dieses Konzept des religiösen Lebens schwer zu vermitteln. „Die meisten erwarten hier, dass man als Nonne Habit trägt und in einem Konvent lebt", sagt Rita Paez. Aus diesem Grund lebten die Schwestern in Panjim auch zusammen. Der Bischof hatte den Orden aufgefordert, in der Ausbildung aktiv zu werden. Das Institut bildet derzeit hundert Studentinnen zu Lehrerinnen aus, 30 weitere in der Seelsorge.

Rita Paez trat 1967 dem Orden bei. „Meine Schwester ist auch in der Kongregation und ich fühlte mich immer zu einem spirituellen Leben hingezogen." Sie habe den Orden vom Herzen Mariä gewählt, weil er ihr im täglichen Leben die wenigsten Beschränkungen auferlege. „Und mit meiner Arbeit erreiche ich sehr viele Leute", sagt die frühere Lehrerin. Dennoch habe sie lange gezögert mit der Entscheidung, Nonne zu werden. Sie sei als junge Frau sehr lebenslustig gewesen, liebend gern Tanzen und ins Kino gegangen. „Mit 21 Jahren habe ich mich dann doch entschlossen. Irgendwie lag es auch in der Familie", lacht sie. „Mein Vater hatte ein sehr starkes Gottvertrauen und eine große Hingabe an Maria. Von sieben Kindern sind zwei Priester und zwei Nonnen geworden."

Heute, meint sie, helfe es ihr bei der Arbeit mit jungen Menschen, dass sie früher „so weltlich" gewesen sei. „Mein Vater hat uns immer viel Freiheit gegeben und man konnte über alles diskutieren. Außerdem ist es so, dass das Vertrauen zu Gott in einer Organisation wächst. Jeder Lebensstil hat seine Herausforderungen."

Sie findet, dass das Leben der jungen Frauen heute schwierig sei. Gerade wenn es um Beziehungen gehe. „Auf der einen Seite ist die Idee von freiem Sex jetzt sehr stark, aber gleichzeitig wird hier in Goa über nichts offen geredet und alles unter den Teppich gekehrt." Redet sie mit ihren Studentinnen über Empfängnisverhütung? „Nein", sagt sie, „über so etwas spricht man hier nicht. Aber ich würde mich natürlich an die Lehre der Kirche halten, wenn ich danach gefragt würde." Insgesamt findet sie, dass vor allem die Jugend oft den Glauben nur rituell einhielte. „Ich würde mich freuen, wenn die jungen Leute überzeugter wären", sagt sie. „Wir müssen heute dafür kämpfen, dass die Jugend noch in die Kirche kommt."

Ist die Kirche zu starr in ihren Vorstellungen?, frage ich. „Die Kirche ist natürlich sehr patriarchal geprägt", sagt sie. „Sie unterstützt unsere Arbeit, aber in hohe Positionen kommen Frauen nicht. Alle wichtigen Kommissionen werden von Männern geleitet." In gewisser Weise hätten die Katholiken in Goa mehr Freiheiten, „aber bestimmte Dinge werden halt vom Vatikan entschieden". Den Mund lässt sie sich dennoch nicht verbieten. „Ich bin so aufgewachsen, dass man über jede Meinung reden kann, und ich finde auch nicht, dass man sich als spiritueller Mensch selbst verleugnen muss", sagt sie. „Es wäre manchmal leichter, bestimmte Klischees zu bedienen, aber dabei würde ich mich nicht wohl fühlen."

In der indischen Kirche komme das Problem hinzu, dass viele arme Leute aus der Provinz sich aus finanziellen Gründen für ein Leben im Orden entschieden. „Die trauen sich dann oft nicht, ihre Meinung zu äußern." Vor allem der Bildungsbereich sei noch immer stark in der Hand der Brahmanen. „Wer da aus einer unteren Kaste kommt, kriegt das oft zu spüren." Sie selbst sei in Bombay aufgewachsen und habe, als sie nach Goa kam, zunächst gar nicht bemerkt, dass bestimmte Fragen der Leute darauf zielten, herauszufinden, aus welcher Kaste sie stamme.

Gerade im Bildungsbereich sei auch der wachsende Einfluss der Hindu-Fundamentalisten zu spüren. „Wir merken, dass der RSS systematisch versucht, bestimmte Schlüsselpositionen in der Verwaltung zu besetzen", sagt Rita Paez. „Das merkt man dann daran, dass man Genehmigungen, die man früher ohne Probleme erhalten hat, einfach nicht mehr durchbekommt, oder dass wir eine bestimmte Lehrerin nicht einstellen dürfen – nur weil wir eine christliche Einrichtung sind."

Die Schwester drängt auf ein Ende des Gesprächs. Sie hat viel zu tun. Beim Abschied bittet sie eine Studentin, mich auf ihrem Moped mitzunehmen, weil in der Villenanlage keine Taxis verkehren. Die junge Frau fährt mich flott den Hügel hinunter und durch die Altstadt bis zum Hotel.

Pluralistische Kultur

Am Nachmittag fahre ich nach Porvorim, dem Sitz des Parlaments von Goa. Es ist nicht weit von Panjim entfernt, aber im Gegensatz zur Hauptstadt besteht es vor allem aus hässlichen Neubauten. Ich will Delio de Mendonca sprechen, einen jungen Jesuiten, der das Xavier Zentrum für Historische Forschung leitet. Er hat mehrere Bücher über die Kirche in Goa veröffentlicht, unter anderem seine Promotion über Konversionen im 16. Jahrhundert.

„Es gab eine Inquisition in Goa und viele Konversionen waren gewaltsam. Darüber ist viel geschrieben worden und es muss noch mehr geschrieben werden“, sagt der junge Wissenschaftler. „Den Leuten wurde gedroht, dass sie ihr Land verlieren, wenn sie nicht zum Christentum übertreten, und viele Hindus sind geflohen.“ Aus diesem Grund sind vor allem die Küstenregionen Goas heute von Christen bewohnt. Die Hindus gingen oft ins Landesinnere.

„Es gab auch Vorteile für Konvertiten, aber man kann nicht sagen, dass sie privilegiert waren. Oft verloren sie ihre sozialen Kontakte und wurden zu Kastenlosen. Das konnte sehr schwer sein, wenn die Hindus in der Familie das Geld hatten.“ Das alles sei nur möglich gewesen, weil die Portugiesen unter den Hindus viele Kollaborateure gehabt hätten. „Auch die Jesuiten haben die Harmonie unter den Religionen nicht immer gefördert“, merkt er an. „Vielleicht gäbe es ohne den Kolonialismus mehr Christen in Indien.“

Heute sieht Mendonca es als seine Hauptaufgabe, einen Dialog der Religionen auf den Weg zu bringen. „Leider ist es ja so, dass die politischen Parteien heute die Leute eher gegeneinander aufstacheln. Und es gibt immer wieder den Versuch, die Geschichte umzuschreiben. Als Historiker müssen wir damit umgehen.“ So habe die Kongress-Partei, seit sie wieder an der Regierung ist, viele Schulbücher der BJP-Regierung eingezogen.

Dabei seien die Menschen in Goa eigentlich sehr harmoniebedürftig. „Als Orientalen und als Inder haben wir andere Ansichten, auch wenn wir Christen sind“, sagt er. „Die pluralistische Kultur ist hier sehr stark verwurzelt. Ich habe zum

Beispiel schon Kapellen gesehen, in denen am Kreuz auch Bilder hinduistischer Gottheiten hingen. Ich bin überzeugt, dass wir uns gegenseitig bereichern können."

Zurück zu den Wurzeln

Einer, der diesen Grundsatz nicht nur ernst genommen hat, sondern der tatsächlich den umgekehrten Weg gegangen ist, ist der Jazz-Sänger Joe Alvarez. Er tritt regelmäßig in Bombays bekanntestem Jazz-Club „Not just Jazz by the Bay" am Marine Drive auf. Ich treffe ihn auf dem Rückweg von Goa. Ein Freund hatte mir seinen Namen und seine Telefonnummer gegeben, als er hörte, dass ich über indische Christen schreibe.

Alvarez stammt aus dem etwa 30 Kilometer von Bombay entfernten Thane, wo er bis heute wohnt. Aber wir treffen uns in seiner Stadtwohnung in Bombay. Er trägt Jeans und sieht ein bisschen aus wie Elvis. Die Wohnung ist spartanisch eingerichtet. Man merkt, dass die Familie nicht immer hier ist.

„Ich habe eine seltsame Lebensgeschichte", sagt er. „Eigentlich stamme ich aus Kaschmir, aber ich weiß nicht, wer meine Eltern sind. Ich wurde als kleines Kind von einer christlichen Familie aus Thane adoptiert. Seitdem bin ich auf der Suche nach mir selbst." Er habe deshalb Geschichte studiert und sich ausgiebig mit der portugiesischen Kolonialzeit und der jesuitischen Mission beschäftigt. Seine Promotion habe er über den Ort Thane unter britischer Herrschaft geschrieben.

„Ich wollte wissen, warum ich Christ bin. Warum ich Dinge tue, die den anderen Menschen hier so fremd sind. Bin ich ein Produkt des Glaubens oder der Tradition? Das war eine faszinierende Reise." Joe Alverez redet schnell und engagiert. Es macht Spaß, ihm zuzuhören.

Über die Traditionen, die vielen so wichtig sind, macht er

sich lustig. „Es gab bei uns in der Kirche Christen, die muslimischen Ursprungs waren und Rindfleisch aßen, die saßen immer links vom Altar, und die Christen, die früher Hindus waren und kein Rindfleisch aßen, saßen rechts. Die hätten nie untereinander geheiratet."

Er selbst isst weder Schwein noch Rind, aber nicht aus Tradition. Er habe festgestellt, dass es ihm besser bekomme. „Ich habe mal eine Zeit lang mit verschiedenen Diäten experimentiert und festgehalten, was passiert, wenn ich Schweine- und Rindfleisch esse. Ich habe festgestellt, dass mich das unkreativ und faul macht."

All das sei Teil einer spirituellen Reise für ihn. „Ich mache Yoga, ich habe im Himalaya meditiert, ich habe Heilige dort getroffen. Das alles ist auch eine Auseinandersetzung mit dem Christentum für mich." Es zog ihn zurück nach Kaschmir, seinen Geburtsort. „Es gibt ja diese faszinierende Theorie, dass Jesus in Kaschmir gelebt hat ..." Zweifellos keine Lehrmeinung der katholischen Kirche. „Als ich das hörte, sagte mir eine innere Stimme, dass ich zurückgehen muss."

„Ich bin ja in eine reiche christliche Familie gepflanzt worden. Mein Vater hatte eine Fabrik für Maschinenbau. Alle meine Geschwister sehen anders aus als ich." Er habe damals auch viel mit Drogen zu tun gehabt, aber seit er sich auf den spirituellen Weg gemacht habe, sei er runter von den Drogen. „Mir wurde klar, dass Jesus fortgeschrittene Meditationstechniken gemeistert haben musste."

Was hat das alles mit Christentum zu tun?, frage ich ihn erstaunt. „Hey, Mann", sagt er. „Ich bin kein Christ! Ich bin ein Mensch auf Erden. Ich bin Jesus und Krishna und Guru Nanak und Buddha. Das Christentum, das ich gelernt habe, ist Bullshit. Wir durften nicht denken. Ich hatte so viele Auseinandersetzungen mit meinem Vater. Wir haben nicht gelernt zu singen, zu lieben, zu meditieren. Es wurde uns immer nur

Angst gemacht. Ich bete jeden Tag, aber das hat nichts damit zu tun, wie ein Papagei das Ave-Maria zu wiederholen."

Erst seit er indische Philosophie studiere, sei er frei geworden. „Was soll das heißen, dass Jesus den einzig wahren Weg gelehrt hat? Ich bin in Indien geboren, um die Wahrheit hier zu finden. Die Wahrheit lebt in Indien. Das ist der Reichtum dieses Landes." Seine Eltern würden ihn bis heute nicht verstehen, weil „sie dogmatische Christen sind".

Die Veden, die heiligen Schriften der Hindus, lehrten wahre Transzendenz. „Das ist es, was Jesus meinte, als er sagte: „Suche und Du wirst finden!" Man kann die Wahrheit nur in sich selbst finden. Das Paradies ist hier, Mann. Dieses Hindu-Ding hat mir gezeigt, was Jesus wirklich gemacht hat. Ich habe große Freude gefunden, die meine Religion mich nie gelehrt hat."

Er betrachtet es als ein Glück, in Indien geboren zu sein. „Die Armut, mit der man hier täglich konfrontiert ist, ist wirklich ein Test", sagt er. „Ohne Schmerz gibt es keinen Anreiz, einen spirituellen Weg zu gehen." Der Westen sei viel zu stark an materiellen Dingen interessiert. Aber auch in Indien lese heute niemand mehr die Veden. „Alle interessieren sich nur noch für Geld. Das ist ein wahres Sodom und Gomorrha!"

Obwohl er sich nicht mehr als Christ betrachtet, setzt er sich weiterhin mit der christlichen Religion auseinander. „Ich lese die Konfessionen des Augustinus. Die haben die Menschen im Mittelalter durch eine dunkle Zeit getragen. Seine Sprache ist umwerfend – wie die Bhagavad-Gita (eine zentrale Schrift des Hinduismus). Wenn man die Wahrheit nicht in der eigenen Religion finden kann, muss man aussteigen und die Wahrheit in sich selbst suchen", sagt er. „Aber die meisten sind mit einer Hand voll Regeln zufrieden."

Das Christentum habe zum Hinduismus keinen Beitrag geleistet. Die Portugiesen und die britischen Missionare seien nur darauf aus gewesen, Proselyten zu machen. „Sie haben die Leute manipuliert und ihnen materielle Anreize gegeben. Sie haben schöne Kirchen gebaut und sind mit Gold und Seide in die Dörfer gezogen. Und sie haben schwere Steuern erhoben für Leute, die nicht konvertierten. Sie haben Blut von Kühen in die Brunnen der Hindus geschüttet. Das alles hat mit Glauben nichts zu tun."

Bei seiner eigenen Familie sei es ähnlich gewesen. „Ich weiß natürlich nicht, was im Einzelnen damals passiert ist", sagt er. „Aber durch die britische Erziehung wurde uns der Hinduismus fremd. Und meine Familie hatte natürlich einen hohen Status unter den Briten." Dennoch habe das Christentum keine Wurzeln in Indien schlagen können, weil „alle Fragen schon in den Veden beantwortet sind". „Indien ist ein kosmisches Fest, wo der Sucher Erleuchtung findet. Hier hast du alles: Computer und mittelalterliche Heilige." Er respektiere Jesus, und, ja, vielleicht war er der Sohn Gottes, aber mehr noch war er „ein mächtiger Yogi".

Er lädt mich ein, auf die Dachterrasse des Hauses mitzukommen, um mir etwas zu zeigen. Wir steigen die Treppe hinauf. Die Sonne brennt auf das hellblaue Kachelmosaik. „Siehst du da drüben, das ist das Gymkhana, das ist der christliche Club hier im Viertel. Die bereiten da gerade eine Hochzeit vor. Sie feiern wie im Westen, sie kleiden sich westlich, dabei hat das alles mit Christentum nichts zu tun. Die meisten christlichen Familien hier haben Landbesitz und brauchen nicht arbeiten. Daher leisten sie auch nichts. Die meisten Söhne sind Nichtsnutze. Das ist eine sterbende Gemeinschaft, die sich auch nicht mit dem indischen Mainstream mischen kann, weil sie kein Hindi sprechen. Viele wandern aus nach Australien." Er selbst habe seinen Kindern hinduistische Namen gegeben.

Wir gehen wieder hinunter in die Wohnung. Seine Frau ist gekommen und hat eine der Töchter mitgebracht. Sie bestellen

Mittagessen beim Chinesen nebenan. Wir essen gemeinsam. Keiner in der Familie fühlt sich als Christ.

Ich frage ihn, wie er zum Jazz gekommen sei. Er setzt zu einem Vortrag an. „Die Musik ist organisierte Stille. Sie bringt die Stille der Seele mit der Stille des Universums zusammen." Dass er ausgerechnet beim Jazz gelandet ist, dafür macht er seine westliche Erziehung verantwortlich. „Ich spreche kein Hindi, man hört immer englische Programme und ich bin mit westlichen Werten aufgewachsen. Ich habe aber nie das Gefühl gehabt, dass ich meinen Musikstil wechseln sollte. Ich fühle mich akzeptiert, wenn ich in New York oder Frankfurt auftrete. Die ernsthaften Musiker suchen ja nach einer Ausdrucksform."

Vielleicht, so denke ich, sind es auch die „westlichen Werte", die Joe Alvarez dazu gebracht haben, eine religiöse Identität zu wählen, statt in der zu verharren, die ihm vorgesetzt wurde. „Soll ich dir eine CD von mir vorspielen?", fragt er. Klar. Da es in der Wohnung keine Musikanlage gibt, gehen wir hinunter und hören die Aufnahme in seinem Auto. Es sind Jazz-Standards, ein wenig modern arrangiert. Seine Stimme klingt tiefer, wenn er singt. Ich hätte sie nicht erkannt. Leider muss ich am nächsten Tag abreisen. Aber ich verspreche, eines seiner Konzerte zu besuchen, wenn ich das nächste Mal nach Bombay komme.

Hochzeit in Hyderabad

Zwischen Verlust und Patriotismus: Die Muslime

Der Islam ist mit einem Bevölkerungsanteil von knapp 13 Prozent Indiens zweitgrößte Religion. Nach Indonesien und Pakistan ist Indien damit das drittgrößte muslimische Land der Welt. Entgegen einer weit verbreiteten Annahme erreichte die Religion Mohammads Indien aber nicht erst mit der Ankunft der Moghul-Eroberer. Bereits im ersten Jahrhundert nach dem Tode des Propheten schickte der Kalif von Damaskus eine Expedition nach Belutschistan und Sindh. Doch die Gruppe kam im Jahr 711 nicht weiter als bis nach Multan im heutigen Pakistan. Erst drei Jahrhunderte später leiteten Türken, Perser und Afghanen die lange Periode der Eroberungsfeldzüge in Indien ein. Der erste von ihnen war der afghanische Herrscher Mahmud von Ghazni (979–1030). Im 12. Jahrhundert folgte mit dem Sultanat von Delhi eine Zeit wechselnder islamischer Dynastien, die ihren Einfluss über die verschiedenen hinduistischen Fürstentümer gewaltsam auszudehnen versuchten. Mit unterschiedlichem Erfolg. Erst die Moghul-Dynastie (1526–1857), die mit dem Sieg Baburs über den letzten Sultan von Delhi – Ibrahim Lodhi – begann, beherrschte weite Teile des indischen Subkontinents. Sie endete mit der britischen Kolonialzeit.

Obwohl der Islam damit auf eine mehr als tausendjährige Geschichte in Indien zurückblicken kann, ist seine Stellung als „einheimische“ Religion umstritten. Ebenso wie das Christentum ist er außerhalb Indiens entstanden und zum Teil durch gewalttätige Mission verbreitet worden – was Hindu-Nationalisten den Muslimen noch heute zum Vorwurf machen. Die Muslime, die heute in Indien leben, fühlen sich dennoch als Inder.

Die Teilung des Subkontinents nach dem Rückzug der britischen Kolonialherrscher 1947 ist auch ein Ausdruck dieses Konflikts gewesen und hat durch Gewalt und Vertreibung auf beiden Seiten der Grenze für neue Verbitterung gesorgt. Ein ungelöstes Erbe aus dieser Zeit ist der bis heute andauernde Kaschmir-Konflikt. Der hinduistische Herrscher des mehrheitlich von Muslimen bewohnten Kaschmir wollte unabhängig bleiben. Doch 1948 marschierte die pakistanische Armee in Kaschmir ein. Nachdem auch Indien seine Truppen geschickte hatte, optierte der Maharadscha für einen Beitritt zu Indien, was zum ersten Krieg zwischen den beiden Ländern führte. 1949 wurde der Staat entlang einer „Line of Control" (LoC) geteilt, doch beide Länder erheben bis heute Anspruch auf Kaschmir.

Von Pakistan unterstützte Terrorgruppen haben das einstige Touristenparadies in den 90er Jahren in den wirtschaftlichen Ruin getrieben und der indischen Regierung nach dem 11. September 2001 Gelegenheit gegeben, sich – ebenso wie die USA – zum Opfer des islamischen Terrorismus zu erklären und den Kampf dagegen auszurufen. Diese alles ist nicht ohne Einfluss auf die Beziehungen zwischen Hindus und Muslimen in Indien geblieben. Auf staatlicher Ebene hat allerdings bereits unter dem indischen Premierminister Atal Bihari Vajpayee und seinem Nachfolger Manmohan Singh ein Dialog mit Pakistan begonnen, der bis heute fortgeführt wird und zu vorsichtigem Optimismus Anlass gibt.

„Ayodhya und Kaschmir sind zwei parallele Geschichten. Aber alles überlappt sich in diesem Land. Wir sind so konditioniert durch die Erinnerung an die Teilung", sagt der bekannte muslimische Publizist M. J. Akbar. Er ist aber auch der Meinung: „Der Konflikt zwischen Indien und Pakistan spielt im Alltag der Muslime heute keine Rolle mehr. Das wird heute auf Staatsebene ausgetragen."

Von Bombay nach Hyderabad

An Bombays „Victoria Terminus"-Bahnhof (VT) stürmen die Gepäckträger in ihren roten Jacken und den weißen Nehru-Kappen auf mich zu, als ich aus dem Taxi steige. Ich nicke einem von ihnen zustimmend zu, und schon angelt er meinen Koffer aus dem Taxi. Drei, vier andere versuchen, nach meiner Tasche zu greifen, die ich vor dem Zugriff bewahren muss.

Das System der Kulis, die an jedem indischen Bahnhof bereit stehen, ist ein ebenso interessantes Überbleibsel der britischen Kolonialzeit wie der VT-Bahnhof selbst. Viele westliche Reisende scheuen sich, Träger anzuheuern, weil es kolonialistisch wirkt. Aber die Kulis erbringen neben der Schlepperei noch weitere nützliche Dienstleistungen. Sie wissen, welcher Zug von welchem Gleis abfährt und wo welcher Wagen hält. Mit schlafwandlerischer Sicherheit führen sie den Reisenden durch das nicht selten beängstigende Chaos eines indischen Großstadtbahnhofs auf das richtige Gleis und in das richtige Abteil.

Der VT-Bahnhof ist ein erstaunliches Stück Profanarchitektur. Er wurde 1888 fertig gestellt und nach der damaligen britischen Kaiserin Victoria benannt. Seit 1996 heißt er „Chhatrapati Shivaji Terminus" (CST), nach dem gleichnamigen König (1627–1680) des souveränen Hindu-Staates (Hindavi Swarajya) Maratha. Die Namen VT und CST sind heute beide in Bombay gebräuchlich. Entworfen hat den Bahnhof Frederick W. Stevens im damals modernen Stil viktorianischer Gotik, der sich die italienische Gotik zum Vorbild nahm. Im Zentrum Bombays findet man zahlreiche Gebäude in diesem Stil, was der Stadt stellenweise den Charme eines „London unter Palmen“ verleiht. Englische Architekten arbeiteten beim Bau mit indischen Handwerkern zusammen, die zum Teil die eigene Tradition in die Gestaltung einbrachten.

Allein die Ausmaße des Bahnhofs sind königlich. Das Gewirr aus Türmen, Säulen und Spitzbögen wird gekrönt von einer Kuppel, auf der eine vier Meter hohe Statue thront, die den Fortschritt verkörpert. Zur Zeit der Briten waren in dem Gebäude nicht nur die Büros der staatlichen Eisenbahn untergebracht, sondern auch die der Stadtverwaltung und der Polizei. Der Bahnhof ist bis heute das einzige Verwaltungsgebäude, das die UNESCO zum Weltkulturerbe erklärt hat.

Wenn sich der Begriff des Weltkulturerbes nicht ausschließlich auf Monumente beziehen würde, dann könnte man auch die Szenerie im Inneren als ein solches bezeichnen. Bahnhöfe sind in Indien ein Mikrokosmos der Gesellschaft. Zwar haben es die Marktreformen möglich gemacht, dass viele Angehörige der Mittelschicht inzwischen mit dem Flugzeug reisen. Dennoch findet man bis heute in den Bahnhöfen Vertreterinnen und Vertreter fast aller gesellschaftlicher Schichten und Kasten, sei es als Reisende, Arbeitende oder Bettler.

Da gibt es Passagiere, die auf dem Fußboden schlafen, weil ihr Zug 15 Stunden Verspätung hat. Fliegende Händler, die Tee in Tonschälchen, Bücher, Zeitungen, scharfes Knabberzeug und warme Mahlzeiten verkaufen. Es gibt Mitarbeiter der Indian Railways, die diensteifrig Passagierlisten aushängen, Büros des Bahnhofsmanagers und seiner Untergebenen sowie die Railway Police. Reinigungspersonal, das vergeblich gegen den Dreck ankämpft, Taxi- und Rikschafahrer, die auf den Bahnsteigen einfahrender Züge nach Kunden Ausschau halten. Und es gibt Wartesäle für die oberen und unteren Klassen sowie solche nur für Damen. Wenn man Glück hat, stehen im Wartesaal noch die alten, bequemen, hölzernen Liegestühle mit den verlängerten Armlehnen, auf die man beim Zurücklehnen seine Beine legen kann.

Mit Hilfe des Kulis finde ich meinen Waggon sofort. Ich reise zweiter Klasse airconditioned. Das ist komfortabel und preisgünstig. Die Erste Klasse kostet das Doppelte und bietet nicht viel mehr, außer der Tatsache, dass die Abteile nur mit vier Personen belegt sind. „2nd AC", wie es abgekürzt heißt, verfügt nur über Großraumabteile, deren Liegeplätze durch Vorhänge abgeteilt werden. Die Fahrt von Bombay nach Hyderabad dauert 15 Stunden und kostet umgerechnet etwa 20 Euro.

Indian Railways verfügt über ein kompliziertes Geflecht von Zügen unterschiedlicher Geschwindigkeit, Verlässlichkeit und unterschiedlichen Komforts. Der „Hussainsagar Express" nach Hyderabad ist gut organisiert und bequem. Wenige Minuten nach dem Einsteigen kommt ein Kaffeeverkäufer durch die Gänge, der Schaffner locht die Karten und ein Mitarbeiter fragt nach den Frühstückswünschen am nächsten Morgen („Vegetarisch, nicht-vegetarisch, Tee oder Kaffee?"). An den Abteilwänden ist mit Schablone der Hinweis aufgeschrieben, dass sich beim Zugführer ein „Beschwerdebuch" befindet. Decken, weiße Laken, Kopfkissen und Bettbezüge werden verteilt und schon setzt sich der Zug in Bewegung.

Ich liebe die Nachtfahrten in indischen Zügen, die den müden Reisenden mit ihrem langsamen Tempo sanft in den Schlaf schaukeln. Vorher lese ich noch ein wenig im Schein der silbernen, aufklappbaren Lampe, die sich über jedem Bett befindet und die so schlicht und praktisch ist, als hätte sie ein Bauhaus-Designer entworfen.

Trotzdem bin ich erschöpft, als ich in Hyderabad ankomme. Es war mir vor der Abreise nicht gelungen, ein Zimmer zu buchen. Die Hotels, bei denen ich anrief, waren alle wegen eines Ärztekongresses ausgebucht. Ich frage den Taxifahrer, ob er ein vernünftiges Mittelklassehotel kennt. Aber bei allen

Hotels, zu denen er mich fährt, ist die Antwort dieselbe: belegt. Erst ein staubiges Hotel, dessen Eingang unter einer Tordurchfahrt liegt, hat noch etwas frei. Ich bin schon dabei das Zimmer zu nehmen, als man mich an der Rezeption auffordert, die gesamte Rechnung im Voraus zu begleichen. Da ich kaum Bargeld in der Tasche habe und mir das Hotel ohnehin unsympathisch ist, verabschiede ich mich wieder und die Suche geht weiter.

Erst im Hotel „Crystal" auf der anderen Seite des Hussain Sagar genannten künstlichen Sees in der Mitte der Stadt finde ich Unterkunft. Der künstliche See ist von einer Promenade umgeben, deren Straßenbegrenzungen rot-weiß gestrichenen sind und die der Stadt in diesem Teil eine Kurortatmosphäre verleiht. Das Hotel „Crystal" ist ein sympathisches, mittelgroßes Haus, in das sich wohl selten ausländische Gäste verirren. Es wird von Hindus geführt, wie die glücksverheißenden Zeichen auf der Türschwelle und die Götterbilder an der Rezeption zeigen. Die Mitarbeiter sind fröhlich und unaufdringlich.

Ein kurzes Gebet

Am nächsten Morgen gibt es Idlis, kleine, weiße, runde Küchlein, die nach kaum etwas schmecken, die man aber dafür in scharfe Sauce (Sambar) und Kokos Chatni taucht zum Frühstück, dazu Bananen und Neskaffee. Gestärkt mache ich mich auf den Weg. Wie auch in Bombay habe ich in Hyderabad praktisch keine Kontakte, die für mein Thema relevant wären. Ich hatte die Stadt bereits einige Jahre zuvor besucht, um eine größere Geschichte über Biotechnologie zu recherchieren, aber das hilft jetzt auch nicht weiter.

Ich nehme daher ein Taxi und mache mich auf gut Glück auf den Weg zum „Deccan Chronicle", einer der größten Lokalzeitungen in Hyderabad. Ich hoffe, dort ein paar Journalisten zu treffen, die sich mit der Situation der Muslime vor Ort auskennen. Aber es erweist sich als Fehler, die Redaktion am Morgen aufzusuchen. Indische Journalisten starten ihren Arbeitstag noch später als deutsche und sind vor dem Nachmittag meist gar nicht im Büro. Immerhin treffe ich in der Politikredaktion einen jungen Kollegen, der mir die Handynummer von Mir Ayoob Ali Khan gibt, dem Bürochef. „Der ist der absolute Experte und kennt jeden in der muslimischen Gemeinde. Sprechen Sie eine Stunde mit ihm und Sie haben Ihre Geschichte."

Aber Ayoob Khans Handy ist ausgeschaltet. Was nun? Ich nehme eine Rikscha in die Altstadt, das Zentrum des muslimischen Hyderabad und einer der faszinierendsten Basar-Distrikte Indiens. In der Sechs-Millionen-Stadt sind etwa 40 Prozent der Einwohner islamischen Glaubens. Am Charminar, dem viertürmigen Wahrzeichen der Stadt und Eingang zum Basar-Distrikt, steige ich aus. Gleich um die Ecke liegt die Mecca Masjid, eine der größten Moscheen Indiens mit Platz für 10 000 Gläubige. Ein guter Ort, um meine Recherche zu beginnen.

Ich streune über den großen Innenhof und lasse mich auf den Stufen des Hauptgebäudes nieder. Meine Haare habe ich mit einer Dupata, einem Schal, bedeckt, den indische Frauen zur Schalwar Khameez tragen. Die Kombination aus weiten Hosen und langem Tunika-Oberteil verhüllt die Körperformen und gilt im ganzen Land als respektable und dezente Damenbekleidung.

Ein paar kleine Jungen versuchen, Drachen steigen zu lassen, aber es ist völlig windstill an diesem Tag. Frauen in schwarzen Burkas, die nur die Augen frei lassen, huschen mit dunklen Babys auf dem Arm über den Platz. Ein junger Verkäufer balanciert ein Tablett voller Samosas, gefüllten Teigtaschen, auf dem Kopf. Ein Mädchen, das nicht älter als vier Jahre sein kann, rennt über den Platz, dass ihr grünes Kopftuch nur so fliegt. Ich rufe noch einmal bei Mir Ayoob Ali Khan an. Diesmal mit Erfolg. Er schlägt vor, dass wir uns am Abend in seiner Redaktion treffen.

Links hinter der Moschee befindet sich ein kleiner Flachbau, der eine Madrasa, eine Religionsschule, beherbergt. Vor dem Eingang haben die Schüler ihre BMX-Fahrräder abgestellt, drinnen sitzen einige wenige Jungen und studieren den Koran. Ein dicklicher junger Mann kommt aus der Schule und schiebt mit geschlossenen Augen sein Fahrrad vor sich her, als denke er noch über den heiligen Text nach. Zwei Jungs stürmen gut gelaunt heraus und diskutieren Cricketergebnisse.

Ich spreche ein kurzes Gebet am Grabmal des Moghul-Herrschers Nizam Ali Khan (1763–1803), der in einem Seitengebäude der Moschee seine letzte Ruhestätte hat. An dem mit einem grünen Tuch und frischen Blüten bedeckten Grab wartet ein Wächter auf Bakschisch. Ich gebe ihm ein paar kleine Scheine, in der Hoffnung auf gute Rechercheergebnisse, und gehe hinaus auf die Straße.

Junge Sufis

Etwas unentschlossen trinke ich an einem Stand einen Granatapfelsaft und laufe zurück in Richtung Charminar, das sich wie eine Torte mit vier Kerzen aus dem Kreisverkehr erhebt. Auf einmal sehe ich an einem Haus in einer Seitengasse ein Plakat mit der Aufschrift „Shujaiya Times.com“ und weiß, dass ich gefunden habe, was ich suche. Junge Männer schauen mich überrascht aber freundlich an, als ich die Gasse betrete. Ich frage nach dem Büro der „Shujaiya Times“. „Der Redakteur ist nicht da, aber ich kann ihn anrufen“, sagt einer. Eine

Minute später habe ich Ibrahim Hussaini am Handy. „Warten Sie auf mich, ich bin in einer halben Stunde zurück."

Sayed Ibrahim Hussaini ist ein junger Mann von Mitte 20 mit weichem Vollbart. Der Namenszusatz „Sayed" weist ihn als Nachfahren des Propheten Mohammed aus. Zur seiner schönen, dunkelblauen, bestickten Kurta trägt er eine weiße Hose und ein weißes besticktes Käppchen auf dem Kopf. Sein gepflegtes Äußeres lässt ihn in der ärmlichen Seitenstraße des Basars leuchten. Er führt mich ein kleines Stückchen weiter in die Gasse und um eine Ecke herum in das Haus seiner Familie.

In dem kleinen Wohnzimmer stehen ein paar bräunliche Sofas und Bücherregale, die Wände zieren Bilder der Kaaba in Mekka sowie einiger Koransuren. Viele Muslime mit bescheidenen Mitteln leben so. Nur ein mit reichen Holzschnitzereien verzierter Stuhl fällt auf. Er verweist auf die Bedeutung der Familie. Doch ehe ich mich danach erkundigen kann, kommt Scheich Sayed Ubaidullah Qadri herein. Ibrahim stellt ihn als seinen älteren Bruder vor. Er ist ein wenig dicker und trägt statt der blauen eine weiße, bestickte Kurta. Die Brüder sind Nachfahren des Sufi-Heiligen Hafiz Mir Shujauddin Hussain, der seine Dargah, seine Grabstätte, in der Altstadt von Hyderabad hat. Er war ihr Urgroßvater. Das Amt des Verwalters dieser Grabstätte wird innerhalb der Familie vererbt, derzeit hat Ubaidullah es inne.

„Ich lehre auch an der Jama Masjid, einer historischen Moschee hier im Stadtzentrum", erzählt er. „Ich leite die Freitagspredigten und heile geistige Krankheiten, etwa, wenn jemand psychische Probleme hat oder von einem Dschinn besessen ist." An der Art, wie der junge Scheich dies ausdrückt, wird klar, dass er durchaus annimmt, dass eine psychische Krankheit und deren volkstümliche Erklärung – nämlich von einem bösen Geist, einem Dschinn, besessen zu sein – sich nicht voneinander unterscheiden.

Sein Bruder Ibrahim ist mehr für die weltlichen Angelegenheiten der Familie zuständig. Er führt ein kleines Import-Export-Unternehmen, das zum Familieneinkommen beiträgt und hat die „Shujaiya Times“ gegründet. „Wir wollen englischsprachigen Muslimen den „Tariqa“, den Weg der Sufis, näher bringen“, erläutert er.

Der Sufismus, die islamische Mystik, ist die in Indien, Pakistan und Afghanistan am weitesten verbreitete Form des Islam. Der Volksglaube zeichnet sich vor allem durch Heiligenverehrung aus. An den Grabstätten der Heiligen wird gebetet und zum Teil gesungen und getanzt, bis die Gläubigen in Trance fallen. Ziel der Sufis ist eine persönliche Erfahrung Gottes durch liebende Hingabe.

„Ich bin Scheich der Qadiriya“, sagt Ubaidullah. „Wir lehren in dieser Richtung.“

Die Qadiriya ist einer der ältesten Sufi-Orden. Er wurde von Abd al-Qadir al-Jilani (1078–1166) gegründet, dessen Grabmal sich in Bagdad befindet. Der Orden ist lose organisiert und erlaubt den Gemeinden, ihre eigenen Rituale zu entwickeln. Viel Wert wird auf Mäßigung und Menschenfreundlichkeit gelegt.

„Man soll sich völlig Gott hingeben, das ist die Lehre der Sufis“, sagt Scheich Ubaidullah. Dabei gehen die Brüder diese Aufgabe sehr praktisch an. Ubaidullah hat einige Studenten, denen er täglich in einem kleinen Raum gegenüber dem Familienhaus Unterricht erteilt. „Wir würden gern eine Schule gründen, in der wir moderne Wissenschaft und traditionelles Wissen lehren“, sagt Ibrahim. In seiner Zeitung „Shujaiya Times“ finden sich Artikel über die Große Koalition in Berlin ebenso wie Texte über Aspekte der Sufi-Philosophie.

Die Brüder sehen ihre Arbeit auch als ein Gegengewicht zum wachsenden Fundamentalismus. „Hier in Indien sind 70 Prozent der Muslime Sufis, so wurde der Glaube bei uns verbreitet. Aber heute wächst der Einfluss aus Saudi-Arabien, die Leute werden von dort indoktriniert", klagt Ibrahim.

Die Stellung der Familie erlaubt es den Brüdern, einen gewissen Einfluss auszuüben. „Die Leute kommen vor Wahlen zu uns und fragen, wem sie ihre Stimme geben sollen. Das wird von uns erwartet. Daher müssen wir uns in gewisser Weise auch um Politik kümmern. Aber ich würde mich nie an diesem System aus Lügen, Betrug und Skandalen aktiv beteiligen", sagt Ibrahim. Schon ihr Urgroßvater Hafiz Mir Shujauddin Hussain hat unter der britischen Kolonialherrschaft den damaligen Nawab von Hyderabad beraten. Aus dieser Zeit stammt auch der geschnitzte Stuhl im bescheidenen Wohnzimmer der Familie. „Unser Urgroßvater hat darauf gesessen und daraufhin hat der Nawab gesagt: ‚Wie könnte ich je wieder auf diesem Stuhl sitzen' und hat ihn unserem Urgroßvater geschenkt."

Das politische Urteil des Heiligen schlug der Nawab dennoch in den Wind. „Er hat dem Nawab davon abgeraten, gegen die Briten zu kämpfen, weil man nach unserer Religion eine reguläre Regierung nicht bekämpfen soll. Er zog dennoch in den Krieg und unterlag." Die Brüder sind überzeugt, dass es in Indien keinen Grund gibt, den Dschihad, den heiligen Krieg, zu predigen. „Leider gibt es auch hier in Hyderabad Leute, die die jungen Menschen in die falsche Richtung lenken. Die erreichen wir natürlich nicht, die kommen gar nicht zu uns", sagt Ibrahim.

Die Brüder bieten mir an, mit ihnen zu Mittag zu essen. Ubaidullah bringt aus der Küche ein leckeres, scharfes Lammcurry herbei. Verstehen die Brüder, warum so viele junge Muslime sich radikalen Ideen zuwenden? „Es gibt natürlich Gründe für die Unzufriedenheit der Muslime", sagt Ibrahim. „Der Irak-Krieg hat die Leute gegen die Amerikaner aufgebracht. Die USA machen viele Fehler. Es ist klar, dass die Muslime es nicht gut finden, wenn Unschuldige getötet und Moscheen zerstört werden."

In Indien komme hinzu, dass politische Parteien die Religion zu instrumentalisieren versuchen. „Aber ich glaube nicht, dass diese Strategie auf Dauer Erfolg hat", sagt Ibrahim. „Eigentlich ist das Verhältnis zwischen Hindus und Muslimen gut. Sehen Sie, hier in unserer Straße wohnen außer uns nur Hindus und die sind sehr freundlich zu uns." Ubaidullah steht auf und entschuldigt sich, sein Religionsunterricht beginne in wenigen Minuten.

Doch zuvor verschwindet er in einem Nebenzimmer und kommt mit einem in blaues Leder gebundenen Buch zurück. Eine schöne Ausgabe des Koran, auf feinem Dünndruckpapier in Arabisch und Englisch, hergestellt in Saudi-Arabien. Es ist sein Abschiedsgeschenk für mich. „Die Leute sollten nicht so viel über Politik nachdenken, sondern sich Gott hingeben", sagt er.

Ibrahim zeigt mir noch seine kleine Redaktion im ersten Stock des gegenüberliegenden Geschäftshauses. Neben Stapeln von Stoffen, die er verkauft, bastelt er hier allein die „Shujaiya Times" zusammen. „Vielleicht können Sie uns helfen, Kontakt zu einer internationalen Zeitung herzustellen, deren Artikel wir abdrucken können. Wir haben nämlich kein Geld für eigene Mitarbeiter", sagt er. Und dann gibt er mir noch die Adresse seines Schwagers Maulana Pirsada Schabbir Naqschbandi. Maulana ist ein Ehrentitel und bedeutet „unser Meister". „Wir sind nur kleine Leute, aber der Maulana ist wirklich wichtig, den müssen Sie treffen."

Der Maulana wohnt in der Neustadt, in einer der längsten Straßen und es gibt keine Hausnummer. Ich muss drei Mal vom Handy aus bei ihm anrufen, bis der Fahrer die Beschreibung verstanden hat. Ein junger Mann nimmt mich am Eingang in Empfang und führt mich über eine kleine Treppe in den ersten Stock. Der Maulana sitzt mit ein paar Männern vor dem Fernseher und plaudert. Niemand achtet auf die laufende Nachrichtensendung.

Als er mich sieht, springt er auf und begrüßt mich herzlich. Er ist ein kleiner Mann, der einen Kugelbauch vor sich herträgt. Alles an ihm ist rund, das Gesicht, die Augen, der kurz gestutzte Bart. Er sprüht vor Energie. „Also, ich erzähle Ihnen jetzt erst einmal etwas über mich und dann erkläre ich Ihnen die Fotos und Sie können Fragen stellen. Sie können mich Schabbir nennen, unter Freunden kann man auf Formalitäten verzichten."

Der kleine Raum ist an beiden Seiten von langen Bänken flankiert. Darüber hängen dicht gedrängt Hunderte von Fotografien, die den Maulana mit bekannten Persönlichkeiten zeigen. Der erste indische Premierminister Jawaharlal Nehru, Indira Gandhi, ihr Sohn Rajiv, dessen Frau Sonia, Ex-Präsident Moraji Desai, Ex-Innenminister Lal Krishna Advani – fast das gesamte politische Establishment Indiens ist vertreten. Außerdem Cricketstars, Bollywood-Schauspieler, der frühere Bundespräsident Walter Scheel und ein saudischer Scheich.

Der Maulana ist auf sympathische Weise eitel, weil er sich nicht im Geringsten bemüht, diese Charaktereigenschaft zu verheimlichen. Er platzt vor Stolz über seine Bekanntschaft mit so vielen Berühmtheiten und dass er es geschafft hat, sich dauerhaft einen Platz als politischer Berater in Delhi zu sichern. Er erzählt seine Geschichte in einem Ton, der ahnen lässt, dass dies eine regelmäßige Übung ist.

„Meine Familie kam vor 200 Jahren aus Medina nach Hyderabad. Unser Urahn ist Hazrat Pir Chisti Sayed Waliullah Hussaini. Mein Vater war Priester, aber er wollte auch Politik machen. Deshalb gründete er vor 35 Jahren die „All India Religious Leaders Association". Als er starb, wurde ich ihr Vorsitzender. Der damalige indische Präsident, Faqruddin Ahmad, forderte mich auf, nach Delhi zu kommen. Er bot mir einen Job als stellvertretender Pressesprecher in seinem Büro an, aber das habe ich abgelehnt. Sicher hätte ich das Geld gebrauchen können, aber wer ist man schon als stellvertretender Pressesprecher? In meiner Position muss man seine Würde wahren."

Er vertraute lieber auf seine Ideen und seine Wendigkeit und ließ sich stattdessen zum Ehrenberater des Präsidenten ernennen. Und er versteht es zu schmeicheln. „Ich habe damals vorgeschlagen, den 13. Mai zum Nationalen Solidaritätstag der Religionen zu erklären. Das war zufällig Faqruddins Geburtstag. Seitdem wird der Tag überall auf der Welt in den indischen Botschaften gefeiert." Als Faqruddin 1977 stirbt, muss der Maulana abermals nach Unterstützern suchen. Er findet sie bei Premierministerin Indira Gandhi, die als Tochter Nehrus bereits seinen Vater kannte.

„Indira Gandhi hat mich gefragt, ob ich Minister werden will, aber das ist man ja auch immer nur für ein paar Jahre. Ich habe abgelehnt. Als sie mich fragte, was ich denn will, sagte ich, ich will nationaler Berater für Fragen der Religion werden. Und ich habe mir ein Büro direkt neben dem der Premierministerin geben lassen. Das habe ich heute noch, komplett mit Mitarbeitern und Fahrer, auch wenn ich gar nicht mehr so oft in Delhi bin", sagt er und freut sich sichtlich über die eigene Cleverness.

„Siehst du das Foto dort?" Er zeigt auf ein Bild, auf dem er neben Indira Gandhi zu sehen ist. Die Politikerin hat ihre rechte Hand in Richtung Stirn geführt. „Das habe ich ihr beigebracht. Es handelt sich um eine muslimische Grußgeste. Das kam sehr gut an, als sie hier in Hyderabad zu Besuch war." Als Berater für Fragen der Religion war der umtriebige Maulana unter jeder indischen Regierung gern gesehen. Aber seit mit Manmohan Singh wieder ein Kongress-Politiker Premierminister ist, will er noch höher hinaus.

„Das ist jetzt ein Wendepunkt in meinem Leben", erklärt er. „Bisher habe ich die Politik immer nur von außen begleitet, aber jetzt will ich Mitglied der Rajya Sabha werden. Das habe ich Sonia Gandhi schon gesagt." Sonia Gandhi, die Witwe Rajiv Gandhis, ist die „graue Eminenz" in der indischen Politik, seit sie nach ihrem spektakulären Wahlsieg 2004 darauf verzichtete, das Amt des Premierministers zu übernehmen.

Die Rajya Sabha ist das Oberhaus des indischen Parlaments. Von den 250 Mitgliedern werden zwölf vom Präsidenten der Republik wegen besonderer Verdienste ausgewählt. Die anderen Mitglieder werden von den Vertretungen der Regionalstaaten ernannt. „Im April werden sechs Sitze des Staates Andhra Pradesh frei", erläutert der Maulana. „Einer davon ist für einen Muslim reserviert." Die indische Demokratie verfügt über ein kompliziertes Quotensystem für öffentliche Ämter, mit dem religiösen Minderheiten und benachteiligten Bevölkerungsgruppen und Kasten Gerechtigkeit getan werden soll.

„Die Welt hat sich nach dem 11. September 2001 fundamental verändert", sagt Schabbir auf einmal überraschend ernsthaft. „Es ist ein Gebot der Stunde, dass der Repräsentant eines Sufi-Ordens ins Parlament kommt! Die Leute, die Terror verbreiten, sind keine Muslime. Das ist eine Ideologie aus Saudi-Arabien, ein Machtspiel, das sie gegen die USA spielen, und Unschuldige müssen deshalb leiden. Überall sonst auf der Welt sind wir Sufis in der Mehrheit. Wir müssen der Welt klar machen, was die Botschaft des Propheten Mohammed ist."

Als kleine Bewerbungsrede für einen Sitz im Parlament ist

das ein guter Anfang. Und der Maulana macht weiter: „Ich will die Botschaft verbreiten, dass wir gegen den Terrorismus sind. Leute wie ich müssen sich jetzt engagieren. Wir Sufis lehnen die Logik des Dschihad ab. Der Koran erlaubt es nicht, unschuldige Menschen zu töten." Ein Maßnahmenpaket hat er auch schon in der Tasche: „Ich werde mich dafür einsetzen, dass der Geburtstag des Propheten weltweit als Anti-Terrorismus-Tag gefeiert wird! Ich will eine globale Konferenz zur Rolle der Religion im Kampf gegen den Terrorismus organisieren! Und Demonstrationen gegen den Terrorismus!"

„Komm", sagt er auf einmal, „iss mit uns zu Abend." Hinter dem Vorhang, den er jetzt zur Seite schiebt, haben sich schon einige männliche Familienmitglieder und Anhänger des Maulana versammelt. Die Frauen, die die ganze Zeit nicht zu sehen waren, tragen aus einem Nebenraum Reis und verschiedene Sorten Fleisch herbei. Schabbirs Frau, die Schwester der Brüder Ibrahim und Ubaidullah, ist etwa halb so alt wie ihr Mann. Die Familie hält die unter Muslimen übliche Trennung der Männer- und Frauenwelt ein. Aber die Frauen sind nicht verschleiert, obwohl auch fremde Männer am Tisch sitzen. Und sie sind gebildet, alle sprechen fließend Englisch.

Nach der Mahlzeit muss ich mich schnell verabschieden. Ich habe noch eine Verabredung mit dem Redakteur des „Deccan Chronicle", Mir Ayoob Ali Khan. Und der hat sein Büro am anderen Ende der Stadt. Ich werde mindestens eine Stunde im Abendverkehr unterwegs sein. Schabbir will mich nicht gehen lassen. Erst als ich ihm verspreche, am nächsten Tag auf eine Hochzeit mitzukommen, ruft er mir ein Taxi.

Der Verkehr ist fürchterlich. Die Redaktion des „Deccan Chronicle" liegt in Secunderabad, der Zwillingsstadt Hyderabads auf der andere Seite des Hussain Sagar Sees. Der Taxifahrer kann das Büro zunächst nicht finden. Zweimal rufe ich bei Ayoob Khan an, damit er dem Taxifahrer den Weg erklärt. Aber das hilft nichts. Erst als ein Passant sich bereit erklärt, auf dem Motorrad vorzufahren, finden wir die Redaktion. Ich komme fast eine Stunde zu spät. Die Redaktion ist mitten im Produktionsstress. Dennoch nimmt Ayoob Khan sich Zeit für ein Gespräch, das immer wieder vom Klingeln seines Handys unterbrochen wird.

„Wie ist die Situation der Muslime in Hyderabad heute?" Ayoob Khan holt aus: „Hyderabad ist 400 Jahre lang von Muslimen regiert worden. Der letzte muslimische Herrscher war der siebte Nizam Osman Ali Khan. Nach der Unabhängigkeit hat die Indische Union Hyderabad besetzt. Da begannen die Probleme der Muslime." Ayoob Khan trägt ein blaugestreiftes Hemd und eine randlose Brille. Er redet präzise und konzentriert und nimmt den Gesprächsfaden nach jedem Handyklingeln wieder auf.

Die Stadt Hyderabad hatte bis zur Teilung Indiens eine muslimische Bevölkerungsmehrheit, während die Landbewohner der Region mehrheitlich hinduistisch waren. Als einzige der so genannten Fürstenstaaten („princely states"), die zuvor unter dem Schutz der britischen Kolonialmacht standen, wollten Kaschmir und Hyderabad unabhängig bleiben. Beide wurden von der indischen Armee besetzt. Um Kaschmir schwelt bis heute zwischen Indien und Pakistan ein Streit, der bereits zwei Mal zum Krieg geführt hat.

„Die Hindus entfernten nach der Besetzung alle Muslime aus Regierungs- und Verwaltungsämtern. Es kam zu Unruhen.

Tausende wurden an der Stadtgrenze zu Hyderabad von marodierenden Mobs massakriert. Rund 200 000 Menschen starben, als die Armee einmarschierte." Vor allem Regionen mit stark gemischter Bevölkerung erlebten die Teilung Indiens als Trauma. Landesweit wurden rund 17 Millionen Menschen aus ihrer Heimat vertrieben und verloren ihren Besitz, etwa eine Million starben.

„Bis in die 70er Jahre des letzte Jahrhunderts hinein litten die Muslime unter den Folgen der Teilung", sagt Ayoob Khan. „Ihre Geschäfte brachen völlig zusammen, weil so viele nach Pakistan geflohen waren. Hinzu kam die Landreform." Die indische Regierung enteignete nach der Unabhängigkeit viele Großgrundbesitzer (Zamindar), die ihren Reichtum oft der Zusammenarbeit mit der britischen Kolonialherrschaft verdankten. Dies war ein wichtiger Schritt auf dem Weg von einer feudalistischen in eine moderne Landwirtschaft. Da die Briten nach dem Prinzip „teile und herrsche" gezielt religiöse Minderheiten gefördert hatten, hing ein Großteil der Muslime wirtschaftlich am Zamindar-System.

„Die Hindus übernahmen auch die Macht in der Verwaltung", berichtet Ayoob Khan weiter. „Im Grunde war eine ganze Generation von Muslimen verloren. In meiner Jugend war das Gefühl sehr weit verbreitet, dass es für uns keine Zukunft gibt. Bis Mitte der 70er Jahre fühlten sich viele Muslime nicht als Teil des neuen Staates." Der Name „Khan" kann darauf hindeuten, dass der Journalist selbst aus der Landbesitzerschicht kommt. Die Situation der Muslime begann sich erst zu ändern, als die Golfstaaten gezielt Arbeitskräfte aus Indien anwarben. „Rund 500 000 Menschen aus Andhra Pradesh arbeiten heute am Golf und verdienen gutes Geld. Die meisten von ihnen sind Muslime. Das wirkt sich schon auf die wirtschaftliche Situation aus."

Dennoch, so der Journalist, lebe noch immer ein Großteil

der Muslime in Slums oder arbeite als Rikschafahrer. „Gute Jobs in der Wirtschaft oder der Verwaltung sind für Muslime bis heute kaum zugänglich." So hätten die muslimischen Parteien etwa für den Staat Andhra Pradesh eine Quote für Muslime von fünf Prozent für Regierungs- und Verwaltungsämter gefordert. Dies sei aber immer wieder abgelehnt worden. Momentan liegt der Fall beim Höchsten Gericht.

„Es gibt inzwischen eine muslimische Mittelschicht hier", sagt Ayoob Khan. Aber das hat die Probleme nicht verringert. Wer zu Geld kommt, verlangt auch Anerkennung. „Es gibt öfters Probleme mit der Polizei, weil Muslime per se als verdächtig betrachtet werden", sagt Ayoob Khan. „Und nach den Vorfällen in Ayodhya und Gujarat fühlen sich viele Muslime nicht mehr sicher."

„Wenn irgendwo ein Muslim verhaftet wird, wird er oft als Agent des pakistanischen Geheimdienstes ISI betrachtet. Das treibt die Leute in die Radikalisierung. Die Regierung selbst schafft die Probleme", analysiert der Journalist. Wenige Tage vor unserem Gespräch war im benachbarten Bangalore ein indischer Wissenschaftler während eines Kongresses von Terroristen ermordet worden: Die Behörden verdächtigten die aus Pakistan stammende Terrororganisation Lashkar-e-Taiba (LeT). „Glauben Sie nicht, dass Terrorgruppen, die in der Auseinandersetzung um Kaschmir entstanden sind, hier ein neues Betätigungsfeld suchen?", frage ich.

„Sehen Sie, wir haben als Journalisten natürlich oft versucht, diese Leute hier in Hyderabad zu finden. Aber das ist uns bis heute nicht gelungen. Der einzige Islamist, der Ärger gemacht hat, Maulana Nasiruddin, sitzt inzwischen im Gefängnis." Nasiruddin wird verdächtigt, eine Organisation zu leiten, die im Untergrund mit LeT zusammenarbeitet.

Aber es gibt noch einen anderen Islamisten in Hyderabad. Er hat keine Straftat begangen, aber er ruft die Muslime zum Dschihad auf. Sein Name ist Scheich Mahboob Ali. Der Name fiel in allen meinen Gesprächen, wenn es um radikale Muslime ging. Nach ein paar Anrufen bei Leuten, die mir Mir Ayoob Khan empfohlen hat, habe ich seine Telefonnummer. Er schlägt ein Treffen am kommenden Nachmittag vor.

Seine Organisation, „Darsgah Jihad-o-Shahadat“ (DJS), hat ihr Büro in der Altstadt von Hyderabad, unweit des Charminar. Es ist Sonntag und ziemlich leer auf den Straßen, aber das DJS-Büro ist geöffnet. Vielleicht bevorzugt es Scheich Mahboob Ali, sich am eigentlichen islamischen Feiertag, dem Freitag, freizunehmen. In der kleinen Bibliothek sitzt eine Hand voll junger Männer, die mich offenbar erwartet haben. Sie bitten mich herein und bieten mir einen Tee an, während einer verschwindet, um den Scheich zu holen.

Mahboob Ali ist ein hagerer, dunkler Mann mit schütterem, weißem Haar, das er nach hinten gekämmt trägt. Er spricht wenig Englisch und zieht es deshalb vor, auf Urdu mit mir zu reden. Einer seiner Schüler, die sich aufmerksam um den Tisch in der Bibliothek versammelt haben, übersetzt. „Als erstes muss ich sagen, dass wir keine politische Partei sind, sondern eine religiöse“, sagt er streng. „Die Politik in Indien ist korrupt, deshalb machen wir da nicht mit. DJS lehrt, was der echte Islam ist, auch für Nicht-Muslime.“

Er spricht ruhig und klar und drückt mir ein Faltblatt seiner Organisation in die Hand. Das Programm kennt man von anderen islamistischen Gruppierungen: Gefordert wird eine Rückkehr zum „wahren“ Islam, Scharia-Gesetzgebung, Schutz für Ehre und Keuschheit der Frauen. Alles mit dem Ziel, die verlorene Macht des Islam wiederzuerlangen. Die angegebene Website ist leider nicht mehr aktuell. Wer auf „www.djsindia.com“ klickt, landet bei einer Marketingfirma.

„Allah ist der alleinige Schöpfer, die höchste Macht. Jeder Nicht-Muslim muss das anerkennen“, sagt Scheich Mahboob Ali. Und falls einige Nicht-Muslime dies nicht anerkennen? „Die Welt sollte glücklich zusammenleben, aber wenn es Gesetze gegen den Islam gibt, sollten die Muslime nicht folgen.“ Aus diesem Grund gehört Kampfsport zum Trainingsprogramm der DJS. Über den Bücherregalen hängen große Fotos, die offenbar in Trainingslagern der DJS aufgenommen wurden. Sie zeigen Reihen von jungen Männern und Frauen in Karatestellungen.

„Wir lehren den Koran und körperliches Training. Kampfsport ist gut für die Gesundheit und die Selbstverteidigung“, sagt der Scheich. Bei welchen Gelegenheiten müssen DJS-Mitglieder sich selbst verteidigen? „Sehen Sie sich an, was in Gujarat passiert ist. Die Muslime waren nicht darauf vorbereitet, angegriffen zu werden. Wenn so etwas in Hyderabad passiert, sind wir vorbereitet.“ Er verweist zu Recht darauf, dass die frühere Regierungspartei BJP über eine Schwesterorganisation verfügt, den RSS, der regelmäßig Wehrsportübungen für Hindus anbietet.

Warum hält er es für notwendig, den Dschihad, den heiligen Krieg, zu lehren?, frage ich. „Der Dschihad ist auf allen Ebenen notwendig“, sagt er. „Muslime haben in Indien nicht dieselben Rechte wie Hindus. Es gibt kaum Jobs in der Verwaltung und in der Privatwirtschaft für uns.“ Wenn aber, wie im Irak, das Land von Muslimen unrechtmäßig besetzt werde, dann sei auch ein bewaffneter Kampf gerechtfertigt. Sieht er diese Situation in Indien? „Nein“, sagt er, „das ist bisher nicht der Fall, aber wenn es kommen sollte, dann sind wir bereit.“ Und er fügt hinzu: „Solche Dinge kommen ja meistens unerwartet.“

Seit seiner Gründung 1983 hat der DJS 20 000 Muslime in Hyderabad trainiert. Von Terrororganisationen distanziert der Scheich sich. „Wir unterstützen keine Terrorangriffe, nirgends. Aber man muss auch sehen, das das ein Ergebnis der Ungerechtigkeit gegen Muslime ist." Kennt er Organisationen in Hyderabad, die Terrorismus bejahen? „Nein", sagt er. „Wenn es Terrorangriffe in Indien gibt, stecken die CIA und der pakistanische Geheimdienst ISI dahinter. Die wollen verhindern, dass Indien wirtschaftlich erfolgreich ist."

Scheich Mahboob Ali entstammt einer anderen Gesellschaftsschicht als die Muslime, mit denen ich bisher gesprochen habe. Die Sufi-Orden repräsentieren das religiöse Establishment. Sie haben Einfluss und Ansehen, unabhängig von ihren finanziellen Verhältnissen. Sie sind gebildet und aufgeklärt und sehen sich naturgemäß in der Rolle, das Volk zu führen und zu belehren. Mahboob Ali stammt aus der Gewerkschaftsbewegung. „Ich war Angestellter der Stadtverwaltung in Hyderabad und Führer der Kommunistischen Gewerkschaft. Aber ich habe das alles aufgegeben, um die Muslime zu trainieren."

Ausgerechnet die Kommunisten? Hatte er als gläubiger Muslim kein Problem, in einer Bewegung mitzumachen, die die Religion ablehnt? „Ach, wissen Sie, die indischen Kommunisten lassen jedem ihren Glauben", sagt er gelassen. Ich vermute, dass er aus einfachen Verhältnissen stammt und der Gewerkschaftsbewegung seine Ausbildung verdankt. Was qualifiziert ihn zur Ausbildung junger Muslime?, frage ich. Er zögert ein wenig. „Ich habe mir den Islam im Selbststudium angeeignet", sagt er. „Ich bin Amir." Keine Ahnenreihe, keine Familientradition, keinen Abschluss einer islamischen Hochschule kann er vorweisen. Der Begriff „Amir" im Arabischen bezieht sich meist auf einen religiös-militärischen Führer, wird aber in der islamischen Welt nur noch selten verwendet. Zuletzt nannte sich der afghanische Taliban-Chef Mullah Omar „Amir al muminin“ (Führer des Volkes).

Ein Blick in die Kindergesichter der in der Bibliothek versammelten jungen Männer lässt den Ausdruck reichlich großspurig wirken. Aber er beeindruckt die Jungen. Sie können sich in seiner kämpferischen, unprätentiösen Haltung, seiner bescheidenen Herkunft und dem sozialkritischen Ansatz offenbar besser wiederfinden als in den Vertretern eines religiösen Systems, das Toleranz und Verinnerlichung lehrt, aber ihnen keine Perspektive im Alltag bietet.

Was hält Scheich Mahboob Ali von den Sufis? Die Antwort fällt erwartungsgemäß aus. „Die Sufi-Organisationen lehren nicht den reinen Islam“, sagt er. „Sie wurden von den Juden gegründet, um einen Keil zwischen die Muslime zu treiben. Die machen alles fürs Geld. Die kriegen Geld, ohne zu arbeiten, das ist gegen den Islam.“

Ich denke an Schabbir, den runden, wendigen Maulana mit den sympathischen Ideen, der jetzt Parlamentsabgeordneter werden will. Ohne einen Tropfen Wahrheit ist Propaganda nicht möglich. Und ohne ein Fass Lüge auch nicht. Wissen die jungen Leute, die in der Bibliothek sitzen, irgendetwas über die Geschichte der Sufis? Über al-Hallaj etwa, der im Jahre 922 in Bagdad hingerichtet wurde, weil er in seiner mystischen Gotteserfahrung ausrief: „Ich bin die Wahrheit“? Vielleicht sind der weltliche Maulana und der radikale Scheich beide gleich weit entfernt vom Weg der Sufis. „Wir sind immer derselben Meinung wie unser Scheich“, antworten die Studenten.

Alhaj Sultan Salahuddin Owaisi ist alles, was diese Jungen nicht sind und nie sein werden. Er ist das Oberhaupt einer Familie und einer Partei, die seit den 30er Jahren in der Politik in Hyderabad in entscheidender Funktion mitspielt. Er war 20 Jahre Abgeordneter in der Lok Sabha, dem Unterhaus des indischen Parlaments. Er ist groß und hager und trotz seines hohen Alters ungebeugt. Über den Schultern trägt er einen hellbraunen Mantel. Jeden Morgen sitzt er in seinem Büro in Hyderabad und hält eine offene Sprechstunde. Anmeldung nicht nötig. Sicherheitspersonal gibt es keines.

Ich erreiche sein Büro auf dem Rücksitz eines Motorrads. Ein Anhänger des Maulana hat mich mitgenommen. Das heißt genauer: Der Maulana hatte ihn gebeten, mich zu begleiten. Der junge Mann, Aqeeluddin, freut sich offenbar, seinem Lehrer einen Dienst erweisen zu können. Durch eine Toreinfahrt gelangen wir aus den engen Straßen auf ein überraschend großes Gelände. Es hat in etwa die Größe eines Fußballstadions und wird von mehreren Gebäuden flankiert. Eines davon weist eine Aufschrift als „Medical College“ aus. Ein Neubau beherbergt das Büro der Zeitung „Etemaat“, die in der Stadt durch riesige Plakate mit dem Konterfei George W. Bushs auf sich aufmerksam macht. Überschrift: „Führer oder Narr?“

Auf der Rückseite des Platzes liegt ein lang gestreckter Flachbau, der sich baulich an den Diwanen der Moghul-Architektur orientiert, aber wesentlich neueren Datums sein muss: ein nach vorn offener Säulengang, Wände mit verzierten Nischen. Es ist das Hauptquartier der ältesten Muslim-Partei der Stadt, der „All India Majlis-e-Ittehadul Muslimeen“ (AIMIM). Rechts vom Eingang, in einem kleinen Eckraum, sitzt Salahuddin Owaisi. Sein Schreibtisch ist klein und leer.

Der Mann hat es nicht nötig zu repräsentieren. Jeder in Hyderabad kennt ihn.

Um die Wände herum sitzen Männer, die mir der Reihe nach ihre Visitenkarten in die Hand drücken. Sie sind alle Abgeordnete des Landesparlaments von Andhra Pradesh für die AIMIM. Ihre Namen weisen sie als Khane (Landbesitzer), Paschas (hochrangige Regierungsbeamte), Sayeds (Nachfahren des Propheten) und Mitglieder von Sufi-Orden aus. Nur nach Mekka pilgern offenbar wenige, Salahuddin Owaisi ist der einzige, der den Hinweis „Alhaj" im Namen führt.

„Man muss die Situation der Muslime in Hyderabad im historischen Kontext sehen", doziert er. „Die Muslime haben unter der Teilung sehr gelitten. Nach 1948 wurden alle muslimischen Regierungsmitarbeiter entlassen. Es gab keine Einkommensquelle mehr für Muslime, sie mussten Rikscha fahren." Zwar schaffe ich es nur mühsam, mir Sultan Owaisi als Rikschafahrer vorzustellen, aber ich wundere mich über die sogar im Wortlaut identische Situationsanalyse aller meiner Gesprächspartner – so unterschiedlich ihre übrigen Positionen auch sein mögen.

Das Wort „Rikschafahrer" scheint zu einem kollektiven Symbol für den Verlust von Ansehen und Würde der Muslime geworden zu sein. Die Rikscha als sichtbarer Ausdruck einer Klassengesellschaft, die dem islamischen Ideal der Gleichheit und Brüderlichkeit zuwiderläuft. „Erst als viele Muslime in die Golfstaaten zum Arbeiten gingen, verbesserte sich ihre Lage etwas", fährt Owaisi fort. „Aber bis heute sind wir wirtschaftlich schlechter gestellt, selbst die Gebildeten haben kaum Zugang zu Regierungsjobs."

Warum, frage ich den Politiker, trägt seine Partei die Koalitionsregierung in Andhra Pradesh mit? Seine Antwort ist etwas verschwommen: „Wir sind nicht Teil der Regierung, aber wir tolerieren sie." Er kommt auf die historische Rolle der Partei und seiner Familie zu sprechen. Die 1932 gegründete AIMIM war unter dem letzten Nizam von Hyderabad verboten worden. „Wir haben die Partei 1957 wieder gegründet.“ Sein Vater Abdul Wahed Owaisi war nach der Unabhängigkeit Reformer und treibende Kraft. Heute sitzt sein Sohn im Parlament in Delhi. Politik ist in Indien oft Familienangelegenheit.

Statt über Politik redet er lieber über die sozialen Projekte, die die Partei unter seiner Führung gestartet hat, wie etwa das Medical College und Krankenhäuser, Ausbildungsgänge für Ingenieure und Managementkurse. „Jedes Jahr schließen 150 Studenten das Medical College ab und 350 machen ihr Diplom als Ingenieure“, berichtet er. Bevor es diese Institutionen gab, seien Muslime an den Hochschulen kaum vertreten gewesen. „Damals haben vielleicht pro Jahr fünf bis sieben Muslime ihr Examen als Mediziner gemacht. Wir machen uns für die Interessen der Muslime stark.“ Weil Muslime Schwierigkeiten hatten, Kredite zu erhalten, gründete Owaisi eine Bank. „All das tun wir auf der Basis unseres politischen Einflusses“, sagt er.

Dass den Muslimen im Rahmen des politischen Systems Indiens Gerechtigkeit widerfahren könnte, glaubt er nicht mehr. „Die Regierung hat es mit den Quoten für Muslime nie ernst gemeint. Jetzt versuchen sie sogar, uns den Minderheitenstatus abzuerkennen.“ Erst kürzlich habe er einen Prozess gegen die Regierung führen müssen, weil man das von ihm gegründete Medical College zwingen wollte, 50 Prozent Nicht-Muslime aufzunehmen. „Dabei finanzieren wir uns ausschließlich aus privaten Geldern. Wir haben den Prozess denn auch gewonnen.“

Das Quotensystem, das Minderheiten und Angehörige der unteren Kasten fördern soll, hat zu einer Fülle neuer Konflikte in Indien geführt. Mitglieder der oberen Kasten klagen, dass es für sie nicht mehr genügend Jobs gebe. Und unter den Minderheiten ist ein heftiger Konkurrenzkampf ausgebrochen. „Die Unberührbaren, die im Hindu-System zuvor kein Recht auf Bildung hatten, haben vom Quotensystem profitiert", klagt Owaisi. Die Muslime hingegen hätten kaum etwas erreicht. „Die kommunalen Unruhen, die von der letzten Regierung angezettelt wurden, dienten dazu, die wirtschaftliche Basis der Muslime zu zerstören. Seit 1966 hat es 16 000 kommunale Unruhen gegeben, und zwar überall dort, wo es den Muslimen besser geht."

Hat sich die Lage für die Muslime nicht verbessert, seit in Delhi wieder die Kongress-Partei an der Regierung ist? „Ach, die muslimischen Minister aus der Kongress-Partei sind auch nur ein Alibi. Die sind der Partei mehr verpflichtet als den Muslimen." Glaubt er, dass die Verbitterung junge Leute in den Terrorismus treiben könnte? „Nein, nein", sagt er, „diesen Organisationen fehlt hier die Basis". Er spricht leise und bescheiden, im Bewusstsein seiner Bedeutung. Solange er kann, wird der Mann mit der großen Brille weiterhin jeden Tag in seinem Büro sitzen und sich „die Probleme der Leute anhören".

Eine muslimische Hochzeit

Am Abend mache ich mich auf den Weg zu Maulana Schabbir, der mich unbedingt auf eine Hochzeit mitnehmen will. Ich kenne muslimische Hochzeiten aus Afghanistan und bin daher auf einen langweiligen Abend vorbereitet. Das Prinzip, dass Männer und Frauen getrennt feiern, ist der Stimmung einer Hochzeit eher abträglich. Aber diese Feiern sind nicht dazu da, sich zu amüsieren, sondern sich darzustellen. Meine Begleitung dürfte dem Ansehen des Maulana nicht abträglich sein.

Schabbir hat sich in Schale geworfen. Die Lammfellkappe ist eine islamische Mode, die aus kälteren Regionen stammt, sie muss bei 25 Grad ziemlich warm sein. Der lange, hellbraune Mantel mit Stehkragen, den die Herren bei Feierlichkeiten tragen, sieht sehr elegant aus, wenn man die richtige Figur dazu hat. Zum Kaschieren von Bäuchen ist er eher ungeeignet. Aqeel, sein junger Adlatus, schließt dem Maulana noch den obersten Kragenknopf, dann quetscht sich Schabbir selbst hinter das Steuerrad seines Maruti. Aqeel und zwei ältere Herren nehmen hinten Platz. Auf geht's.

Hochzeiten in Indien erfordern eine spezielle Infrastruktur, um die herum sich ein höchst erfolgreicher Wirtschaftszweig gebildet hat. Vor allem im Winter, der als „Hochzeitssaison" bekannt ist, haben die Dienstleister alle Hände voll zu tun. Nicht nur die Beköstigung der Gäste ist ein wichtiges Thema. Hindus, die es sich leisten können, lassen den Bräutigam auf einem weißen Pferd anreiten, begleitet von einer lärmenden Blechbläser-Band. Weil es sich vor allem um ein gesellschaftliches Ereignis handelt – weniger um das Privatvergnügen der Brautleute – sind Eheschließungen im „kleinsten Familienkreis" praktisch unbekannt. Mehrere Hundert bis Tausend Gäste sind nicht selten. Um die Massen zu versorgen, haben sich an den Rändern der Großstädte „Wedding Halls" ausgebreitet, die auf das Ausrichten von Hochzeiten spezialisiert sind.

In Hyderabad wird es auch abends nicht kühl, unsere Hochzeit findet daher in einem Zelt statt. Das heißt in zwei Zelten, eines für Damen und das andere für Herren. Als wir gegen neun Uhr abends ankommen, scheinen die meisten Gäste schon da zu sein. Die Stimmung ist dennoch verhalten. In den großen Zelten verlieren sich die Leute. Rotbezogene Stühle stehen in langen Reihen hintereinander, aber es gibt nichts zu sehen, was diese Sitzordnung plausibel machen würde. Die Esstische sind bereits gedeckt, aber noch unbenutzt. Die

Gäste elegant und englischsprachig. Rikschafahrer sind keine zu sehen. Es ist eine Hochzeit der Oberschicht.

Der Maulana stellt mich anderen Maulanas vor. Ich bin überrascht, wie viele es gibt. Gäste, die herbeikommen, um die religiösen Führer zu begrüßen, küssen ihre Ringe.

Im Männerzelt sitzt ein alter Herr umgeben von einer Entourage. Er trägt einen grauen Mantel, der von einer goldenen Tresse gesäumt ist, und einen hellrosa Turban. Schabbir besteht darauf, dass ich ihn kennen lerne. Er ist ein ranghoher Geistlicher. Besucher berühren zur Begrüßung seine Füße. Schabbir küsst ihm den Ring und macht Fotos von uns.

Ich bin die einzige, die dieses höfische Zeremoniell befremdlich findet. Kann man gleichzeitig aufklärend wirken – und die Ideen Schabbirs und vieler hochrangiger Muslime sind aufgeklärt – und Abhängigkeitsverhältnisse fortsetzen, die aus vor-demokratischen Zeiten stammen? Macht verführt. Ich denke an eine Episode, die Schabbir mir am Vorabend erzählt hat.

Es ist die Geschichte eines jungen Mannes, der sich unsterblich in eine wunderschöne Prinzessin verliebt. Zu seinem Leidwesen stammt er aus einer armen Familie. Seine Chancen, die Prinzessin jemals kennen zu lernen, sind daher gering. Das grämt ihn so, dass er nicht mehr zur Arbeit geht und auch mit dem Essen aufhört. Seine alte Mutter ist nach einiger Zeit so besorgt, dass sie ihren ganzen Mut zusammennimmt und bei Hof um eine Audienz bei der Prinzessin bittet.

Als sie die Königstochter schließlich trifft und ihr den tragischen Fall ihres Sohnes schildert, ist diese zur Überraschung der Mutter sofort einverstanden, den jungen Mann zu heiraten. Sie stellt allerdings eine Bedingung: Der Junge soll sich 40 Tage an einen bestimmten heiligen Ort zum Gebet zurückziehen. Danach könne Hochzeit gefeiert werden.

Gesagt, getan. Nach 40 Tagen ist der junge Mann noch immer tief ins Gebet versunken und macht keinerlei Anstalten, den heiligen Ort zu verlassen. Als seine Mutter ihn an die Hochzeit erinnert, sagt er, er sei nicht mehr daran interessiert. „Ich habe die Liebe zu Allah gefunden und die ist viel schöner und tiefer als die Liebe zu einer Frau je sein kann."

Eine schöne Sufi-Geschichte. Schabbir erzählt sie mit Begeisterung nicht nur mir, sondern sie gehört zum Repertoire der Reden, die er vor vielen Tausend Anhängern hält. „Stell dir vor", sagt er mit leuchtenden Augen, „wenn ich diese Geschichte vor tausend Leuten erzähle, sind alle zu Tränen gerührt! Hunderte Menschen weinen!" Er staunt fast kindlich über seine eigene Macht. Die Macht, die er über die Menschen hat, durch sein Amt und eine einfache Geschichte.

Mir kommt Atatürk in den Sinn, nach dem in Indien in jeder größeren Stadt eine Straße benannt ist. Als Mustafa Kemal sich im letzten Jahrhundert daran machte, die Türkei zu modernisieren, verbot er die Sufi-Orden wegen ihres politischen Einflusses und konfiszierte ihren Besitz. In Indien sind die Muslime eine Minderheit, aber der indische Säkularismus würde nie auf die Idee kommen, religiöse Institutionen zu verbieten. Indien schließt ein – nicht aus.

Meistens zumindest. Ich komme aber an diesem Abend nicht darum herum, der Tradition zu folgen und im Frauenzelt zu verschwinden. Gerade rechtzeitig, denn die Braut und der Bräutigam machen ihre Aufwartung. Die Mutter der Braut bittet mich freundlich, in der ersten Reihe Platz zu nehmen. Es wird schnell klar, warum dort niemand sitzt. Wer das Brautpaar sehen will, muss sich in den Pulk werfen, der die beiden umringt. Wenigsten wird der Einmarsch gefilmt, so dass die Gesichter der beiden auch auf einer Leinwand neben der Bühne zu sehen sind.

Als der Strom der Gratulantinnen abebbt, geht es zu Tisch. Dort sitzt bereits die Schwester der Braut, die am Vortag geheiratet hat. „So eine Doppelhochzeit ist praktisch für die Familie“, raunt mir eine der Besucherinnen zu. Die Essensausgabe erfolgt im Kantinenstil auf Plastiktellern. Die Mahlzeit ist reichlich, zu trinken gibt es Wasser und Cola. Als alle satt sind, ist die Hochzeit vorbei.

Ein Selfmade-Mann

Khan Lateef Mohammad Khan ist ein Selfmade-Mann und ein erklärter Gegner der Familie Owaisi. Er gibt die Zeitung „Munsif“ heraus, von der er behauptet, es sei die größte urdusprachige Tageszeitung Indiens. Dies behaupten allerdings auch zahlreiche andere Blätter von sich.

Urdu ist die Sprache der Muslime in Indien und Pakistan. Es handelt es sich um eine nordindische Sprache, die dem Hindi sehr ähnlich ist, wird aber in einer modifizierten Form des arabischen Alphabets geschrieben. Vor allem das literarische Urdu weist viel persischen Einfluss auf. Während der Moghul-Herrschaft in Indien (frühes 16. bis 18. Jahrhundert) war Persisch die Sprache der Elite. In Bundesstaat Andhra Pradesh, dessen Hauptstadt Hyderabad ist, wird eigentlich Telugu gesprochen. Aber als die Muslime weite Teile des Landes eroberten, brachten sie ihre Sprache mit. Unter den 18 offiziellen Hauptsprachen Indiens ist Urdu eine der kleinsten.

Lateef Khan gilt als einer der reichsten Männer Hyderabads, aber er gehört nicht zur alteingesessenen Oberschicht. Ich treffe ihn in seinem Büro in Hyderabads Neustadt. Das moderne Bürohaus, in dem die Redaktion ihre Räume hat, gehört ihm. Sein Arbeitszimmer weist alle Insignien des Erfolges auf: wuchtige, dunkle Möbel im repräsentativen Nahost-Stil, Auszeichnungen, auf seinem Schreibtisch steht ein Plastikmodell der Kaaba in Mekka.

Er spricht über die Arbeit seiner Stiftung, der „Khan Lateef Khan Foundation". „Wir betreiben 16 Schulen und Junior Colleges ist der Altstadt. Dieses Jahr sollen fünf weitere hinzukommen. Bisher haben wir 7000 Studenten, die Hälfte davon sind Mädchen. Die meisten von ihnen haben vorher gearbeitet, weil ihre Familie sonst kein Einkommen hatte." Für die Schulen gibt er jedes Jahr eine Million Rupien (etwa 20 000 Euro) aus.

Außerdem betreibt die Stiftung eine technische Hochschule, an der Studenten in neun verschiedenen Disziplinen, vor allem Ingenieurswissenschaften, ausgebildet werden. „Einige Vorstandsmitglieder der Stiftung drängen darauf, dass wir auch Ärzte ausbilden, aber ich habe das bisher abgelehnt", sagt er. „Ärzte gehen meistens ins Ausland, wenn sie fertig sind." Vielleicht lehnt er es auch ab, Ärzte auszubilden, weil sein Gegner Owaisi ein Medical College betreibt.

Auf den Sultan und seine Familie ist er nicht gut zu sprechen. „Die Altstadt Hyderabads wird von einer kommunalen Mafia regiert", schimpft er. „Ich bin mit der Familie Owaisi befreundet, aber irgendwann muss man die Wahrheit sagen!" Was stört ihn so sehr? „Die leben in Saus und Braus und hetzen die armen Muslime in der Altstadt auf. Wie kommt es, dass Ausschreitungen nie in der Neustadt stattfinden? Diese Leute sind das Krebsgeschwür der Gesellschaft."

Ein erstaunlicher Emotionsausbruch, für einen Mann, der selbst so viel Geld hat, dass Neid als Motiv nicht in Frage kommen dürfte. Eher ist zu vermuten, dass die indische Gesellschaft, in der so viele Faktoren über das Ansehen eines Menschen entscheiden, Khan Lateef Khan nicht den Platz einräumt, den er meint, einnehmen zu müssen.

Nicht nur unter Muslimen, auch unter Hindus brechen derzeit die starren Rollenmodelle auf. War früher sozialer Aufstieg kaum möglich, wenn man in einer unteren Kaste oder

der falschen Familie geboren wurde, ermöglichen die Wirtschaftsreformen es heute, dass Männer wie Lateef Khan sich nach oben boxen. Dort angekommen, gelten aber noch immer die Regeln der alten Oberschicht.

„Ein Mitglied des Parlaments in Delhi erhält pro Jahr 50 Millionen Rupien (etwa eine Mio. Euro) für Maßnahmen in seinem Wahlkreis“, ärgert er sich, „aber die meisten behalten das Geld für sich und leben wie die Könige.“ Für ihn, der aus kleinen Verhältnissen stammt, sind diese Privilegien unerträglich. Es gehört zu den vielen Widersprüchen Indiens, dass alle stolz auf die Demokratie sind, aber keiner die Politik mag.

„Ich bin Waise seit meinem zwölften Lebensjahr. Ich weiß, was Hunger ist, ich weiß, was es heißt, keinen Zugang zur Bildung zu haben. Ich musste als Schüler jeden Tag fünf Meilen zur Schule laufen“, sagt Lateef Khan. Nur durch ein Stipendium für erfolgreiche Sportler konnte er seine Ausbildung finanzieren. Er war als junger Mann Fußballer – in Indien eher ein Außenseitersport gegenüber dem allgegenwärtigen Cricket.

„Als ich mit der Schule fertig war, bin ich auf einem Frachtschiff nach London gefahren. Fremde haben mir das Geld für die Überfahrt geschenkt. Dort habe ich sechs Monate gearbeitet und für ein Ticket in die USA gespart.“ Er schreibt sich an der New Mexico State University als Student ein, weil dort keine Studiengebühren verlangt werden. „Ich habe in der Cafeteria gejobbt, um meinen Lebensunterhalt zu verdienen. Später bin ich nach Chicago gezogen, um meinen Abschluss als Ingenieur zu machen. Um das zu finanzieren, hatte ich drei Jobs, einer davon in Nachtschicht. Ich habe damals nie mehr als vier, fünf Stunden pro Nacht geschlafen.“

Nach dem Diplom findet er eine Stelle im Management eines Unternehmens, rasch steigt der ehrgeizige Immigrant zum Fabrikmanager auf und schließlich zum Direktor aller Fabriken des Unternehmens. „Dann kündigte ich“, sagt Lateef

Khan. „Als der Chef mich fragte, warum willst du gehen, du hast doch hier alles, habe ich ihm gesagt, ich will so werden wie Ihr, ich will mein eigenes Unternehmen gründen. Das hat er verstanden."

Ich will so werden wie Ihr! Dieser Traum hat sich in Indien für ihn noch nicht erfüllt, obwohl er Owaisi in fast allen seinen Projekten kopiert: Macht dieser Ausbildungsprogramme, macht Khan es auch, gründet dieser eine Zeitung, so muss er auch eine Zeitung haben. „Eine Zeitung ist heute die einzige Waffe", sagt er. „Damit können wir den Leuten Bildung bringen. Das Problem ist heute, dass die Muslime missbraucht werden."

Die Führung seines erfolgreichen Unternehmens, das in der Bau- und Immobilienbranche in Hyderabad tätig ist, hat er deshalb an seinen Sohn abgegeben. Lateef Khan will sich als Chefredakteur ganz seiner Mission widmen. „Als Journalist kann man die Leute führen. Das ist ein harter Job. Wir müssen versuchen, den Hass aus den Köpfen zu kriegen. Terroristen haben keine Religion!"

Aber schürt er nicht selbst Hass gegen die Familie Owaisi? „Man kann es nicht jedem Recht machen. Wir müssen die Probleme unserer Gemeinschaft lösen. Ich versuche, ein Vorbild für die Muslime zu sein. Wenn man etwas erreichen will, dann hilft einem Gott. Ich fürchte nur noch Allah. Allein vor ihm beuge ich fünf Mal am Tag mein Haupt."

Glaubt er an den amerikanischen Traum, wonach jeder mit harter Arbeit nach oben kommen kann? „Nein", sagt er entschieden, „es ist alles in Gottes Hand. Es gibt hier so viele hart arbeitende, intelligente Leute, die nichts haben. Ich weiß wie das ist." Dennoch schätzt er die USA, das Land, das ihm alles gegeben hat. „Das ist eine zivilisierte Gesellschaft. Ich konnte sogar nach dem 11. September 2001 in Chicago noch ein islamisches Gemeindezentrum gründen. Während die Regierung in Indien den Muslimen und dem pakistanischen Geheimdienst die Schuld an allem gibt. Hier helfen sich gewisse Kreise gegenseitig, an der Macht zu bleiben. Das ist nicht die Demokratie, die Gandhi sich vorgestellt hat."

Der Schüler

Es wird Zeit, Hyderabad zu verlassen. Aqeel, des Maulanas Adlatus, hat den Auftrag, mir bei den notwenigen Formalitäten zu helfen. Das gibt mir Gelegenheit, noch ein wenig mit dem jungen Mann zu plaudern, der in einem Reisebüro arbeitet. Ich frage ihn nach seinem Verhältnis zum Maulana. Ist er sein Schüler? Aqeel verneint. Er sagt, Schabbir sei lediglich ein Freund, was ich ihm nicht recht abnehme. Bei jeder Gelegenheit ruft er ihn an, und fragt, was er tun soll.

Mit dem Motorrad fahren wir zum Bahnhof, um eine Fahrkarte nach Bombay zu kaufen. Als wir wieder aus dem Bahnhofsgebäude kommen, sind an Aqeels Motorrad die Ventile abgeschraubt, die Reifen platt. Erst jetzt sehen wir, dass wir direkt vor einer Mauer geparkt haben, auf der in riesigen Lettern geschrieben steht: „Abstellen von Motorrädern verboten!" Die Ventile hat die Bahnhofspolizei kassiert.

Das Polizeirevier befindet sich an der Rückseite des Bahnhofs. Auf dem Weg dorthin erläutert mir Aqeel seine Strategie: „Pass auf, wir gehen rein und du sagst, du willst den Bürochef sprechen. Du erklärst ihm, wir seien in Eile, weil wir einen Termin bei Owaisi haben. Wir haben das Schild übersehen. Du bist Ausländerin, das wird schon wirken."

Es wirkt nicht. Im Büro der Bahnhofspolizei sitzt eine bärbeißige junge Frau, die ihre Uniform so korrekt trägt, wie das Mitarbeiter-Plakat an der Wand es vorschreibt. Und ein älterer, kettenrauchender Beamter, dem graue Haare aus den Ohren wachsen, was ihm das Aussehen eine Koalabären verleiht. Die Polizistin, das ist auf den ersten Blick klar, lässt sich von niemandem umstimmen. Der Koalabär wirkt großzügiger, aber man sieht ihm an, dass auch er täglich so viele Ausreden zu hören bekommt, dass er nicht geneigt ist, Gnade vor Recht ergehen zu lassen.

Aqeel versucht es trotzdem. Es ist mir peinlich, angesichts der Aussichtslosigkeit unseres Unterfangens ins Büro des Chefs geschoben zu werden. Ich sage nichts. Aqeel redet, bis der Polizeichef ihn unterbricht: „Ich weiß gar nicht, was ihr wollt. Ihr zahlt die Strafe und morgen kriegst du die Ventile wieder." Ende der Durchsage.

Aqeel ruft seinen Schwager an, um uns mit dem Auto abholen zu lassen. Er möchte, dass ich mit seiner Familie zu Mittag esse, bevor mein Zug geht. „Es ist ohnehin besser, dort mit dem Auto anzukommen. Ich fahre nie mit dem Motorrad bis zu unserem Haus." Warum?, frage ich. „Sozialer Status", sagt er. Die aufstrebende Mittelstandsfamilie möchte offenbar mehr scheinen, als sie ist. Vielleicht sucht Aqeel deshalb die Nähe des Maulana.

Aqeel stellt mich seinem Bruder vor, der gerade im Internet surft, als wir ins Haus kommen. Er ist etwas älter und sportlicher als sein Bruder. Gerade hat er einen erfolgreichen Geschäftsabschluss getätigt. Er verdient sein Geld im Gebrauchtwarenhandel mit Japan. Dazu benötigt er noch nicht einmal ein Büro. „Ich fahre mehrmals im Jahr nach Japan, um meine Kontakte zu pflegen", sagt er. Japanisch hat er in Hyderabad in einer privaten Sprachschule gelernt. In seiner Freizeit übt er Kendo.

Seine Frau kommt mit dem wenige Wochen alten Sohn herein. Auch Aqeel ist verheiratet. Die Frauen holen dicke Fotoalben von den Hochzeitsfeiern herbei. Auch der Vater der Brüder gesellt sich zu uns. Er ist ein Mekkapilger, ein Haji, mit dichtem, weißem Bart und der Häkelkappe der Muslime. Ich frage ihn, ob er noch arbeitet. Er sagt ja, er hat ein Taxi-Unternehmen. „Eigentlich müsste ich nicht mehr arbeiten, das tun ja jetzt meine Söhne, aber es ist mir zu langweilig, immer nur zuhause zu sitzen."

Die Familie lädt mich ein, noch bis zum Abendessen zu bleiben. Aber ich muss mich verabschieden. Mein Zug fährt nach Bombay.

Gute Worte, gute Taten

Zwischen Business und Selbstbesinnung: Die Parsen

Die kleinste Religionsgemeinschaft in Indien sind die Zoroastrier. Ihr Glaube geht auf den Propheten Zarathustra (griechisch: Zoroaster) zurück, der zwischen 1000 und 600 vor Christus im Iran lehrte. Bekannt ist der Name Zarathustras in Deutschland vor allem durch den Philosophen Friedrich Nietzsche, der für sein Werk „Also sprach Zarathustra" die Gestalt des persischen Propheten als Vorbild wählte. Allerdings unterscheidet sich die darin entworfene Philosophie erheblich von der Lehre Zarathustras, die in der heiligen Schrift „Awesta" auf Alt-Persisch niedergelegt ist.

In Indien werden die Anhänger Zarathustras Parsis oder Iranis genannt, beides zeigt ihre persische Herkunft an. Bekannt ist die Religionsgemeinschaft vor allem wegen ihres geheimnisvollen Bestattungsrituals: Die Tote werden weder begraben noch verbrannt, sondern man legt sie ins Freie und überlässt sie den Geiern und den natürlichen Zerfallsprozessen. Die Bestattungsstätten, die – ebenso wie die Tempel – von Ungläubigen nicht betreten werden dürfen, sind als „Towers of Silence" bekannt.

Begegnung im Taj-Mahal-Hotel

Ich treffe Ader Gandhi in der Lobby des Taj Mahal-Hotels in Bombay. Ein guter Ort, um eine Recherche über die Parsen zu beginnen. Denn das beste Hotel der Stadt gehört dem größten parsischen Unternehmen Indiens. Direkt am Gateway of India, der alten Anlegestelle für Passagierschiffe nach Europa, gelegen, bietet es nicht nur spektakuläre Ausblicke auf das Arabische Meer. Die stilistische Mischung aus maurischer, indischer und italienischer Architektur und Einrichtung erlaubt dem Besucher eine kleine mentale Zeitreise in die britische Kolonialherrschaft, „British Raj“ genannt. In Indien liebt man es, Worte und Sätze in Englisch und Hindi bunt durcheinander zu würfeln. Für Ausländer hat das den Vorteil, dass sie so manche Fernsehdiskussion zumindest zur Hälfte verfolgen können, weil die Redner ihre Sätze auf Hindi anfangen, aber auf Englisch beenden.

Taj-Gründer Jamshetji Nusserwanji Tata soll das Taj-Mahal-Hotel 1903 gebaut haben, weil er unter den britischen Kolonialherren als Eingeborener die besseren Hotels nicht betreten durfte. Egal, ob die Anekdote stimmt oder nicht: Sie ist ein Beleg für das Selbstbewusstsein der Parsen. Der Mann, den Premierminister Jawaharlal Nehru (1889–1964) einmal als „größten Industriellen Indiens“ bezeichnete, baute nicht nur das schönste Hotel Bombays, sondern auch ein weit verzweigtes Unternehmensimperium.

Das Produktportfolio der Tata Gruppe reicht heute von Kaffee und Tee über Lastwagen bis hin zu Internetanschlüssen und Finanzdienstleistungen. Der Vorstandsvorsitzende Ratan Tata ist einer der mächtigsten Männer der indischen Wirtschaft. Erst kürzlich wurde er ins „International Business Advisory Council“ der britischen Regierung berufen, in dem Top-Unternehmer wie Bill Gates vertreten sind.

Ader Gandhi hat unseren Termin vergessen. Als ich ihn nach einer halben Stunde Wartezeit auf dem Handy anrufe, eilt er schlechten Gewissens herbei und dirigiert mich routiniert ins Café im ersten Stock mit Blick auf den Hafen. Der imposante Treppenaufgang ist durch nachträgliche Umbaumaßnahmen eingequetscht worden. Die Bronzebüste Jamshetji Tatas auf halber Treppe, die einmal die gesamte Lobby des Hotels im Blick gehabt haben dürfte, wirkt nun etwas verloren. Ader Gandhi scheint Stammgast zu sein im Taj, das Personal nickt ihm freundlich zu und erkundigt sich nach seinem Befinden. „Mein Büro ist hier um die Ecke. Ich liebe diesen Ort für Meetings“, sagt er.

Gandhi ist ein smarter Geschäftsmann in den Vierzigern, in Kakihose, blau gestreiftem Hemd und modischer Brille. Ich bin durch Zufall im Internet auf seine Website gestoßen, als ich mich vor zwei Tagen in einem kleinen Internetcafé auf Kontaktsuche in der Parsi-Community machte. Ader antwortete umgehend. Die Website, mit der er Parsis zusammen bringen bzw. über die Gemeinschaft informieren will, betreibt er zum Spaß, wie auch alle seine Geschäfte. Nach eigener Auskunft hat er als Broker in New York so viel Geld verdient, dass er nicht mehr arbeiten muss.

In Karachi (Pakistan) geboren, wanderte Gandhi als junger Mann nach San Francisco aus und wurde amerikanischer Staatsbürger. Heute verbringt er seine Zeit lieber in Bombay als in den USA. „Es macht mir mehr Spaß hier. Es ist so viel los, und ich bin näher dran an der Parsi-Community“, erzählt er bei einer Tasse Tee.

Der Speicher seines Handys erweist sich als Schatzkästchen der Parsi-Kontakte, die er bereitwillig mit mir teilt. Schnell ruft er noch eine Kollegin herbei, die bei ihm im Büro arbeitet. Huma ist etwa Mitte 20 und stammt aus einer parsischen Priesterfamilie. Sie gibt zu, sich nicht viel aus Religion zu machen. Bei den Zoroastriern wird die Möglichkeit, Priester zu werden, ähnlich wie bei den Hindus, jeweils vom Vater auf den Sohn vererbt, der aber erst eine entsprechende Ausbildung machen muss, um Geistlicher zu werden. „Mein Bruder hat kein Interesse daran, er macht lieber Business“, sagt Huma. Wenn sich in drei Generationen kein männlicher

Erbe für das Priesteramt findet, verliert die Familie ihren geistlichen Status.

Frauen können keine Priester werden, wohl aber Treuhänder eines Feuertempels. „Unser Feuertempel gehört der Familie meiner Mutter, das heißt, die Familie hat ihn für die Gemeinde gebaut und wir sind für die Verwaltung zuständig. An besonderen Tagen gehe ich auch dort hin und bete, aber nicht sehr oft." Die meisten Feuertempel der Parsen wurden von wohlhabenden Familien gespendet, die das Verwaltungsrecht an ihre Kinder vererbten.

Ader und Huma meinen, dass andere viel mehr über den zoroastrischen Glauben wissen als sie selbst – und versorgen mich eifrig mit Telefonnummern. Einer ist der Geschäftsmann Rostem Irani, mit dem ich mich am nächsten Tag verabrede. Der wichtigste Mann aber, und dieser Name soll im Laufe der kommenden Tage noch oft fallen, ist Khojeste Mistree, eine Art graue Eminenz der Parsi-Szene in Bombay, gehasst und geliebt, fast wie seinerzeit Joseph Kardinal Ratzinger. „Er weiß alles über unsere Religion", sagt Ader über den Parsi-Papst.

Erfolgreiche Geschäftsleute

Rostem Irani treffe ich im Radio Club, nur einen Steinwurf entfernt vom Taj-Hotel. In Indien spielt sich ein Gutteil des sozialen Lebens der oberen Mittelklasse in den verschiedenen Clubs ab – ein Erbe der Engländer. Die Clubs bieten gutes und günstiges Essen, Säle für Familienfeste, Spielmöglichkeiten für Kinder sowie ruhige Räume für Geschäftsbesprechungen.

Irani ist ein großer, gut aussehender Mann von Ende 30, den sein Übergewicht jünger erscheinen lässt. Sein Nachname Irani kennzeichnet ihn als Angehörigen der zweiten Einwanderungswelle von Zoroastriern nach Indien. Während die Parsis bereits im 8. Jahrhundert nach Indien flohen, als die Araber den Iran (damals Pars) eroberten und islamisierten, wanderten die Irani genannten Zoroastrier erst im 19. Jahrhundert nach Indien aus.

Die meisten Parsis wissen heute nicht mehr, unter welchen Umständen ihre Familien nach Indien gelangt sind. Rostem Irani hingegen schon. „Meine Großmutter kam als Dreijährige auf einem Esel aus der Stadt Yazd über Afghanistan nach Indien“, erzählt er. „Sie musste wohl aus religiösen Gründen fliehen.“ Viel mehr ist aus der Familiengeschichte nicht überliefert. Rostem hat noch Verwandte in Teheran, allerdings kaum Kontakt. Persisch spricht er nicht, weiß aber, dass viele Iraner heute zu ihren früheren Landsleuten aufblicken, „weil wir nicht zum Islam konvertiert sind“.

Der Kellner bringt Club-Sandwiches und Sodawasser mit frisch gepresstem Zitronensaft. Vielleicht ist es dieses historische Erbe, zu wissen, die letzten Vertreter einer der ältesten Hochreligionen der Welt zu sein, das die Parsis und Iranis dazu bringt, ihre überlieferten Werte und Traditionen hochzuhalten. Selbst wenn viele kaum religiöser sind als die meisten Europäer ihrer Generation.

„Uns wurde als Kindern eingetrichtert, dass wir Zoroastrier sind und daher nichts Schlechtes tun sollen. Gute Worte, gute Gedanken, gute Taten – das sind die Grundpfeiler unserer Religion.“

Obwohl andere Religionen dieselben Grundwerte vermitteln, stehen Parsis in Indien im Ruf, besonders ehrlich und zuverlässig zu sein. „Das ist für mein Geschäft ein klarer Vorteil“, sagte Rostem Irani. „Allein mein Name sorgt für Vertrauen.“ Sein Großvater gründete vor Beginn des Zweiten Weltkriegs die Eisfirma „Icelings“, die unter der Leitung Rostems zum größten Eislieferanten Bombays wurde. Sein Geschäft hat er in den USA gelernt. Nach dem MBA an der renommierten Cornell University arbeitete er in der Stadt Buffalo als Banker.

„Natürlich gibt es auch unter Zoroastriern Betrüger, aber trotzdem hat die Mehrheit der Inder den Eindruck, dass wir ehrlicher sind. Klar, man muss dem Vertrauen, das einem entgegen gebracht wird, auch gerecht werden. Aber es ist doch interessant, dass zum Beispiel Gebrauchtwagen teurer sind, wenn der Vorbesitzer ein Parsi war."

Rostem Irani und seine ganze Familie haben die amerikanische Staatsbürgerschaft. Er selbst ging schon in Oklahoma aufs College und ist mindestens so viel Amerikaner wie Inder. „Ich hab mich aber entschlossen, alles in den USA aufzugeben, weil ich in Bombay die Frau meines Lebens getroffen habe. Perlene hat einfach alles, was ich mir von einer Frau erhofft habe." Perlene, die Vielgelobte, ist Juristin und arbeitet für Air France in Bombay. Sie konnte sich nicht vorstellen, in den USA zu leben. Das Paar hat zwei Töchter im Alter von neun und zwölf Jahren.

Rostem hat mich zu ihrer Silvesterparty eingeladen. Sie findet im Garten der Wohnanlage statt, in der die Familie lebt. Viele Parsen in Bombay leben in Wohnkolonien, die den deutschen Genossenschaften vergleichbar sind. Sie wurden im 19. und Anfang des 20. Jahrhunderts von wohlhabenden Parsen gebaut und bieten auch heute noch hochwertigen Wohnraum zu sehr günstigen Preisen. Soziales Engagement gilt als einer der Grundpfeiler des zoroastrischen Glaubens.

Die Kolonie Cusrow Baugh liegt am Colaba Causeway, einer der geschäftigsten Einkaufsstraßen, kurz hinter dem Hafen und dem Taj-Mahal-Hotel. Sie war mir schon zuvor dank ihres schlichten aber imposanten Eingangstors im Art-déco-Stil aufgefallen. Am Neujahrsabend schlendere ich über den immer belebten Causeway dorthin. In den Ladenlokalen der Kolonie haben sich schicke Boutiquen und Parfümerien angesiedelt. Außerhalb tummelt sich die in Indien übliche Mischung aus Straßenhändlern und kleinen Handwerkern, die Ledersandalen feilbieten oder *Paan*, eine in essbare Blätter gewickelte Mischung aus Betelnuss und verschiedenen Gewürzen, die, nach dem Essen genossen, die Verdauung fördern soll.

Hinter dem Eingangstor erinnert mich Cusrow Baugh überraschenderweise an die Wohnanlage in Berlin, in der ich selbst eine Wohnung besitze. Die Idee der englischen Gartenstädte, die ihren Bewohnern mitten in der Stadt ein gesundes, großzügiges und grünes Umfeld bieten wollten, hat Ende des 19. und Anfang des 20. Jahrhunderts offenbar auch die Architekten in Bombay beeinflusst. Die Häuser sind um verschiedene, großzügige Gärten herum angelegt. Doch statt der Berliner Kastanien stehen hier Palmen vor den Fenstern.

Als ich ankomme, ist die Party schon im vollen Gange. Sie findet im Garten des zentralen Gemeinschaftshauses statt. Auf der Terrasse hat sich der Stifter der Anlage mit einer Bronzestatue verewigt. Die ältere Generation hat es sich auf Plastikstühlen bei Chicken Tikka und Bier bequem gemacht. Die Jüngeren tanzen zu einer Mischung aus Bollywood-Filmmusik und Rock-Klassikern.

Ich spreche mit Rostem über die Familie. Ein Thema, das bei den Zoroastriern derzeit viel diskutiert wird, weil Wissenschaftler der ohnehin schon kleinen Gemeinschaft vorhersagen, dass sie in naher Zukunft wegen ihrer Heiratsgewohnheiten aussterben wird. Parsis und Iranis, zumindest die Gläubigen, heiraten ausschließlich untereinander. Kinder, die aus gemischten Ehen hervorgehen, werden nur dann als Zoroastrier anerkannt, wenn der Vater dieser Religion angehört. Andersgläubigen ist eine Konversion untersagt.

Diese Regeln gehen auf die Zeit der Einwanderung im 8. Jahrhundert zurück und werden daher von vielen jüngeren

Parsis in Frage gestellt. Der damalige Herrscher von Gujarat, wo die Einwanderer aus Pars landeten, machte es den Neubürgern zur Auflage, dass sie nur dann bleiben dürften, wenn sie nicht versuchten, ihre Mitbürger zu bekehren, und bei der Eheschließung unter sich blieben.

Rostem gibt zu, dass auch für ihn diese jahrhundertealte Konvention eine Rolle gespielt hat. Er verliebte sich auf einer Geschäftsreise nach Bombay in Perlene, die er schon seit seiner Kindheit kannte. Die beiden sind Tür an Tür in Cusrow Baugh aufgewachsen. „Ich habe danach meine Freundin in den USA verlassen und ich gebe zu, dass es auch eine Rolle spielte, dass sie kein Parsi war", sagt er.

Natürlich weiß er, dass derselbe gesellschaftliche Hintergrund und dieselbe Religion, keine Glücksgarantie sind. Obwohl diese Faktoren in ganz Indien für sehr wichtig erachtet werden. „Meine Schwester hat den idealen Parsi-Boy geheiratet und dann sind die beiden zusammen in die USA ausgewandert. Irgendwann hat er angefangen, sie zu schlagen, und jetzt sind sie geschieden. Ich weiß daher sehr genau, dass es schief gehen kann." Seinen Töchtern sagt er deshalb, sie könnten heiraten, wen sie wollen. „Aber wir weisen auch darauf hin, dass es einfacher ist, wenn man aus derselben Religion kommt."

Nicht alle Gäste der Silvesterparty sind Parsen, aber die Mehrheit. Shabana und ihr Mann, die ebenfalls in Colaba wohnen, sind Muslime. Das freilich hält die junge Reisebüro-Angestellte nicht davon ab, sich in der Freizeit mit dem Lesen von Tarot-Karten etwas Geld hinzuzuverdienen. Als ich sie ein paar Tage später in ihrer Wohnung aufsuche, um mir die Zukunft für das neue Jahr deuten zu lassen, sehe ich, dass sie auf ihrem Tarot-Tisch neben einem Halbedelstein mit einer Koran-Inschrift auch ein Bild des Hindu-Heiligen Sai Baba stehen hat.

„Ich sehe kein Problem darin, sich von allen Traditionen inspirieren zu lassen“, sagt sie. Sie prophezeit mir für dieses Jahr ausreichend Geld und dass ich mich zwischen zwei Männern entscheiden muss.

Bombay – Stadt der Parsis

Vorerst treffe ich einen weiteren Parsi, um ein wenig tiefer in die Geheimnisse dieser uralten Religion einzudringen. Herr Giara ist ein in sich zurückgezogener Mann. Ich suche ihn in seinem Büro im K. R. Cama Oriental Institute auf, gleich hinter dem Prince-of-Wales-Museum im Zentrum Bombays. Das Institut ist von der Straße her schwer erkennbar. Wie viele parsische Häuser ist es im Art-déco-Stil gebaut, mit einem schlichten Eingang. Die Schmuckelemente beginnen erst im zweiten Stock, so dass sie in den engen Straßen Bombays kaum auffallen. Man muss schon die Straßenseite wechseln, um es als das erkennen zu können, was es ist.

Das Haus schmückt eines der Hauptsymbole des zoroastrischen Glaubens, der Farohar – eine Art Schutzengel und Symbol der göttlichen Schöpfung. Er besteht aus zwei ausgebreiteten Vogelflügeln mit einem Federschweif. Aus der kreisförmigen Mitte erhebt sich ein bärtiger Mann in Seitenansicht, der einen Ring in seiner linken Hand hält. Die Ikonografie, deren Stil man an vielen Gebäuden in Bombay findet, stammt aus der antiken Stadt Persepolis im heutigen Iran, die von Alexander dem Großen auf seinem Weg nach Indien zerstört wurde.

Im Erdgeschoss des Instituts, das von Kharshedji Rustamji Cama (1831–1909) gegründet wurde und eines von vielen Beispielen für die rege mäzenatische Tätigkeit der wohlhabenden Parsi-Familien ist, befindet sich ein Möbelgeschäft, das offenbar aus China importiert. Viele Parsis, die unter der britischen Herrschaft zu Geld gekommen sind, haben ihr Vermögen dem Handel mit China zu verdanken. Cama war einer der führenden parsischen Gelehrten seiner Zeit und gilt als einer der Pioniere auf dem Gebiet der höheren Bildung für Frauen. Der Bildungsstand der Frauen ist bis heute unter Parsen höher als in jeder anderen indischen Bevölkerungsgruppe.

Rechts von dem chinesischen Möbelgeschäft weist eine Tür mit dem Schild „Zoroastrian Studies" in einen schmalen Laden. Wie ich später erfahre, hat Khojeste Mistree, jener Mann, der die Gemeinde derzeit so in Aufruhr versetzt, hier sein Büro.

Am Aufzug gemahnt ein Schild: „Gebrauch nur für autorisierte Personen". Obwohl niemand mich autorisiert hat, bringt der freundliche Fahrstuhlführer mich in den zweiten Stock. Dort sitzt Herr Giara hinter einem großen, vollkommen leeren Schreibtisch, auf dem nur zwei Bücher liegen: „Parsi Statues" und „Global Directory of Zoroastrian Firetemples". Autor ist er selbst. Offenbar hat er die Bände gerade aus dem Metallschrank in der Ecke geholt.

Herr Giara trägt ein weißes Baumwollhemd und eine rote Samtkappe, die unschwer als religiöses Symbol erkennbar ist. Nichts an seiner restlichen Erscheinung weist darauf hin, dass er ein so ungewöhnliches Kleidungsstück aus modischen Gründen tragen könnte. „Früher habe ich keine Kopfbedeckung getragen, obwohl ich die Kappe immer in meiner Aktentasche hatte. Dann kam jemand in mein Büro, der sehr große Kenntnisse über unseren Glauben hatte. Er sagte mir, er werde nur mit mir reden, wenn ich meinen Kopf bedecke. Seitdem trage ich die Kappe. Es ist ja so, dass früher nur die Sklaven keine Kopfbedeckungen getragen haben."

Herr Giara ist stolz auf seine Bücher, vor allem das dicke Werk über die Feuertempel, für das er drei Jahre recherchiert hat. Das Buch erhebt den Anspruch, eine Dokumentation aller

Feuertempel weltweit zu sein, und richtet sich vor allem an Pilger. Es wird oft fälschlicherweise behauptet, die Zoroastrier seien „Feueranbeter". Aber das Feuer gilt in der Religion Zarathustras nur als Symbol Gottes. „Das Feuer sieht man auch in der Dunkelheit", sagt Herr Giara. Rauchen ist daher bei den Parsis verpönt, es gilt als respektloser Gebrauch des Feuers.

Marzban Giara stammt aus einfachen Verhältnissen, was unter Parsis eher selten ist. „Wir waren arm, unsere Familie hatte es schwer", berichtet er. Dennoch studierte er Naturwissenschaften und wurde Ingenieur bei IBM. Erst als das Unternehmen nach 34 Jahren seine Zweigstelle in Bombay dichtmachte, entschloss sich der heute 63-Jährige, sich nur noch der Religion zu widmen. „Schon in der Schule habe ich sehr viel über Religion gelesen und war anders als die anderen Kinder."

Früher, so klagt er, seien die Menschen nicht nur hinter dem Geld hergelaufen. „Es ist nicht so, dass unsere Religion das Geldverdienen ablehnt, aber es gibt keine Balance mehr." Weil die Eltern zu wenig Zeit auf religiöse Erziehung verwendeten, könnten die jungen Leute mit Krisen nicht mehr umgehen. „Bildung ohne Religion macht die Menschen zu intelligenten Teufeln."

Am Samstagmorgen laufe ich mit Herrn Giara durch Bombay. Auf dem kurzen Weg vom Cama Oriental Institute zum Parisana Book Club, beide im Stadtteil Fort gelegen, passieren wir zwei Feuertempel, die unterschiedlicher nicht sein könnten. Der Kleinere ist von Außen nur durch die Aufschrift „Only for Zoroastrians" als solcher erkennbar. Angehörige anderer Glaubensrichtungen sind grundsätzlich in Feuertempeln nicht zugelassen. Doch dieses unscheinbare Gotteshaus, das eher wie ein Geschäftsgebäude aussieht, würde ohnehin kaum Neugierige anlocken.

Nur wenige Gehminuten entfernt erhebt sich ein Feuertempel, der einen ganzen Straßenblock einnimmt und dessen Wirkung vermutlich nur aus Hunderten Metern Entfernung richtig sichtbar würde. Doch für einen solchen Blickwinkel sind die Straßen zu schmal. Für Architekturliebhaber ist Bombay ein gefährliches Pflaster. Schon ein paar unachtsame Schritte rückwärts können im tosenden Stadtverkehr tödlich enden.

Der Eingang des Tempels aus dunklem Granit wird von zwei etwa drei Meter hohen Figuren flankiert: geflügelte Bullen mit Menschenkopf, so genannte Gopat Shah, die ihr stilistisches Vorbild in Persepolis haben. Mit Wucht ragen die archaischen Symbole aus der Banalität des Stadtverkehrs und den provisorischen Ständen der Kleinhändler. Der Legende nach handelt es sich um einen König und seinen unsterblichen Sohn, die als Hüter der im Feuertempel praktizierten Yasna-Zeremonie gelten. Nach einer anderen Erklärung symbolisiert Gopat Shah die drei Stufen der menschlichen Entwicklung: Zunächst ist er unwissend und von tierischen Instinkten geleitet, wenn er sich weiterentwickelt, gewinnt er menschliche Qualitäten, und schließlich wird er zu einem spirituellen Wesen, symbolisiert durch die Flügel.

Schräg gegenüber an der Mahatma-Gandhi-Straße, die wie in allen indischen Städten respektlos als „MG"-Marg bezeichnet wird, liegt die frühere Zentrale des Unternehmens Tata. Wir laufen vorbei an einem heiligen Brunnen der Parsis, einer Parsi-Mädchenschule, einem Krankenhaus und diversen Monumenten, die von Parsis gestiftet wurden. Darunter der Flora-Brunnen, der 1869 zu Ehren von Sir Bartle Frere errichtet wurde. Er ließ das britische Fort – das dem Stadtteil den Namen gegeben hat – schleifen und gab dem Zentrum Bombays damit sein heutiges Gesicht. Der Sockel der Flora-Statue protzt mit der Summe, die damals für den Bau des Monuments ausgegeben wurde: 47 000 Rupien. Herr Giara weiß, dass die Hälfte von Parsen gespendet wurde.

Die Geschichte der Parsen ist Bombay ins Gesicht geschrieben. Aber die wenigsten Ausländer nehmen davon Kenntnis und die Reiseführer schweigen. Als hätte sich die Welt von dieser stolzen, alten Religion abgewandt. Müde, weil diese sich lieber auf sich selbst konzentriert, und hier keine Proselyten zu machen sind. Die Parsen sind ein aussterbendes Volk, auch wenn Herr Giara es nicht wahrhaben möchte. „Es ist ein Mythos, dass die Parsen aussterben", sagt er trotzig. Dabei nennt er selbst die Zahlen, die genau dies belegen: Noch 1911 lebten in Indien 114 000 Parsen, im Jahr 2000 waren es nur noch 69 000. „Ja, aber es sind auch Tausende nach Kanada und in die USA ausgewandert. Wenn man den Leuten immer erzählt, dass man ausstirbt, dass passiert es auch. Man muss die Leute positiv beeinflussen."

Als Gegenmittel der Wahl fällt aber auch ihm nichts anderes ein als die Heiratspolitik, die doch gerade dazu beigetragen hat, dass die Parsis verschwinden. „Es ist wichtig, dass die Leute früh heiraten, um die Rasse zu erhalten. Aber heute interessiert das niemanden. Früher gab es diese Probleme nicht, da blieben auch die Frauen zu Hause. Ich sage nicht, dass die Frauen nicht arbeiten sollen, aber das ist eine Frage der Prioritäten." Tatsache ist, dass die Parsis eine der niedrigsten Geburtenraten in Indien haben – ein Zeichen von Bildung und Wohlstand. Und dass niemand zum zoroastrischen Glauben übertreten kann.

„Der Kern der Religion ist es, die Menschen glücklich zu machen", sagt Herr Giara. Und dann empfiehlt er mir noch, das Buch „A Zoroastrian Tapestry" zu lesen, das Khojeste Mistrees Frau Firoza herausgegeben hat. Dann verschwindet er in der Menge. Nur seine rote Kappe sehe ich noch lange leuchten.

„A Zoroastrian Tapestry" ist ein reich illustriertes Coffeetable-Buch, das so schwer ist, dass ich es nicht in einer Hand halten kann. Teuer ist es zudem, deshalb schrecke ich vor dem

Kauf zurück und schaue ich es mir in der Bibliothek des Cama Oriental Institute an. Diese ist für sich genommen ein kleines Juwel. Ein altmodisches Zentrum der Gelehrsamkeit. An den Wänden Porträts bekannter parsischer Persönlichkeiten und Gelehrter, die sich um die Erforschung der parsischen Kultur und Religion verdient gemacht haben, wie der deutsche Sprachforscher Max Müller, nach dem noch heute in Indien die Goethe-Institute benannt sind. Die Bücher, die man an großen, schweren Tischen mit Arbeitsflächen aus grünem Leder lesen kann, werden sorgfältig in Vitrinen verwahrt und auf Anfrage von einer jungen Bibliothekarin ausgehändigt.

„A Zoroastrian Tapestry“ ist ein wunderschönes Buch, das seinen Anspruch, alle Aspekte des parsischen Lebens in Wort und Bild zu beleuchten, durchaus einlösen kann. Jede einzelne religiöse Zeremonie, wie etwa die parsische Konfirmation, die „Navjote“, wird mit Bilderfolgen aus dem Tempel genauestens illustriert und erlaubt somit auch Nicht-Zoroastriern, die diesen Feierlichkeiten nicht beiwohnen dürfen, sich ein genaues Bild von der Religion zu machen.

Aber selbst dieses Buch ruft verschiedene Reaktionen hervor, wie ein Blick auf die Leser-Kritiken beim Online-Buchhändler Amazon zeigt. Während einige Leser den Wälzer als unverzichtbares Meisterwerk loben, schmähen ihn andere als Coffeetable-Buch, „das es jedem recht zu machen versucht“.

Befreiung von der Religion

Bevor ich Khojeste Mistree und seiner Frau begegne, lerne ich noch eine leidenschaftliche Gegnerin des Doyens der parsischen Konservative kennen: Mahabanoo Mody-Kotwal ist ein Vulkan von einer Frau. Ich treffe die prominente Theater-Regisseurin bei der Generalprobe zu dem Stück „Kunst“ von

Yazmina Reza, das an diesem Abend im Theater „Tata Experimental“ am National Centre for the Performing Arts (NCPA) aufgeführt wird. Welche Familie das Theater finanziert, deutet der Name dezent an.

Mahabanoo Mody-Kotwal mit ihren auf dem Kopf zusammengetürmten roten Haaren sieht aus wie eine Frau, die jeden „Schätzchen“ nennt und von schwulen Künstlern als Mutterersatz geliebt wird. Sie gibt ihren Schauspielern aus dem Zuschauerraum noch letzte Anweisungen und echauffiert sich über den Beleuchter, der am Ende des Stücks nie das richtige Timing findet. Die Aufführung beginnt in einer Stunde, im Foyer warten schon die ersten Zuschauer. Was jetzt nicht klappt, wird auch später nicht mehr zu retten sein.

Dennoch hat Mahabanoo kein Problem, im Gespräch auf ein anderes Thema umzuschalten. Als der Name Khojeste Mistree fällt, geht sie an die Decke: „Früher waren die Parsis immer tolerant, aber jetzt haben sogar wir unsere Fundamentalisten“, sagte sie mit Blick auf seine Thesen. „Dieser Mann will nichts als Macht auf einem zukünftigen Weltkongress der Parsis erringen und spielt sich als Messias auf. Dafür hetzt er naive Landbewohner in Gujarat auf. Man muss wissen, dass viel vom Geld der Parsis in den ländlichen Gemeinden steckt.“

Die Regisseurin empfindet zu ihrer Religionsgemeinschaft eine echte Hass-Liebe, die wohl in ihrer Biographie gründet. Die 61-Jährige hat vor sechs Jahren ihren Mann verlassen, in dessen Klinik sie fast ihr ganzes Leben gearbeitet hat. Es muss sich um eine kreative Befreiung gehandelt haben, denn in der kurzen Zeit nach der Trennung legte sie eine erstaunliche Theaterkarriere hin.

Als Schauspielerin feiert sie ebenso Erfolge, wie mit der Produktionsfirma „Poor box“, die sie zusammen mit ihrem Sohn Kaizaad Navroze Kotwal betreibt. Sie spielte in einer Aufführung des indischen Familienepos „A Suitable Boy“

von Vikram Seth eine der weiblichen Hauptrollen, die Mrs. Rupa Mehra. Für eine Produktion des Stücks „Die Vagina-Monologe“ holte sie Jane Fonda nach Bombay.

Schon früh begeisterte sie sich für die Bühne, aber Konventionen ließen es nicht zu, dass sie ihren Traum wahr machte. Schon als 16-Jährige bekam sie ein Stipendium für eine Schauspielschule in New York. „Mein Vater ließ mich damals nicht gehen“, erinnert sie sich. Er sei ein streng gläubiger Mann gewesen, der jeden Tag in den Tempel ging. Später opferte sie die eigene Karriere für ihren Mann. Die Religion wird bei der Selbstverleugnung eine Rolle gespielt haben.

„Ich war auch mal Fundamentalistin, aber ich fühle mich heute viel besser. Das war ein langsamer Wachstumsprozess.“ Damals wollte sie, dass ihre Tochter einen Parsi heiratet, aber heute sei sie froh, dass sie einen Amerikaner zum Mann genommen hat. „Der ist ein besserer Parsi als wir. Die Religionen haben mehr Schlechtes als Gutes über die Menschheit gebracht. Man sollte lieber seinem eigenen Gewissen folgen.“

Wie schwer es gewesen sein muss, sich von Mann und überlieferter Religion loszusagen, zeigt der bittere Spott. „Es heißt, die Parsis sterben aus. Na und? Sagen Sie mir einen Grund, warum wir überleben sollten. Wir sind so eine hässliche Rasse, das kommt von der vielen Inzucht.“ Außerdem, so sagt sie, seien viele Parsis homophob – das könne sie nicht leiden. „Jeder sollte sich um seine eigenen Dinge kümmern.“

15 Minuten vor der Aufführung trifft sich Mahabanoo Mody-Kotwal mit ihren drei Schauspielern zu einer „kurzen Meditation“: „Das hat bei uns Tradition.“ Als sie in der Garderobe sieht, dass zwei der Darsteller noch nicht umgezogen sind, bekommt sie einen Wutanfall. Die jungen Männer nehmen es leicht. „Das Umziehen dauert doch höchstens fünf Minuten.“ „Nichts da“, schäumt sie, „die Regel ist: eine halbe Stunde vor Beginn habt ihr fertig zu sein.“

Das Stück wird ein Erfolg. Die Geschichte um zwei Pariser Freunde, die sich verkrachen, weil einer von beiden für viel Geld ein modernes Gemälde kauft, das der andere für Scharlatanerie hält, funktioniert auch in Indien. Großstädte wie Bombay oder Delhi verfügen über ein ausreichend großes, globalisiertes Publikum, das in den intellektuellen Diskursen der Welt zuhause ist. Nur der Beleuchter, der nach dem letzten Satz das Licht langsam herunter fahren soll, verschläft wieder seinen Einsatz.

„Ich glaube tief an Gott", sagt Mahabanoo Mody-Kotwal. „Aber erst seit ich mich von den Zwängen der Religion losgesagt habe, bin ich meine Schuldgefühle los. Es war eine Befreiung."

Konservativer Revolutionär

Dazu hätte Khojeste Mistree sicherlich viel zu sagen, viel Kluges. Etwa dass das Ziel der zoroastrischen Religion des „Wohlergehen in dieser Welt" ist. „Wir sind keine mystische Religion, wir verneinen den Körper nicht, es geht darum, hier und jetzt Glück und Harmonie zu schaffen."

Khojeste Mistree ist ein Großbürger, im Habitus und im Lebensstil. Zusammen mit seiner Frau bewohnt er ein großzügiges Apartment mit Blick über Bombay in der „Karegat Parsee Colony". Das Hochhaus ist das einzige in der Anlage, das über einen eigenen Wachmann und Marmor gefllieste Flure verfügt. Die Wände schmücken Szenen aus Persepolis. Als ich morgens um zehn bei den Mistrees eintreffe, ist die Hausangestellte noch beim Saubermachen. Offenbar hatte das Paar am Abend zuvor eine größere Zahl Gäste. Im Wohnzimmer stehen antike Stühle im Kreis.

Firoza Mistree tritt ein und bietet mir einen Tee an. Ihr Mann brauche noch zehn Minuten. „Wir hatten gestern hier eine Diskussionsrunde", sagt sie entschuldigend mit Blick auf die Spuren des Vorabends. Khojeste Mistree scheint verschlafen zu haben. Das gibt mir Gelegenheit, ein wenig mit seiner Frau zu plaudern, die mit ihm zusammen das Zoroastrian Studies Institut betreibt. Als Team scheinen die beiden gut organisiert zu sein. Zu ihrem Buch „A Zoroastrian Tapestry" hat er die wichtigsten Texte beigetragen.

Firoza Mistree spricht gepflegtes Oxford-Englisch, frei von jedem indischen Akzent. Sie trägt Hose, Bluse und Perlenkette. Als ich erzähle, dass ich in den letzten zwei Jahren in Afghanistan gelebt habe, wird sie aufmerksam. „Wir haben schon einmal versucht herauszufinden, ob noch irgendwo dort in den Bergen Nachfahren der Zoroastrier leben, aber wir sind nicht weit gekommen mit unserer Recherche. Vielleicht können Sie sich ja mal umhören. Wir sind immer daran interessiert, weltweit Kontakte zu Angehörigen unserer Religion zu pflegen."

„Wir", das ist das von den Mistrees gegründete „Institute for Zoroastrian Studies" sowie die „World Alliance of Parsee Irani Zarathustees" (WAPIZ). Die beiden Institutionen, die Mahabanoo Mody-Kotwal meint, wenn sie davon spricht, Mistree strebe nach Macht. In der Tat ist das Paar stolz darauf, dass die WAPIZ knapp ein Jahr nach ihrer Gründung bereits mehr Mitglieder hat als jede andere zoroastrische Institution.

Ihr Mann tritt ein. Grauhaarig, höflich, gewichtige Gestalt. Offenbar von hitzigem Temperament. Er lässt sofort alle Decken-Ventilatoren anstellten, obwohl es im Dezember in Bombay nicht sonderlich heiß ist. Die Inder nennen diese Jahreszeit Winter, in den Boutiquen und Modezeitschriften werden Wollpullover gezeigt, die Temperatur liegt bei etwa 28 Grad. Ich weise auf meine Erkältung hin. Khojeste Mistree schlägt vor, dass wir uns in sein Arbeitszimmer setzen, dort hat er einen Tischventilator, den er auf sich richten kann.

„Bombay wurde ja mehr oder weniger von den Parsis gebaut“, sagt er beim Blick aus dem Fenster. „Leider können die wenigsten heute etwas über ihre Religion sagen.“ Damit sind wir mitten im Thema. Warum werden Sie so gehasst, Herr Mistree? Er macht eine wegwerfende Handbewegung. „Die Leute hören nicht gern Argumente, die sie intellektuell nicht widerlegen können. Alles, was ich tue, ist, religiöses Wissen zu verbreiten, für diejenigen, die es interessiert.“ So lehrten er und seine Frau an Schulen, stünden im Kontakt mit ausländischen Wissenschaftlern und publizierten. „Wir sind die einzigen hier, die das machen.“

Dabei wisse er die Mehrheit der Parsis und die Hohepriester hinter sich. Konflikte gebe es nur mit den reformorientierten Kreisen, die eine westliche Erziehung genossen und Millionen gemacht haben.

„Die Leute gehen ins Ausland, heiraten dort Nicht-Parsis und wollen das hinterher religiös legitimieren. Dabei haben sie unsere Religion überhaupt nicht studiert. Und die Priester trauen sich nicht, dagegen etwas zu sagen, weil sie vom Geld dieser Leute abhängig sind.“ So sei auch die „Legende“ vom Aussterben der Parsis entstanden – und die Medien hätten kräftig daran mitgestrickt. „Diese Leute wollen, dass Übertritte zum zoroastrischen Glauben möglich werden, daher behaupten sie, wir stürben aus, wenn wir nichts unternehmen.“

Seltsamerweise hat auch er die Zahlen genau im Kopf – und die sprechen gegen seine These: „Beim Zensus 1981 lebten in Indien 71 603 Parsis, 2001 waren es 69 601.“ Das sind immerhin 2,8 Prozent weniger, während die indische Bevölkerung im Durchschnitt um 1,4 Prozent pro Jahr wächst.

Er zuckt mit den Schultern. „Ich denke: Small is beautiful. Ich bin stolz darauf, dass unsere Religion nie in ihrer Geschichte versucht hat, Leute zu missionieren. Die Religionen, die das tun, haben meist Blut an ihren Händen. Es ist daher gefährlich und unhistorisch, auf einmal Konversionen zuzulassen. Warum gibt es wohl so viele Ausschreitungen zwischen Hindus und Muslimen? Die zahlen den Preis für die Konversionen." Da würde ihm ein Vertreter der hindu-fundamentalistischen Partei Shiv Sena vermutlich sofort zustimmen.

Aber es besteht doch ein Unterschied zwischen freiwilligem Übertritt und Zwangsmissionierung? Mistree flüchtet sich in die Metaphysik. „Die verschiedenen Religionen sind Teil des göttlichen Plans. Man soll sie nicht mischen." Dabei trägt er mit seinen radikalen Thesen dazu bei, dass die Gemeinschaft möglicherweise noch schneller schrumpft, als die Demographie ohnehin nahe legt. „Die Trennlinien werden heute deutlicher und ich unterstützte das. Man soll Konflikte nicht unter den Teppich kehren", sagt er. Es sei besser für eine kleine Gemeinde, wenn einige abbrechen und ihrem eigenen Weg folgen. „Dann würden wir uns auch nicht so viel streiten."

Was er nicht sagt, aber impliziert, ist, dass er die anderen nach einem solchen Schisma wohl nicht mehr Zoroastrier nennen würde. „Es gibt in unserer Religion keine höchste Autorität, deshalb herrschte bisher Chaos. Ich versuche nur, intellektuelle Klarheit in den Diskurs zu bringen." Qualifiziert sieht er sich dazu durch einen in Oxford erworbenen Magister in Zoroastrian Studies. Obwohl er in der Welt der Wissenschaft ein Spätberufener ist. 30 Jahre arbeitete er in Großbritannien als Buchhalter bei einer Bank.

In vielen Fragen hat er Recht. So beklagt er etwa, dass die meisten Parsis heute der Meinung seien, ihre Religion sei monotheistisch. „Wir sind einfach zu lange von Christen umgeben gewesen. Die meisten, die heute viel Geld haben, haben das ja unter den Engländern verdient." Dabei ist der ethisch orientierte Dualismus eigentlich eines der wichtigsten Kennzeichen des zoroastrischen Glaubens – und eines der interessantesten.

„Wir glauben nicht an einen allmächtigen Gott", erläutert Mistree. „Gott, Ahura Mazda, hat das Böse nicht geschaffen", sondern sein Gegenspieler Angra Mainyu (auch: Ahriman). Mit diesem Konzept vermeiden die Zoroastrier die Theodizee-Frage, die in den monotheistischen Religionen für so große Probleme sorgt: Wieso müssen wir leiden, wenn der allmächtige Gott Liebe ist? „Wir glauben auch nicht daran, dass Gott Liebe ist", so Mistree weiter. „Liebe ist etwas Irrationales, aber Gott ist rational. Wir glauben an die Weisheit."

Diese Philosophie hat im täglichen Leben der Parsis Auswirkungen. So sind Parsis in Indien etwa als besonders reinlich bekannt. Das liegt daran, dass jede Art von Schmutz mit Angra Mainyu, dem Bösen in Verbindung gebracht wird. „Wir glauben daran, dass wir diese Welt nicht dem Bösen überlassen dürfen, sondern dass wir sie verbessern müssen. Deshalb spielt auch Wohltätigkeit eine so große Rolle für uns", erläutert Mistree. „Wenn man sich Bombay anschaut, denn wird das klar. Was hier alles von Parsis gebaut und gestiftet wurde. Der Effekt unserer kleinen Gemeinde ist enorm."

Daher auch das Beharren auf den drei Grundsätzen „Gute Gedanken, gute Worte, gute Taten", die jeder Gläubige kennt. „Man muss immer bedenken, welche Folgen unsere Gedanken, Worte und Taten für die Seele haben. Wir glauben an Himmel und Hölle. Diese Konzepte haben sich Judaismus und Christentum von uns ausgeliehen", sagt Mistree. „Zarathustra hatte einen tiefen Einfluss auf die monotheistischen Religionen wie auch auf die griechische Philosophie. Erst langsam wird unser Beitrag für die Kultur der Welt anerkannt."

Und dann sagt er noch, etwas beleidigt: „Wir sind stolz darauf, traditionell zu sein, aber die Leute diffamieren uns als Taliban und als Nazis. Dabei ist mein Grundsatz: Leben und

Leben lassen." Er gibt mir einige Literaturempfehlungen mit auf den Weg und die Adresse eines Parsi-Freundes, den ich unbedingt treffen soll, wenn ich nach Hyderabad fahre.

Sinn für Gerechtigkeit

Arnaz Kotwal wäre für Khojeste Mistree eine ebenbürtige Gegnerin. Die junge Anwältin ist intelligent und streitlustig. „Mistree und ich sind immer gegensätzlicher Meinung", sagt sie. Ihre Familie habe immer versucht, sie in die Religionskurse von Mistree zu schleppen. „Aber ich war nur zweimal dort. Ich finde seine Ansichten nicht überzeugend." Dennoch ist sie der Meinung, dass die kleine Parsi-Gemeinde sich nicht spalten sollte.

Kotwal sitzt in ihrem winzigen Kasten von Büro in einem Gebäude hinter dem Taj-Mahal-Hotel. Sie leitet die Rechtsabteilung der Taj-Gruppe und hat in dem Parsi-Unternehmen ihren Traumjob gefunden. „Ich habe früher für ein anderes Unternehmen gearbeitet. Da hatte ich immer viel am Höchsten Gerichtshof zu tun. Jedes Mal, wenn ich dort hinkam, musste ich jemanden bestechen. Ich habe zu meinem Chef gesagt, ich kann das nicht. Das hat niemand in der Firma verstanden."

Das Rechtssystem gehört zu den großen Schwachstellen der indischen Demokratie. Wer arm ist, hat kaum Chancen, mit einer Klage durchzukommen. Und weil so viele Menschen arm sind, lassen sich Zeugen leicht kaufen. Zeugen, die mehrfach vor Gericht ihre Meinung ändern, sind daher in Indien notorisch. Ebenso die Tendenz, sich lieber gar nicht erst mit der Justiz einzulassen, weil man von dieser ohnehin nichts erwartet: Anfang 2006 machte in Delhi der Fall einer jungen Frau Furore, die mitten in einem voll besetzten Nobel-Restaurant erschossen wurde. Obwohl es mehrere Dutzend Augenzeugen gab, wurde der Hauptverdächtige, der Sohn eines hochrangigen Politikers, freigesprochen. Nach Massenprotesten wurde der Fall wieder aufgenommen.

Arnaz Kotwals Gerechtigkeitssinn verbietet ihr, sich diesem System anzupassen. „Meine Welt ist ziemlich schwarz-weiß, das muss ich zugeben“, sagt sie und rückt sich die randlose Brille zurecht. Sie ist dünn und wirkt mädchenhaft. „Deswegen bin ich froh, jetzt bei einem Unternehmen zu arbeiten, das hohe ethische Standards hat. Das Geld ist mir nicht so wichtig. Aber die Tata-Gruppe hat beispielsweise einen Ehrenkodex gegen Korruption. Und das wird auch von den Wettbewerbern wahrgenommen.“

Dabei geht es ihr weniger darum, für ein Unternehmen zu arbeiten, das von Parsis gegründet und geführt wird. „Meine Freunde sind praktisch alle Nicht-Parsis. Aber da ist schon ein Unterschied zwischen ihnen und mir. Die machen sich meistens über meinen Gerechtigkeitssinn lustig. Es ist bekannt, dass Parsis sehr korrekt sind.“

Schon als junge Frau rebellierte sie gegen Konventionen, die sie als ungerecht empfand. So war sie etwa Mitglied in einem Club, dessen Satzung es vorsah, dass verheiratete Frauen dort nur noch über ihren Mann eingeschrieben sein können. Noch heute kann sie sich darüber aufregen: „Das ist doch unglaublich, da ist man jahrelang Mitglied und in dem Augenblick, wo man heiratet, wird man quasi rausgeschmissen!“

Zwar kannte sie viele Frauen, die das ebenfalls ärgerlich fanden, aber sie war diejenige die eine Unterschriftensammlung startete. „Ich bin damals wirklich täglich von Mitglied zu Mitglied gelaufen und habe die Leute zu überzeugen versucht.“ Ihrem Vater sei das zunächst zutiefst peinlich gewesen. Aber sie hat so lange weitergemacht, bis sie eine Mehrheit der Clubmitglieder überzeugt hatte und die Satzung geändert wurde. „Danach habe ich auch aus anderen Clubs Anfragen bekommen, wie ich das geschafft habe“, freut sie sich.

Religion, sagt sie, sei ihr eigentlich nicht besonders wichtig. Dennoch hat sie die Navjote-Zeremonie, die zoroastrische Konfirmation, mitgemacht, alle wichtigen Gebete auswendig gelernt und sie trägt auch das Sudreh genannte weiße Unterhemd der Zoroastrier. Das Sudreh haben mir im Laufe meiner Gespräche alle Parsis gezeigt, mit Ausnahme Kojeste Mistrees, der diesen Glaubensbeweis offensichtlich nicht nötig hat, und Mahabanoo Mody-Kotwal, die es nicht trägt.

Arnaz Kotwal zieht ihre Shalwar Kameez im Ausschnitt etwas auseinander und präsentiert das Unterhemd, das nach Schiesser Feinripp aussieht. In der Mitte, am Ausschnitt, hat es ein kleines, etwa drei Quadratzentimeter großes Täschchen, von dem die Parsis sagen, dort würden alle guten und schlechten Taten aufbewahrt.

Diesen Kinderglauben quittieren Intellektuelle wie Mistree mit Nichtbeachtung. Die Theologen verbinden das Hemd mit einer religiösen Zeremonie, die vor dem Bösen schützen soll. „Meine Eltern haben mir immer gesagt, dass es mich schützt“, sagt Arnaz Kotwal. Für sie ist das offenbar Grund genug. „Der Glaube ist ja auch eine Herzensfrage“, sagt sie. Ihre Familie ist religiös, aber nicht dogmatisch. So sei ihre Mutter sehr pragmatisch mit dem Sudreh umgegangen. Wenn sie etwa als Jugendliche ein ärmelloses Top tragen wollte, riet sie ihr, das Hemd bis zum Bauch herunter zu rollen.

Der Vater wollte zwar zunächst, dass sie einen Parsi heiratet. „Aber als er an Krebs erkrankte, änderte er seine Meinung. Er sagte mir vor seinem Tod, das Wichtigste sei es, dass ich einen netten Mann heirate.“ Den hat sie bisher noch nicht gefunden. „Wenn es zwei Kandidaten gäbe, würde ich den Parsi sicher vorziehen. Parsi-Männer betrachten Frauen als gleichberechtigt.“

Dennoch sieht sie die Religion auch in vielen Punkten kritisch. „Es ist zum Beispiel für Frauen verboten, den Tempel zu betreten, wenn sie ihre Menstruation haben. Das finde ich unsinnig.“

Vor wichtigen Feiertagen geht sie noch immer in den Tempel und bei bedeutenden Ereignissen, etwa vor und nach dem Examen. „Ich bin Schwimmerin und wenn ich einen Wettbewerb gewonnen habe, bedanke ich mich bei Gott.“

„Die Religion gibt uns keine Jobs“

Buddhisten aus verlorener Ehre: Die Dalits

Die Dalits sind keine Religionsgemeinschaft, sondern eine soziale Gruppierung. Der Begriff stammt von dem Sanskrit-Wort „dal“ ab, was so viel wie „zerbrochen“, „niedergetreten“ oder „unterdrückt“ bedeutet, und er ist ein Kampfbegriff. So nennen sich die Menschen, die vom indischen Kastensystem ausgeschlossen wurden und die im Westen unter der Bezeichnung „Unberührbare“ oder „Paria“ bekannt sind. Mahatma Gandhi führte für sie den Begriff „Hariyans“ ein, was nur unvollkommen als „Kinder Gottes“ übersetzt worden ist. Das Wort „Hari“ ist eine andere Bezeichnung für den Gott Vishnu und „Hariyan“ bedeutet somit soviel wie „Vishu-Geborener“. Die Dalits haben diese Bezeichnung für sich immer abgelehnt, weil sie sie als paternalistisch empfinden. Sie wollen nicht als Kinder betrachtet werden, sondern kämpfen für gleiche Rechte innerhalb der indischen Gesellschaft, die ihnen das Kastensystem bis heute vorenthält. Gandhi wird von ihnen kritisiert, weil er zwar den Status der Unberührbaren als nicht vereinbar mit den Grundideen des Hinduismus ablehnte, aber dennoch am System der Kasten und damit an der Idee der grundlegenden Ungleichheit der Menschen festgehalten hat.

Der Erste, der den Begriff Dalit prägte, war der Sozialrevolutionär Jyotiba Phule, der sich bereits im 18. Jahrhundert für die Opfer des Kastensystems einsetzte. Der bekannteste Dalit-Aktivist aber ist bis heute Bhimrao Ramji Ambedkar (1891–1956). Der spätere Anwalt aus einer Dalit-Familie im Bundesstaat Maharashtra erhielt die Möglichkeit zu studieren, nachdem ein Lehrer ihm angeboten hatte, den brahmanischen Familiennamen Ambedkar anzunehmen. Er kämpfte an der Seite Gandhis in der indischen Freiheitsbewegung und wurde der erste Justizminister des unabhängigen Indien. Als Vorsitzender der Verfassungskommission war er maßgeblich an der Ausarbeitung der neuen Verfassung beteiligt.

Dennoch kam er schon 1936 zu dem Schluss, dass es innerhalb des Hinduismus für die Dalits keine Befreiung geben könne. Nach einem intensiven Studium verschiedener Religionen rief er die Dalits 1956 dazu auf, zum Buddhismus überzutreten. Mit ihm nahmen am 14. Oktober 1956 fast 400 000 Dalits in dem Ort Nagpur das dreifache buddhistische Zufluchtsgelübde. Dieses hatte an gleicher Stelle auch schon 2200 Jahre zuvor der große indische Kaiser Ashoka abgelegt. In der Folgezeit konvertierten rund sechs Millionen Menschen zu der von Ambedkar entwickelten Form eines politisch orientierten Buddhismus.

Der Buddha hatte das Kastensystem abgelehnt und in einer berühmt gewordenen Lehrrede betont, dass niemand durch Geburt zum Brahmanen werde, sondern nur durch seine Taten. Ambedkar interpretierte des Buddhismus daher als eine sozialrevolutionäre Religion, während die meisten buddhistischen Schulen ihn bis heute eher als einen persönlichen Heilsweg sehen. Der traditionelle Buddhismus, der unter Ashoka in Indien Staatsreligion war, wurde mit den muslimischen Invasionen fast vollständig vom Subkontinent vertrieben. Heute sind nur noch einige von der tibetischen Kultur geprägte Volksgruppen im Himalaya Buddhisten sowie die zahlreichen Tibeter, die nach der Besetzung ihres Landes durch China hier Exil gefunden haben, unter ihnen der Dalai Lama. Sie machen rund 0,8 Prozent der indischen Bevölkerung aus.

Der Anteil der Dalits wird heute auf etwa 240 Millionen geschätzt. Damit stellen sie fast ein Viertel der Einwohner Indiens. Trotz dieser großen Zahl sind sie nach wie vor massiven

Diskriminierungen ausgesetzt. Vor allem auf den Dörfern, wo jahrhundertealte Traditionen noch am Leben sind, werden sie gezwungen, ein Leben am Rande der Gesellschaft zu führen, weil jeder Kontakt mit ihnen als Verunreinigung der höheren Kasten gilt.

So leben die Dalits meist außerhalb des Dorfes, dürfen den Dorfbrunnen nicht benutzen und auch ihre Kinder nicht in die Schule schicken. Der Grund dafür ist, dass sie meist niedrige Arbeiten ausführen, wie das Reinigen von Latrinen oder das Schlachten von Tieren. Dies ist Angehörigen höherer hinduistischer Kasten verboten. Meist stammen die Dalits aus der unteren Kaste, den Shudras (Arbeitern), die ihren Rang wegen der Übernahme dieser Arbeiten verloren haben, oder aus den Kreisen der nicht zum Hinduismus bekehrten indischen Ureinwohner (Adivasis).

Die Reinheitsvorstellungen des Hinduismus gehen so weit, dass es sogar als verunreinigend gilt, wenn der Schatten eines Dalit auf einen Kastenangehörigen fällt. Teilweise müssen die Dalits daher auch heute noch den Boden fegen, über den sie gelaufen sind und durch Geräusche auf sich aufmerksam machen, damit höherkastige Hindus ihnen rechtzeitig aus dem Weg gehen können. In den Dörfern sind sie nicht selten brutaler Gewalt und Willkür ausgeliefert. Und das, obwohl die Verfassung der Republik Indien von 1949 die Unberührbarkeit explizit ausschließt.

Von politischer Seite sind in den vergangenen Jahrzehnten viele Maßnahmen ergriffen worden, um den Status der Dalits zu verbessern. So besteht etwa ein ausgefeiltes Quotensystem, das etwa 25 Prozent aller öffentlichen Ämter für die Angehörigen benachteiligter Kasten reserviert. Doch dieses System Gegenstand heftigster Diskussionen geblieben. Zum einen, weil viele Dalits aufgrund der Benachteiligung in den Dörfern nicht über ausreichend Bildung verfügen, um Jobs in der Verwaltung auszuüben. Es hat sich daher eine Dalit-Elite herausgebildet, die von den Quoten profitiert, während sich für viele Benachteiligte auf den Dörfern die Lage nicht gebessert hat. Zum anderen lehnen viele höherkastige Hindus das Quotensystem ab, weil sie und ihre Kinder zum Teil trotz guter Qualifikation im harten Kampf um Studienplätze und Regierungsjobs auf der Strecke bleiben.

Ein Kämpfer

Uttam Khobragade ist der Vater einer Freundin. Sie ist Diplomatin und ich habe sie kennen gelernt, als sie noch an der Indischen Botschaft in Berlin tätig war. Devyani ist eine hübsche, zarte Person mit Doktortitel in Medizin, und wahrscheinlich wussten die wenigsten, die mit ihr offiziell in Deutschland zu tun hatten, dass sie in ihrer Heimat als unberührbar gilt.

Ihr Vater ist ein bekannter Dalit-Aktivist und selbst hochrangiger Regierungsbeamter in Bombay. Er lebt mit seiner Frau in einer schönen Regierungswohnung in Süd-Bombay gegenüber dem vornehmen Cricket-Club. Ich habe zunächst Probleme, die Wohnung in dem Komplex zu finden, denn von den Türwärtern spricht niemand Englisch. Erst im Fahrstuhl treffe ich eine Frau, die mir den Weg zum Apartment der Khobragades zeigt. Eine stämmige kleine Frau im Sari öffnet die Tür. Es ist Devyanis Mutter. Sie bittet mich ins Wohnzimmer. Ihr Mann sei noch nicht von der Arbeit zurück, aber er müsse demnächst kommen. Sie bringt Coca Cola und Wasser zum Trinken. Leider spricht sie wenig Englisch, sodass unsere Konversation bald zu Ende geht.

Sie fragt mich nach einigen deutschen Freunden Devyanis, die offenbar zur Hochzeit der Tochter nach Bombay gekommen waren. Doch ich kenne keinen der Namen. Devyanis

Mann ist Amerikaner indischer Herkunft. Die beiden haben sich in Deutschland kennen gelernt. Ich hatte auch eine Einladung damals, konnte aber keinen Urlaub nehmen. Sie erzählt von Devyanis Schwester, die ich einmal kurz in Delhi getroffen habe. Ihre Mutter sagt, dass sie sich jetzt auch auf die Prüfungen für den öffentlichen Dienst vorbereite.

Ich schaue mich im Wohnzimmer um. Es ist ein typisches, indisches Mittelklassenwohnzimmer, eher karg möbliert. Eine Sitzecke mit Couchtisch, ein paar Kommoden. Mehr nicht. Es fällt allerdings auf, dass in jeder Ecke des Raumes eine Buddha-Statue steht. Auf den Kommoden häufen sich zudem Auszeichnungen für „Shri Uttam Khobragade“ von diversen Ministerien und gewerkschaftlichen Organisationen. Es vergeht lange Zeit, mehr als eine Stunde, bis der Geehrte eintrifft. Zwischendurch hatte seine Frau ihn schon ein paar Mal im Büro angerufen. Er ließ sich entschuldigen. Arbeit, die nicht aufschiebbar sei. Und dann blieb er auch noch in Bombays Feierabendverkehr stecken.

Uttam Khobragade ist ein kleiner Mann von Mitte 50 mit einem entschlossenen Gesicht. Small Talk ist nicht seine Sache. „Meine Familie kommt aus Chandrapur im Bundesstaat Maharashtra“, sagt er. „Mein Vater Patruji Khobragade hat mit Ambedkar zusammen für die Mobilisierung der Dalits gekämpft“, erklärt er weiter. „Sie haben die Grundlagen des Hinduismus in Frage gestellt.“ Es gehe darum, die Dalits ökonomisch und sozial zu stärken – „gegen die Hindu-Orthodoxie“. Doch der Versuch, sie in einer Partei, der Republikanischen Partei, zu organisieren, sei nicht sehr erfolgreich gewesen. Seit 2004 ist die Partei zwar in der Lok Sabha, im indischen Parlament vertreten, aber sie ist zersplittert und hat kaum Einfluss.

„Ambedkar war überzeugt, dass Ungleichheit die Basis des Hinduismus ist“, sagt Khobragade. Deshalb habe er 20 Jahre lang überlegt, welche Religion am besten für die Dalits geeignet sei, um dem Hinduismus zu entkommen. „Mein Vater war einer der Organisatoren der Veranstaltung, auf der 1956 mehr als sechs *lakh* (600 000) zum Buddhismus übergetreten sind. Aber bis heute haben die Dalits nicht die gleichen Rechte." Ambedkar sei überzeugt gewesen, dass in der Freiheitsbewegung einige Leute keine Freiheit erhalten würden. Deshalb habe er die Dalits als „pressure group" organisiert. „Das hat nichts mit Buddhismus zu tun, sondern mit einer politischen Bewegung."

In erster Linie habe das Quotensystem den Dalits geholfen. Der Buddhismus habe dabei unterstützend gewirkt, indem er den Dalits eine separate Identität verschafft habe, die ihnen die Kraft zum Kampf gab. Aber nur ein kleiner Teil sei zum Buddhismus konvertiert. Die Bewegung habe sich im Wesentlichen auf den Bundesstaat Maharashtra beschränkt. „Die, die nicht konvertieren, tun das aber nicht etwa aus Überzeugung, sondern aus mentaler Stagnation und einem Mangel an Bildung", meint er.

Auch politisch sei es sehr schwer, die Dalits zu organisieren. Wegen des Zuschnitts der Wahlkreise gebe es häufig auch unter Dalits interne politische Kämpfe. „Ambedkar machte es möglich, dass Dalits im öffentlichen Sektor und im Bildungswesen repräsentiert sind. Das hat einigen zum ökonomischen Aufstieg verholfen", so Khobragade. Aber dabei komme es zu heftigen Auseinandersetzungen mit den oberen Kasten. „Die Nicht-Dalits versuchen die Dalits an den Rand zu drängen", sagt er. Das beobachte er in seinem beruflichen Alltag immer wieder. „Wenn zum Beispiel Posten vergeben werden, dann wird versucht, den Dalits Fehler zu unterstellen. Die meisten Hindus versuchen bis heute, die Dalits zu demütigen."

Ihm selbst passiere es ständig, dass er von seinen Posten weggelobt werde. „Länger als ein Jahr bin ich selten bei einer

Behörde. Immer, wenn ich irgendwo hinkomme, sorge ich als Erstes dafür, dass Dalits eingestellt werden, denn die Dalit-Quoten werden fast nie ausgeschöpft. Damit mache ich mich schon mal unbeliebt. Und dann versuchen sie, mich loszuwerden." Seinen beruflichen Aufstieg verdankt er damit zum Teil auch seiner Unbequemlichkeit. Aber freuen kann er sich nicht darüber. Noch nicht einmal lächeln über die Ironie der Situation. Sein Kampf dauert an.

Insgesamt ist er der Auffassung, dass die Lage sich seit den Tagen Ambedkars eher verschlechtert als verbessert habe. „Das liegt am Neid", sagt Khobragade. Er selbst bekomme nur deshalb positive Resonanz von den höheren Kasten im Beruf, weil er eine hohe Position habe und man ihn fürchte. „Die Ausbeutung wird im Hinduismus glorifiziert", ist er überzeugt. „Das ethische Verhalten gegenüber Menschen ist irrelevant, man kann die Götter ja bestechen."

Man sollte der Gerechtigkeit halber anmerken, dass viele Hindus dieser Auffassung widersprechen würden. Mahatma Gandhi hat die Auffassung vertreten, dass die Unberührbarkeit kein Teil des Hinduismus und dass er selbst – wenn sie es wäre – sich nicht als Hindu betrachten könnte. Viele moderne Schulen des Hinduismus lehnen das Phänomen ebenfalls ab. Dennoch besteht die Benachteiligung fort.

Auch heute noch müssten die Dalits außerhalb der Dörfer wohnen, klagt Khobragade. „Die hinduistische Religion schreibt vor, dass Dalits keine Bildung haben und keinen Reichtum ansammeln dürfen. Sie sollen Sklaven bleiben. Immer waren sie von den oberen Kasten abhängig und hatten keinerlei Freiheit." Im Grunde, sagt Khobragade, seien Dalits sogar schlechter gestellt als Sklaven. „Die Sklaven hatten wenigstens ökonomische Sicherheit, weil ihr Herr sie versorgen musste. Die Dalits dürfen noch nicht einmal dieselbe Straße benutzen wie die Hindus, weil es heißt, sie verunreinigen die Straße."

Ich frage ihn, welche Rolle die buddhistische Religion für ihn persönlich spielt. „Gar keine", sagt er. Die Buddha-Statuen im Wohnzimmer versteht er als politisches Statement. „Ideologisch ist der Buddhismus allen anderen Religionen überlegen, weil er rational und wissenschaftlich ist. Aber ich benutze die Religion nur, um mein Volk zu einen." Der Islam, der ebenfalls die Gleichheit des Menschen lehre, hätte in Indien das Problem, dass er als Besatzerreligion kam und die Muslime sich deshalb für das Schicksal der Dalits nie interessiert hätten. Der Sikhismus hingegen habe sich nie wirklich mit der Hindu-Orthodoxie angelegt. „Der Hinduismus versucht, alle anderen Religionen in sich aufzusaugen. Dadurch verwischt er die Identität. Aber wer seine Identität verliert, verliert seine Existenz. Man muss ein vergiftete Pflanze mit den Wurzeln ausreißen."

Ist Ambedkar für die Dalits auch heute noch ein Vorbild? „Ich habe Ambedkar selbst nicht mehr erlebt", sagt er. Aber für ihn persönlich sei er ein Vorbild. „Er zog von Dorf zu Dorf und hat die Leute mobilisiert und aufgeklärt. Davon hat meine Familie profitiert. Es gab auch Dalit-Zeitungen damals. Einige konnten dank der Briten lesen und schreiben. Mein Vater war Bauer und gehörte damit zu den besser Gestellten. Heute gehe ich selbst durch die Slums und versuche die Leute zu überzeugen, aber das ist nicht einfach."

Noch immer könnten viele keine Schule besuchen. „Es wird noch Jahrhunderte dauern, bis die Dalits dieselben Rechte haben. Die Gegenkräfte sind sehr stark und mächtig. Man kann nur auf den demokratischen Prozess setzen." Er wünscht sich, dass die internationale Gemeinschaft sich stärker für die Dalits engagiert. „150 Millionen Menschen haben keinerlei Rechte und die Welt kümmert sich nicht darum." Leider sei die Dalit-Bewegung schwach, weil zurzeit ein charismatischer Führer fehle. „Viele der Gebildeten gehen heute lieber in die

Verwaltung oder machen Geschäfte, statt sich politisch zu engagieren", klagt Khobragade.

Auf der politischen Ebene setzt sich die Kongress-Partei für die Dalits ein. Erst kürzlich hat Premierminister Manmohan Singh eine Quotierung auch im Privatsektor gefordert und damit in der Wirtschaft einen Sturm der Entrüstung ausgelöst. „Ja, die Kongress-Partei unterstützt uns, aber wir sind auch ein Stimmenbeschaffer für sie", sagt Khobragade.

Wir stehen auf, um hinüber in den Cricket-Club zu gehen. Das Ehepaar will mich zum Essen einladen. Frau Khobragade geht noch schnell auf den Balkon und pflückt eine der selbst gezogenen Rosen für mich. Es sind nur ein paar Schritte auf die andere Seite der Straße. Ich weiß nicht, ob ich mich täusche, aber mir will scheinen, dass die Khobragades beim Betreten der Clubräume eine Spannung befällt. Er geht kerzengerade, den Kopf aufgerichtet, während seine Frau in sich zusammensinkt. Die Begrüßung des Portiers fällt höflich, aber kühl aus, ebenso die des Kellners im Restaurant. Das ist es nicht, was man bei Clubmitgliedern erwartet, die direkt gegenüber wohnen und entsprechend oft hier ein- und aus gehen. Vermutlich sind sie als Dalits eher geduldet als erwünscht.

Ich frage nicht danach, aber mir scheint, dass Uttam Khobragade nicht aus Geselligkeit Clubmitglied geworden ist, sondern als Teil seines politischen Kampfes. Seht her, ihr könnt mich hassen, aber ihr werdet mich nicht los – das ist die Botschaft, die er ausstrahlt. Seine Frau, die weniger kämpferisch ist als er, leidet stumm. „Wir haben viel erreicht", sagt Khobragade. „Aber noch immer mangelt es 90 Prozent meiner Brüder und Schwestern an allem. Der Kampf muss weitergehen. Ich bin sehr stolz, dass meine Tochter Devyani diesen Kampf auch aufgenommen hat."

Am nächsten Morgen holt mich ein Mitarbeiter Khobragades mit dem Auto ab. Ich möchte gern mit Menschen sprechen, die selbst von der Diskriminierung betroffen sind, die in den Slums leben. Leider ist nicht genügend Zeit, um auf die Dörfer zu fahren, wo die Dalits es bis heute am schwersten haben, wo das Leben Regeln folgt, die sich seit Jahrhunderten nicht geändert haben. Wir brechen dennoch mit einem großen weißen Geländewagen auf und sind etwa eine Stunde unterwegs, was im Stadtverkehr Bombays nicht viel ist.

Der Ort, an den wir schließlich kommen, ist kein Slum, sondern ein Stadtteil von Bombay namens Worli. Es ist eine der ursprünglich sieben Inseln, auf denen die Stadt errichtet wurde. Hier steht auch die bekannte Haji Ali Dargah-Moschee, die auf einem Felsen vor der Küste errichtet wurde und nur bei Ebbe zu Fuß erreicht werden kann. Die Häuser sehen nach einer Wohngegend der unteren Mittelklasse aus, allerdings befindet sich auch eine Reihe von Wellblechhütten auf einer der Straßenseiten.

Gegenüber liegt ein Haus, dessen Eingang ein wenig an einen buddhistischen Tempel erinnert. Über dem Eingang ist ein dharma charka, das Rad der buddhistischen Lehre, angebracht. Dieses Rad befindet sich auch in der indischen Flagge. Es heißt, dass es auf Vorschlag Ambedkars dort Platz gefunden hat. Ikonographisch wurde es dem Ashoka chakra auf einer der berühmten Ashoka-Säulen in dem früheren buddhistischen Zentrum Sarnath entlehnt. Unter dem aufgeklärten Kaiser Ashoka, der 232 v. Chr. starb, war ein großer Teil des heutigen Indien buddhistisch. In dem Haus ist ein Ausbildungszentrum für Dalits angesiedelt.

Der kleine Raum ist voll mit jungen Frauen, die gerade von einer Lehrerin unterrichtet werden. An der Wand hängt ein großes buntes Bild Buddhas in Meditationshaltung. Daneben ein Porträt B.R. Ambedkars. Als wir eintreten, ist es mit der Konzentration vorbei. Alle schauen neugierig, was ich mit dem Chef zu besprechen habe. Der Präsident der Organisation heißt Chandrakant More und seine Visitenkarte weist ihn als Mitglied der lokalen Kongress-Partei aus. Wir nehmen am Eingang Platz, wo in kleinen Schälchen verschiedene Getreidesorten und Hülsenfrüchte ausgestellt sind.

„Wir machen Alphabetisierungsunterricht, geben aber auch Computer- und Nähkurse. Es geht darum, dass die Leute eine Grundbildung und eine wirtschaftliche Basis erhalten. Außerdem arbeiten wir mit einer Bank zusammen, die den Leuten Kredite gibt, wenn sie sich eine Existenz aufbauen wollen. Daran ist für sie sonst kaum heranzukommen“, erläutert Bauddhajan Vikas Yosana, der das Zentrum führt und hauptberuflich Verkäufer in einem privaten Unternehmen ist. Die Getreide und Hülsenfrüchte am Eingang stehen zu günstigen Preisen zum Verkauf.

Eine junge Frau, die ebenfalls in dem Projekt mitarbeitet, stellt sich als Savita Rajaram More vor. „Es gibt nur wenige Leute hier, die eine Grundbildung haben. An unseren Kursen nehmen derzeit 49 Menschen teil. Hier in Worli leben etwa 3000 Dalits, in ganz Bombay fünf *lakh* (500 000)“, sagt sie. Teil des Projektes sei es, unter den 3000 von Tür zu Tür zu gehen und Daten zu sammeln. „Es ist wirklich schwer, an die Leute heranzukommen. Wir bieten ihnen an, dass sie eine Unfallversicherung bekommen und medizinische Versorgung, wenn sie an den Alphabetisierungskursen teilnehmen, und trotzdem reagiert die Hälft überhaupt nicht auf unsere Angebote.“

Woran das liegt? „Tja“, sagt More, „überall, wo es dreckige Jobs gibt, müssen es die Dalits machen. Ihre Denkfähigkeit ist sehr begrenzt. Die meisten sind noch nie ins Kino gegangen oder mit dem Flugzeug geflogen und sie feiern auch ihren Geburtstag nicht." „Die Leute denken nie groß. Sie können und wollen ihre Gewohnheiten nicht ändern. Sie sind so mit ihren eigenen Problemen beschäftigt", sagt Yosana.

Alle Mitarbeiter des Projekts haben sich unter Mühen aus einfachen Verhältnissen hochgearbeitet. Aber es fällt auf, dass sie bessere Startbedingungen hatten als die Mehrheit der Dalits. Savita More ist als Waise aufgewachsen. Ihre ältere Schwester brachte die fünf Geschwister durch – mit einem Job als Lehrerin. „Sie selbst ist nur bis zur 10. Klasse zur Schule gegangen", sagt Savita, aber unter Analphabeten ist das schon ein erheblicher Bildungsvorsprung. Savita hatte Glück und erhielt ein Regierungsstipendium. Heute arbeitet sie als Anwältin.

„Mein Vater war Arbeiter in einer Mühle", sagt Chandrakant More. „Ich musste meine Schulbücher leihen und habe sie abends unter einer Straßenlaterne gelesen, weil es bei uns zuhause kein Licht gab. Geld hab ich damit verdient, dass ich durch Züge gegangen bin und billigen Schmuck verkauft habe. Aber ich wollte Bildung. Wir sind alle durch harte Arbeit da raus gekommen, und wir wollen, dass unsere Brüder und Schwestern das auch schaffen."

Als ich mich ein wenig in dem Raum umschaue, sehe ich an der Wand ein Poster, das Uttam Khobragade zeigt. „Das Projekt gibt es seit vier Jahren", sagt Yosana, „wir arbeiten auf kooperativer Basis, das Geld sammeln wir in den Dalit-Gemeinden. Die Mitarbeiter sind alle Freiwillige." Ziel sei es, den Kursteilnehmern mittelfristig eine Beschäftigungsperspektive zu geben. „Wir wollen versuchen, eine kleine Fabrik aufzubauen, die Seife oder Kerzen oder Pickles herstellt. Vielleicht sind wir in weiteren vier Jahren soweit."

Jeder, der an den Kursen teilnehmen will, muss vorher zum Buddhismus übergetreten sein. „Wir beginnen unseren Arbeitstag mit einem buddhistischen Gebet, mit der Zufluchtnahme“, sagt Yosana, „und wir sprechen auch mit den Teilnehmern über die buddhistische Lehre. Wir erklären ihnen, warum Ambedkar den Buddha-Dharma angenommen hat. Nur durch Ambedkar sind wir zu einem Volk geworden. Er wollte nicht, dass wir Arbeiter werden, sondern gebildete Leute. So wie er selbst. Er hat sich auch aus armen Verhältnissen nach oben gearbeitet.“

Durch Ambedkar, so sagt er, hätten die Dalits zum ersten Mal davon gehört, dass es eine Lehre gibt, die davon ausgeht, dass alle Menschen gleich sind: den Buddha-Dharma. „Die oberen Kasten haben die Leute ja noch nicht einmal von ihrem Wasser trinken lassen oder sie berührt. Wir arbeiten dafür, dass sich Ambedkars Traum erfüllt und unsere Leute wachsen können.“

Ich frage Chandrakant More, der Mitglied in der Kongress-Partei ist, wie viel Unterstützung die Dalits von politischer Seite erhalten. „Vor den Wahlen wird unsere Arbeit immer gefördert“, sagt er, „aber danach nicht mehr.“ Bevor wir gehen, wollen die Mitarbeiter des Projekts, dass ich noch ein Foto von allen vor dem Haus mache. Wir gehen auf die andere Seite der Straße.

Hier steht die Hütte von Nand Bachukamle. Es ist eine Wellblechhütte von etwa fünf Quadratmetern Größe. Trotz der Enge ist sie peinlich sauber. Die hintere Ecke rechts fungiert als Küche. Allerlei Geschirr steht dort. Die Ecke davor ist mit ein paar Ziegelsteinen als Badezimmer abgeteilt. In einem kleinen Tank wird das Wasser aufbewahrt. Auf der anderen Seite steht das Bett, über dem ein Bild Ambedkars hängt. Nand Bachukamle wohnt mit ihren elf Kindern hier. Ihr Mann, Rajesh Gautam, muss draußen auf der Straße schlafen, weil für eine weitere Person beim besten Willen kein Platz mehr in der Hütte ist.

Das Ehepaar arbeitet als Straßenkehrer. Sie verdient auf

diese Weise 500 Rupien im Monat (etwa 8 Euro), er 700 Rupien. Damit gehört die Familie zu jenen 35 Prozent Indern, die nach einer Statistik der Weltbank mit weniger als einem US-Dollar pro Tag auskommen müssen. Die zwölfjährige Tochter Renuka Gautam ist ein aufgewecktes Mädchen. Sie erzählt begeistert, dass sie zur Schule geht und im gegenüberliegenden Ausbildungszentrum Computerkurse besucht. Ich frage sie, ob sie schon weiß, was sie später werden will. Sie schüttelt den Kopf. „Was soll aus den Kindern von Straßenkehrern schon werden?", fragt die Mutter zurück.

Ich erkundige mich bei Chandrakant More, ob die Organisation auch in den Slums aktiv ist. Er bejaht und sagt, dass wir gern eines besuchen können. Vorher wollen die Projektmitarbeiter mich aber zum Mittagessen einladen. Wir brechen mit dem Auto in ein nahe gelegenes Restaurant in einer Geschäftsgegend auf. Vor dem Lokal stoßen noch einige andere Mitarbeiter zu unserer Gruppe. Einer von ihnen ist Rishikesh Sengupta, der schon lange mit Uttam Khobragade zusammenarbeitet. Ein anderer stellt sich als R.S. Mishra vor. Er ist ein Mann mit zernarbtem Gesicht und arbeitet für ein Bauunternehmen. Beim Mittagsbuffett erzählt mir einer der Kollegen, dass er Brahmane ist.

Ich frage ihn, warum er sich in diesem Projekt engagiert. Es stellt sich heraus, dass Mishra Kommunist ist. „Es geht um nichts anderes als darum, wer den Besitz hat", sagt er. In Indien gibt es zwei große kommunistische Parteien und zahlreiche Splittergruppen, die durchaus Einfluss haben. Die Bundesstaaten Westbengalen und Kerala etwa werden von kommunistisch geführten Koalitionen regiert. Und die derzeitige Kongress-Regierung unter Premierminister Manmohan Singh ist auf die Tolerierung der Kommunisten angewiesen. Für alle linken Parteien sind die Dalits eine wichtige Wählergruppe.

Rishikesh Sengupta gehört zu keiner Partei. Aber er ist ein

Bewunderer von Uttam Khobragade. „Er ist ein Löwe, vor dem selbst die höchsten Politiker Angst haben, weil er ganz offen und direkt gegen die Korruption vorgeht“, schwärmt er. „Heute ist Khobragade unser Ambedkar. Es gibt kaum noch Führer wie ihn.“

Gestärkt machen wir uns auf den Weg in den Slum. Als wir das Auto an der Straße parken, sagt Sengupta, dass es sich bei dem Slum vor uns um einen handele, in dem auch muslimische und christliche Dalits leben. Ich schaue ihn überrascht an. Muslimische Dalits? Tatsächlich sind unabhängig von B. R. Ambedkar Dalits auf die Idee gekommen, dass ein Wechsel der Religion für sie die einzige Möglichkeit zum sozialen Aufstieg sei. Es wird davon ausgegangen, dass von den 240 Millionen Unberührbaren etwa 80 Millionen entweder Christen oder Muslime sind.

Beide Gruppen sind deutlich erkennbar, als wir von der gut geteerten Hauptstraße in das Slum-Viertel laufen. Die muslimischen Frauen tragen Schleier und ihre Männer die charakteristischen kleinen Kappen auf dem Kopf. An einigen Häusern hängen Kreuze oder Jesusbilder. Die Straßen sind matschig und man rutscht leicht aus, obwohl es seit Wochen nicht geregnet hat in Bombay. Ich vermute, dass es irgendwo offene Drainagen geben muss, ohne sie jedoch sehen zu können.

Wir biegen in eine schmale, dunkle Gasse ein und betreten eines der kleinen Häuser. Durch einen Gang, der so eng ist, dass man mit ausgestreckten Armen an beiden Seiten die Wände anfassen kann, kommen wir in das einzige Zimmer, das zugleich Wohnzimmer, Bad und Küche ist. Hier wohnt Savita Ragunath Dothse (29) mit zehn weiteren Familienmitgliedern, die sich alle langsam in dem Zimmer einfinden.

Wie auch die Wellblechhütte zuvor ist der Raum peinlich sauber. „Ambedkar hat uns beigebracht, dass wir arm sein können, aber nicht schmutzig“, sagt sie. Eine ihrer Schwestern steht auf, um uns einen Tee zu kochen. Der Vater der Familie lebt nicht mehr. Ihre Mutter verdient Geld als Haushaltshilfe. Auch die Großmutter lebt noch. „Ich wohne schon seit 50 Jahren hier", sagt sie. „Wir haben uns daran gewöhnt, auf so engem Raum zu leben." In einer Ecke steht sogar ein Fernsehgerät.

Den bescheidenen Wohlstand verdankt die Familie der Tochter Savita, die über die Dalit-Organisation eine Ausbildung erhalten hat und nun in einem Projekt für Mikrokredite arbeitet. Sie haben einen Sohn von acht Jahren und eine Tochter von sechs, die beide zur Schule gehen. „Wir sind Buddhisten geworden, weil Ambedkar sich für uns eingesetzt hat", sagt sie. „Nur er konnte uns helfen."

Ihre Schwester schaltet sich in das Gespräch ein. „Die oberen Kasten diskriminieren uns. Wir dürfen nicht aus denselben Brunnen trinken, deshalb sind wir Buddhisten geworden." Ambedkar habe ihnen ihre Menschenwürde gegeben. „Früher wurden wir wie Unberührbare behandelt", sagt die Großmutter. „Ich durfte keine Bildung bekommen, aber jetzt ist das anders. Wir können wie Menschen leben." „Durch den Buddhismus haben wir eine Identität erhalten, die es uns ermöglicht, uns selbst zu respektieren", sagt Savita. „Wir haben auch einen kleinen Tempel hier in der Gemeinde. Wollen Sie ihn sehen?"

Wir gehen hinaus durch die enge Gasse in einen Teil des Slums, der wie eine Art Dorfplatz aussieht. Er ist unbefestigt und staubig und einige Jungen spielen hier Fußball. An einer Seite steht eine steinerne Büste Ambedkars. Der Tempel sieht eher wie eine Hütte aus. Hineingehen kann man nicht, da er gerade renoviert wird. Der Eingang ist mit einem Geflecht von Juteseilen abgesperrt. Am Eingang hängen ein großes, mit Blumen geschmücktes Bild von Ambedkar und ein kleineres Bild des Buddha. „Wir beten hier zusammen und halten Gemeindeversammlungen ab", sagt Savita. Vor dem Tempel steht ein junger Mann, auf dessen T-Shirt auf Englisch steht: „Ich wurde intelligent geboren, aber die Bildung hat mich ruiniert."

Bevor wir gehen, besuchen wir noch eine weitere Familie, die ebenfalls in einem der kleinen, aus Stein gebauten Häuser wohnt. Suvarna Anil Gaikund (31) lebt hier, ebenfalls mit einer großen Familie. Trotz der beengten Verhältnisse sind alle froh, nicht mehr auf dem Dorf zu leben. „Dort durften wir die Brunnen nicht berühren und noch nicht einmal auf die Straße spucken. Wenn unser Schatten auf einen höherkastigen Hindu fiel, wurden wir geschlagen und wir durften nicht in den Tempel gehen. Jetzt dürfen wir das alles."

„Die Vorstellung, dass einige Leute weniger wert seien, ist zumindest in den Städten endgültig passé", sagt Rishikesh Sengupta. „Allerdings hat das Quotensystem auch Probleme geschaffen, da viele Dalits für bestimmte Jobs einfach nicht qualifiziert sind."

Weggelobt

Es ist eine Woche vergangen, seit ich Uttam Khobragade das letzte Mal gesehen habe. Ich war in der Zwischenzeit nach Hyderabad gefahren, um mich in der dortigen Muslim-Gemeinde umzuschauen. Als ich ihn auf der Rückreise in Bombay noch einmal anrufe, sagt er beiläufig am Telefon: „Es ist wieder passiert." Was ist passiert?, frage ich ihn. „Ich bin mal wieder meinen Job losgeworden", sagt er. „Heute habe ich den Bescheid bekommen, dass ich zum Sekretär im Agrarministerium von Maharashtra ernannt wurde." Als wir uns das letzte Mal gesehen hatten, war er noch bei der Eisenbahnbehörde des Bundesstaates tätig.

„Das hat zumindest den Vorteil, dass ich jetzt zu Fuß zur Arbeit gehen kann", sagt er sarkastisch. „Wollen Sie sich mein neues Büro anschauen?“ Ich will. Die Verwaltung des Bundesstaates Maharashtra liegt im Zentrum Bombays. Es ist ein riesiger Gebäudekomplex mit umfangreichen Sicherheitsvorkehrungen. Am Eingang nimmt man mir mein Handy ab. Es ist nicht leicht, in dem Gewirr von Gängen das richtige Büro zu finden. Aber schon einen Tag nach seiner Ernennung hängt ein Schild mit Namen und Titel Khobragades an seiner Tür.

Ich will wissen, was ihm den Ruf des unbequemen Beamten eingetragen hat. Er erzählt eine Geschichte vom Anfang seiner Laufbahn, als er noch nicht in Bombay, sondern in der Provinzstadt Gotmara in Maharashtra tätig war. „Da gab es 1985 in einem Dorf neun buddhistische Familien, denen nicht erlaubt wurde, aus dem Brunnen zu schöpfen. Die mussten entweder weit laufen, um Wasser zu holen, oder es für teures Geld von einem Tankwagen kaufen. Ich habe damals als Unterabteilungsleiter die Angehörigen oberer Kasten, die den Dalits Probleme gemacht haben, verhaften und ins Gefängnis stecken lassen. So bin ich in vielen Dörfern verfahren.“

In einem Dorf, so fährt er fort, hatten es einige Dalit-Jungen gewagt, Cricket zu spielen. „Da wurden sie von Angehörigen der oberen Kasten verprügelt und ihre Häuser wurden zerstört. Die Leute sind in den Wald geflohen. Als ich dort hinkam, waren da nur einige alte Leute. Die hatten solche Angst, dass sie nicht sprechen konnten. Die Polizei hat nichts unternommen. Ich habe die Polizisten angewiesen, die Täter zu verhaften.“ In der Regel seien die Leute aber nach 14 Tagen wieder freigelassen worden, ohne dass ihnen etwas passiert sei.

Seit er in Bombay arbeitet, gibt es andere Probleme. „Meinen letzten Job bin ich wegen einiger Beförderungen losgeworden“, sagt er. „Ich habe zehn Dalit-Beamte befördert und dann fingen absurde Anschuldigungen gegen mich an. Die oberen Kasten haben mir Kastismus vorgeworfen und auf meine Versetzung gedrängt.“ Mit rechtlichen Mitteln komme man kaum weiter, „weil die Justiz von den oberen Kasten beherrscht wird. Und die wenigen Politiker, die auf unserer Seite stehen, werden unter Druck gesetzt."

„Wir sind immer noch Bürger zweiter Klasse", sagt er. „Wir sind nicht frei in diesem Land, wir müssen dem Diktat der oberen Kasten folgen." Khobragade ist deshalb überzeugt, dass die Dalits nur gerettet werden können, wenn die internationale Gemeinschaft ihnen hilft. „Sonst werden sie irgendwann genauso abgeschlachtet wie die Muslime in Gujarat."

Er bedauert es, dass die verschiedenen Minderheiten in Indien bisher kaum zusammenarbeiten. „Das erlaubt es den Hindus, Leute vereinzelt zu unterstützen und uns so gegeneinander auszuspielen." „Vielleicht", so sagt er, „wäre es besser gewesen, wenn Ambedakar damals nicht für den Buddhismus, sondern für den Islam votiert hätte. Dann hätten die Dalits heute ein stärkeres Netzwerk von Unterstützern weltweit." Aber, wende ich ein, es gibt viel weniger Regierungsjobs für Muslime, die bis heute um ihre Quote kämpfen müssen. „Ja", sagt er „das liegt daran, dass die Muslime in den Madrasas noch weniger lernen und deshalb nicht konkurrenzfähig sind." Mein persönlicher Eindruck ist, dass die Muslime nie diese Art von gewerkschaftlichem Klassenbewusstsein aufgebaut haben, die Khobragade und seine Mitstreiter auszeichnet. Sie definieren sich mehr über die Religion als über den Kampf gegen die Ungerechtigkeit.

„Leider haben die Dalit-Führer bisher darin versagt, die Gruppen zusammenzubringen, denn eigentlich gibt es eine natürliche Koalition. Die buddhistischen Dalits und die nichtbuddhistischen Dalits sind sich bis heute nicht einig. Aber die Religion gibt uns keine Jobs", sagt er. Zum Teil hätten es die christlichen und muslimischen Dalits aber auch leichter. „In christlich geprägten Bundesstaaten wie Goa oder Kerala werden die Dalits weniger schikaniert."

Ein Mitarbeiter kommt ins Büro. Uttam Khobragade hat noch zu tun. Aber er schlägt mir vor, heute Abend in den Cricket-Club zu kommen, um an einem Abschiedsessen mit seinen früheren Kollegen teilzunehmen.

Als ich dort eintreffe, sind alle Gäste bereits anwesend. Es ist die deprimierendste Betriebsfeier, die ich je erlebt habe. Etwa zehn Männer sitzen in einer Runde um einen Tisch. Das Essen ist noch nicht serviert. An einem kleinen Seitentisch sitzen Khobragade und seine Frau. Vielleicht wollen die oberen Kasten nicht mit ihnen zusammen essen. Oder die ganze Runde ist mit Khobragade zerstritten. Ich setze mich zu dem Ehepaar. Wir reden über dies und das. Während der ganzen Veranstaltung findet zwischen den beiden Tischen keine Konversation statt. Niemand hält eine lobende Rede auf den früheren Chef. Frau Khobragade sieht aus, als wolle sie jeden Moment in Tränen ausbrechen. Als der Kellner mit dem Essen kommt, stößt sie hervor: „Warum tun sie uns das an? Wir haben nichts Böses getan." Er antwortet nicht.

Erst als ein junger Mann hereinkommt und sich zu uns setzt, löst sich die Spannung etwas. Er ist ebenfalls Dalit-Aktivist, aber im Gegensatz zu allen anderen im Raum gut gelaunt. Er gibt einige Theorien über den Ursprung der Unberührbarkeit zum Besten. Etwa die, dass die Dalits immer schon Buddhisten waren und deswegen von den Brahmanen zu Unberührbaren erklärt wurden. Ich zweifle daran, denn die Hindus betrachten Buddha immerhin als eine Inkarnation des Gottes Vishnu. Doch zu einer ausführlichen Diskussion bleibt keine Zeit.

Nach dem Essen löst sich die Runde schnell auf. Vor dem Eingang des Clubs fahren Dienstwagen vor. Als wir uns verabschieden, weint Frau Khobragade.

Der sanfte Guru

Zwischen Stolz und Niederlage: Die Sikhs

Die Sikhs sind vermutlich die im Ausland bekannteste Religionsgemeinschaft Indiens. Mit den leuchtend bunten Turbanen sind sie leicht zu identifizieren und damit fast zu einem Symbol des Landes geworden, obwohl ihr Anteil an der Bevölkerung nur etwa zwei Prozent beträgt. Dennoch ist es noch gar nicht lange her, dass die Sikhs vor allem Negativschlagzeilen machten. In den 80er Jahren forderte eine radikale Gruppierung unter Führung von Jarnail Singh Bhindranwale einen separaten Staat für die Sikhs im Bundesstaat Punjab, der den Namen Khalistan tragen sollte. Die Gruppe um Bhindranwale besetzte 1984 den Goldenen Tempel in Amritsar, woraufhin die indische Armee das höchste Heiligtum stürmte und den Aufstand gewaltsam niederschlug. Vier Monate später rächten sich die Radikalen und ließen Premierministerin Indira Gandhi von ihren eigenen Leibwächtern – Sikhs – ermorden. Bei darauf folgenden Ausschreitungen gegen Sikhs starben in Delhi mehr als 3000 Menschen.

Seit mit Premierminister Manmohan Singh ein weltweit respektierter Sikh regelmäßig auf der internationalen Bühne zu sehen ist, hat sich das Image der Religionsgemeinschaft wieder zum Positiven gewandelt. Von Khalistan ist kaum noch die Rede. Über den Glauben der Sikhs ist außerhalb Indiens immer noch wenig bekannt.

Der Zug nach Amritsar verlässt Delhi am frühen Morgen. Ich bin müde. Der Träger, der mir meinen kleinen Koffer zum Bahnsteig bringt, verlangt unverschämte 500 Rupien (fast zehn Euro) für seine Dienstleistung. Als ich mich weigere zu bezahlen, reduziert er schnell auf 100. Ich gebe ihm 70, was noch immer zu viel ist, aber ich habe keine Lust auf ein langes Streitgespräch.

Über Delhi liegt Nebel an diesem Wintermorgen, wie so oft. Er taucht die Stadt in ein rosafarbenes Licht, das schön aussieht, aber auf die Luftverschmutzung zurückzuführen ist. Die Bäume werfen lange Schatten, als sich der Zug in Bewegung setzt. Ich stöpsle mir die Hörer des iPod in die Ohren. Der Zug ist voll mit jungen Leuten in Jeans, Turnschuhen, Basecaps und Sweatshirts – „Play it cool" lese ich auf einem. Wenn das die junge Generation von Punjabis ist, dann scheint sie sich mehr für Bhangra zu interessieren als für Khalistan. Die ursprünglich aus dem Punjab stammende Musik ist durch indische Musiker und DJs in London zu einem internationalen Exporthit geworden.

Mein Sitznachbar, ein Koreaner, fällt über sein Buch gebeugt sofort in Tiefschlaf, um den ich ihn beneide. Mich hält der geschäftige Service des Zugpersonals wach: Erst gibt es Tee, dann Zeitungen, dann Sandwiches und vegetarische Bratlinge, dann wieder Tee. Das verkürzt die vierstündige Fahrt. Die jugendlichen Fahrgäste wandern im Zug auf und ab und halten stehend im Gang ausgedehnte Schwätzchen.

Auf dem Bahnhof in Ludhiana, einer kleinen Industriestadt, die vor allem für ihre Fahrradproduktion bekannt ist, ziehen große, quadratische Pakete vor dem Fenster vorbei, die in Jute- und Plastikmaterial eingenäht sind. Daneben lagern schwarze Metallkisten, auf denen Name und Anschrift der Besitzer zu lesen sind. Sunil Bharti Mittal, einer der erfolgreichsten Unternehmer Indiens, stammt von hier. Bevor er sein Telekom-Unternehmen Bharti gründete, ließ er in Ludhiana Fahrräder zusammenschweißen. Aber das war ihm irgendwann nicht mehr einträglich genug.

Graue Stadt in der Provinz

Amritsar ist in eine typische indische Provinzstadt. In der Altstadt verfallen die Häuser, die der Stadt einst Schönheit und Würde gegeben haben. Wer in den engen Gassen nach oben blickt sieht noch hinter Geflechten von Elektroleitungen und jahrzehntealten Werbeschildern die geschnitzten Holzbalkone, die wie Schwalbennester an den Häusern kleben. Hinter dem Sichtschutz aus fein ziseliertem, hölzernem Spitzengeflecht vor den Fenstern konnten einst die muslimischen Damen des Hauses das Treiben auf der Straße beobachten, ohne selbst gesehen zu werden.

Heute, so scheint es, sieht niemand mehr die Häuser. Sie werfen langsam aber stetig erst ihre Farbe ab, dann den Putz und Teile der Balkone. In den Erdgeschossgeschäften, die zur Straße hin offen sind, wird verkauft, wofür die Region weithin bekannt ist: Wollstoffe, Shawls und handgemachte Lederschuhe. Damit, aber auch architektonisch erinnert Amritsar an die pakistanische Stadt Lahore, die gleich auf der anderen Seite der Grenze liegt, nur etwa 40 Kilometer entfernt.

Der Punjab wurde im Rahmen der indischen Teilung in zwei Teile zerschnitten. Der Bundesstaat, in dem zuvor Sikhs, Hindus und Muslime relativ friedlich miteinander lebten, wurde zum Schauplatz einiger der schlimmsten Massaker, die mitunter als ethnische Säuberungen bezeichnet werden. Rund 500 000 Menschen kamen auf der Flucht in beide Richtungen ums Leben.

Von rund 100 000 Sikhs und 500 000 Hindus, die vor der Teilung in Lahore gelebt hatten, blieben nur 1000 übrig.

Das Trauma der Teilung, von dem ganz Indien betroffen war, wurde hier besonders intensiv erlitten. Lange Zeit konnten Familien auf beiden Seiten der Grenze sich nicht sehen. Seit die Spannungen zwischen Indien und Pakistan nachgelassen haben, verkehrt zwischen Lahore und Amritsar wieder eine Buslinie. Sie nahm Ende 2005 den Betrieb auf.

Erstaunlich ist, dass Lahore heute einen weitaus besseren Eindruck macht als Amritsar. Lahore ist ein vibrierendes Zentrum für Kunst und Kultur in Pakistan. Viele der alten Häuser dort wurden liebevoll restauriert. Amritsar hingegen scheint den Anschluss an den indischen Wirtschaftsboom verloren zu haben. Der Punjab ist ein Agrarstaat geblieben, den sein fruchtbares Land und das Arbeitsethos der Sikhs reich gemacht haben. Doch wohin die Reise im modernen Indien geht, scheint unklar zu sein.

Die Mischung aus privatem Reichtum und öffentlicher Armut sticht hier besonders ins Auge. Für die Instandhaltung der Innenstadt fehlt dem Staat das Geld. Und die Mittelklasse übernimmt in Indien keine Verantwortung für den öffentlichen Raum. Die Straßen bleiben denen überlassen, die keinen anderen Ort haben: den Armen. Dafür haben sich die Wohlhabenden außerhalb der Altstadt großzügige neue Villen gebaut. Entlang der Lawrence Street, die sich derzeit zur Shopping-Meile entwickelt, schießen neue Einkaufszentren und Internetcafés aus dem Boden, ohne einen Beitrag zur ästhetischen Gestaltung der Stadt zu leisten.

Ich mache mich auf den Weg in ein Internetcafé, um meine E-Mails zu lesen. Es ist voll von jungen Männern, die statt der für die Sikhs typischen Turbane ihr langes Haar in einer Art Dutt auf dem Kopf zusammenbinden und dann unter einem Tuch verstecken. Es gehört zu den Regeln ihrer Religion, dass man seine Haare nicht schneidet. Die Jungen schauen mich neugierig an. Ich bin die einzige Ausländerin in diesem Stadtteil. Touristen bleiben meist nur kurz in Amritsar, um den Goldenen Tempel zu besuchen.

Zum Abendessen gehe ich in ein „Kwality"-Restaurant um die Ecke. Die indische Kette bietet gute Küche zu günstigen Preisen und ist ein beliebter Treffpunkt der Mittelklasse. Das Restaurant hat den Charme eines etwas heruntergekommenen Wohnzimmers. An den Wänden hängen ausgeblichene Kunstdrucke französischer Impressionisten. Der Teppichboden ist nicht festgeklebt und wirft Falten.

An einem langen Tisch sitzen zehn ältere Damen mit ihren Töchtern. Alle tragen Pyjama Kurta, die traditionelle Tracht des Punjab aus weiten Hosen, langem Tunika-Oberteil und einem Schal. Obwohl die weite Tunika bestens geeignet ist, Sünden wider die schlanke Linie zu kaschieren, wölben sich bei den meisten Damen die Bäuche sichtbar unter dem Stoff. Man isst gern und schwer im Punjab.

Und man feiert gern. Ein Seitenzimmer ist voller Jugendlichen, die einem Mädchen unter großem Gelächter eine weiße Creme ins Gesicht schmieren. Das gehört in Indien zum Ritual bei Geburtstagsfeiern. Das Geburtstagskind muss die Torte mit allen Sinnen kosten.

Mrs. Bandhari's Guesthouse

Wenn sie nicht gerade essen und feiern, arbeiten die Punjabis hart. Das ist ihr Selbstbild und es findet überall in der Stadt seine visuellen Entsprechungen. Zum Beispiel in Mrs. Bandhari's Guesthouse. Die 90-jährige Eigentümerin ist heute bettlägerig und wird von ihrer resoluten Tochter liebevoll versorgt. Doch die Handschrift der Besitzerin ist in diesem Bauernhof mit angeschlossener Pension noch überall spürbar. Ihre Tochter, eine stämmige Frau mit Kurzhaarfrisur, hat den Betrieb übernommen. Das Haus strahlt eine militärische Strenge aus, die nur durch die Freundlichkeit der Mitarbeiter abgemildert wird.

Im großen Hof des Anwesens, zu dessen Linken sich das Herrenhaus mit Garten erstreckt und zu dessen Rechten die Wirtschaftsräume und rund 20 Gästezimmer mit separatem Eingang liegen, lagern ein paar Wasserbüffel. Sie versorgen den Hof mit Milch und Käse und glotzen die Besucher aus großen, braunen Augen verständnislos an.

Die Zimmer sind altmodisch möbliert und erinnern an einen Besuch bei einer alten, schrulligen Tante. Auf mein großes, hohes Bett, das frei in der Mitte des Raumes steht, muss ich mich wie ein Kind hinaufschwingen. Unter fünf bis sechs verschiedenen Decken, die schwer wie Sargdeckel auf dem Körper ruhen, sehe ich unter der Zimmerdecke einen sackartigen Stumpf hängen, wie ein ins Monströse vergrößertes amputiertes Körperglied. Im Speiseraum hängen fünf bis sechs weitere, identische Stumpfe. Ventilatoren, die – offenbar um Staub und Dreck vorzubeugen – während der Winterzeit ihrer Rotorblätter entkleidet und mit einem bräunlich-grauen Jutesack verhüllt wurden.

Der gleiche Stoff umhüllt auch eine Wärmflasche, die mir ein freundlicher Mitarbeiter um neun Uhr Abends ins Zimmer bringt. Eine willkommene Geste in der Winterkälte. Dennoch denke ich an Joseph Beuys düstere Installationen, die von den Erfahrungen des Zweiten Weltkriegs geprägt sind: der graue Stoff, die auf Metallpapierkörbe gemalten und auf Handtüchern eingestickten Zimmernummern.

Der Speiseraum in Mrs. Bandhari's Guesthouse wird durch abgezählte Holzscheite im offenen Kamin im Winter morgens und abends auf eine Temperatur von vielleicht 16 Grad geheizt. Das erleichtert Sozialkontakte, da alle Gäste sich um den einen

Tisch direkt vor dem Kamin drängen. Mitarbeiter bringen abgezählte Holzscheite herbei. Es sind immer zu wenig.

Meine Zimmernachbarn kommen aus dem US-Bundesstaat Virginia. Eine Mutter mit ihren zwei Söhnen. Dabei hatte ich den höflichen Teenager mit den weichen Gesichtszügen für ein Mädchen gehalten. Wie sein jüngerer Bruder trägt er am Morgen seine beinahe hüftlangen Haare offen und lässt sie erst im Laufe des Tages unter jenem Tuch verschwinden, das Sikh-Jungen statt des Turbans tragen.

Sein älterer Bruder besucht das Miri-Piri-College in Amritsar. Es ist eine Besonderheit im Sikh-Universum. Gegründet von dem Yoga-Lehrer Yogi Bhajan, der von den USA aus eine Reihe von Yoga-Zentren rund um die Welt gegründet hat, ist es speziell auf die Bedürfnisse der Kinder seiner einstigen Hippie-Schüler zugeschnitten. Die zumeist westlichen Anhänger Yogi Bhajans bekennen sich zum Sikh-Glauben. Aber anders als die indischen Sikhs tragen sie durchweg weiße Kleidung und einen weißen Turban – auch die Frauen.

„Für unsere Kinder ist es in den USA schwer, ihren Glauben zu leben", sagt die Mutter. „Sie werden auf der Schule gehänselt, weil sie anders aussehen." Viele Eltern entscheiden sich deshalb, ihren Nachwuchs auf das Miri-Piri College nach Amritsar zu schicken. Es kombiniert einen amerikanischen Lehrplan mit den religiösen Inhalten und Werten der Sikhs. Die Jugendlichen fühlen sich wohl, weil sie hier Gleichgesinnte finden.

Unterwegs zum Goldenen Tempel

Der Weg von Mrs. Bandhari's Guesthouse zum Goldenen Tempel ist weit. Mit der Fahrradrikscha dauert es ein halbe Stunde, durch die großzügigen Vororte hinein in die grauer werdende Innenstadt. Staub, Stahlbrücken, Industrialisierung.

Für Ästhetik haben die Bewohner weder Zeit noch Sinn. Ein so genannter Flyover, eine Überführung, die in indischen Städten inzwischen überall zur Entlastung des Verkehrs zu finden ist, wölbt sich über Eisenbahngleise. Er verbindet Neu- und Altstadt und zwingt Rikschafahrer und Passagiere dazu abzusteigen, und das Gefährt die Brücke hochzuschieben. Auf der anderen Seite geht es in rasendem Tempo bergab.

Ein Stadttor führt in die Altstadt, deren enge Gassen sich unvermittelt auf einen kleinen Platz hin öffnen, an dessen Stirnseite der Goldene Tempel liegt. Vor dem Tempel führen die Geschäfte alles, was fromme Pilger und Touristen wünschen. Bücher über die Religion, den Tempel und die Gurus (Lehrer), außerdem Kirpans, die Ritualdolche der Sikhs, und Tücher in allen Farben, mit denen man vor dem Tempeleintritt pflichtgemäß seinen Kopf bedecken kann. Besonders beliebt sind jene, die das Sikh-Emblem, das Miri-Piri, aufgedruckt haben. Es besteht aus zwei krummen Schwertern, die einen Kreis formen. Sie symbolisieren Miri und Piri – geistliche und weltliche Macht der Gurus. Die Dreieckstücher geben den Besuchern ein verwegenes, Piraten ähnliches Aussehen.

Auf dem Vorplatz vor dem Tempel herrscht fröhliches Gedränge. Man muss das heilige Gelände barfuß betreten. An den Schuhsammelstellen bilden sich lange Schlangen, aber der Betrieb ist gut organisiert. Jeder erhält eine Nummer, mit der er am Ende des Tempelbesuchs seine Schuhe wohlbehalten zurückbekommt. Auch eine Gepäckaufbewahrung gibt es. Vor dem Tempeleingang befindet sich ein Marmorbecken, durch das jeder Besucher waten muss. Die Fußwäsche scheint den rituellen Waschungen der Muslime vor dem Gebet abgeschaut. Das Wasser in dem Marmorbecken ist an diesem kühlen Wintermorgen angenehmerweise geheizt.

Den Eingang des Tempels markiert eine imposante Säulenhalle, von der Treppenstufen einige Meter steil nach unten zu dem See führen, der der Stadt Amritsar ihren Namen gab: den Amrit Sarovar. In der Mitte des Sees erhebt sich der eigentliche Tempel, Hari Sahib Mandir genannt. Er besteht aus zwei Stockwerken, von denen das obere ebenso wie das Dach und die Kuppeln ganz mit Gold bedeckt ist. 750 Kilo Gold sollen darin verarbeitet worden sein.

In der rosafarbenen Morgensonne ist der von Wasser umgebene Tempel ein erhabener Anblick, der den Besucher unmittelbar mit Frieden erfüllt. Um dem Glauben der Sikhs gerecht zu werden, sollte man diesen Tempel gesehen haben. In den vergangenen Jahrzehnten haben die Sikhs so oft ihr martialisches Gesicht gezeigt, dass man darüber hinaus leicht vergessen konnte, dass am Anfang dieser Religion ein sanfter Guru stand, der in schweren Zeiten lebte.

Ich denke an Guru Nanak, während ich um den See schlendere. Es ist so kühl an diesem Wintermorgen, dass die meisten Besucher es vorziehen, auf den ausgelegten Kokosfaserläufern zu gehen, statt auf den schwarzen und weißen Marmorfliesen, die noch die Kälte der Nacht in sich tragen.

Guru Nanak Dev wurde am 15. April 1469 als Sohn eines hinduistischen Kaufmanns in einem Dorf in der Nähe von Lahore geboren. Der Junge fiel früh durch sein religiöses Interesse auf, konnte sich aber weder mit dem Hinduismus noch mit dem Islam – den beiden vorherrschenden Religionen – richtig anfreunden.

Ständige Auseinandersetzungen zwischen Muslimen und Hindus bestimmten die Zeit. Immer neue islamische Armeen aus Persien und Zentralasien fielen in Indien ein. 1525 marschierte Babur aus Kabul mit seiner Armee auf den Punjab und legte die Grundlage für die Entstehung des größten und bedeutendsten muslimischen Reiches auf indischem Boden, des Moghul-Reiches.

Schon in seiner Jugend las Nanak sowohl die heiligen

Schriften der Hindus, die Veden, als auch den Koran und kam dabei zu eigenen Schlussfolgerungen, die schnell ihre Anhänger fanden und 150 Jahre später zu einer vollständigen, eigenen Religion wurden: der Sikhismus. Es heißt, die ersten beiden Schüler Nanaks waren ein Hindu und ein Muslim.

Nanak lehnt das Kastensystem der Hindus ebenso ab wie Götzenverehrung und Askese. Wie der Islam hält er ein normales Familienleben für die beste Lebensform. Zugleich übernimmt er die hinduistischen Vorstellungen von Karma und Wiedergeburt. Und er verabscheut die Brutalität, mit der muslimische Herrscher versuchen, den Hindus ihren Glauben aufzuzwingen. Auf diesen Grundlagen entstand eine Religion, die, wie es oft heißt, das Beste aus Hinduismus und Islam in sich vereint. Sie verzichtet auf ausschweifende Rituale und lehrt stattdessen eine einfache Ethik des Alltags. Bis heute gilt Nanak, wie man im Punjab sagt, als „Guru der Hindus und Pir der Muslime".

Diesen Geist macht die Architektur des Goldenen Tempels sichtbar. Es ist eine eigenwillige Mischung aus Elementen der islamischen Moghul- und der hinduistischen Rajput-Tradition, mit Zwiebeltürmen, kleinen Balkonen, Kiosken und verziertem Marmor in der „Pietra dura"-Technik – Einlegearbeiten aus Edelsteinen und Perlmut, die sich auch am berühmten Taj Mahal in Agra finden.

Ich umrunde den See und studiere dabei die verschiedenen Orte, die hier mit der Geschichte der Sikh-Religion verbunden sind. Vor allem ältere Männer nehmen an diesem kühlen Morgen ein rituelles Bad. Dem Wasser wird heilende Wirkung zugesprochen. Wie es heißt, soll hier ein Leprakranker einst gesehen haben, wie eine schwarze Krähe in den See tauchte und weiß wieder herauskam. Da wurde ihm gewahr, dass der See magische Kräfte habe. Er nahm selbst ein Bad im Amrit Sarovar und wurde geheilt.

Nicht weit entfernt von dieser Stelle, an der auch heute noch die meisten Pilger in die Flut steigen, befindet sich eine Marmorplattform, von einem ausladenden, alten Baum überwölbt. Hier soll Guru Arjan Dev (1563–1606) die Bauarbeiten an dem Wasserbassin beaufsichtigt haben. Arjan Dev ist der fünfte in der Reihe von zehn Sikh-Gurus, die über Jahrhunderte die Gläubigen geführt und die Religion in ihrer heutigen Gestalt geformt haben. Den Grundstein für den Tempel legte ein muslimischer Heiliger, der Sufi Sain Mian Mir aus Lahore, der ein Freund des Gurus war.

Arjan Dev spielte eine entscheidende Rolle dabei, die Religionsgemeinschaft zu festigen. Erst unter seiner Leitung wurde Amritsar mehr als ein Pilgerort, es wurde zum geistigen und politischen Zentrum der Sikhs. Einen entscheidenden Beitrag dazu leistete er durch die Zusammenstellung des Heiligen Buchs der Sikhs, des Guru Grath Sahib, das im Goldenen Tempel aufbewahrt wird. Es beinhaltet Texte verschiedener Religionsgemeinschaften wie auch Lieder und Hymnen der Gurus selbst, viele davon aus der Feder Arjan Devs.

Seine Guruschaft markiert zugleich einen Wendepunkt in der Geschichte der Sikhs. Er war der erste der Gurus, der zum Märtyrer wurde, und begründete damit eine Tradition von Aufopferung und Widerstand, die bis heute lebendig ist. Guru Arjan Dev wurde 1606 vom Moghul-Kaiser Jehangir zu Tode gefoltert, weil er dessen Sohn, der zum Sikh-Glauben übergetreten war, Schutz gewährt hatte. Die Auseinandersetzungen mit den muslimischen Herrschern sollten danach nicht mehr abreißen.

Das Prinzip des Gurus, des persönlichen Meisters, der den Schüler auf seinem Weg anleitet, findet sich in allen indischen Religionen, wie auch im mystischen Islam, dem Sufismus. In einem klassischen Lehrer-Schüler-Verhältnis begleitet der Guru den Schüler idealerweise so lange, bis dieser selbst Meisterschaft erlangt hat. Darüber hinaus ist es die Aufgabe der Gurus, die Lehrtradition fortzusetzen, die ihnen von ihrem eigenen Guru übertragen wurde. Sie stellen somit die Authentizität der Überlieferung sicher.

Die Sikhs sind auch in dieser Hinsicht ihren eigenen Weg gegangen. Der zehnte Guru, Guru Gobind Singh (1666–1708), beschloss, dass die Reihe der Gurus nicht weiterfortgeführt werden sollte, und erhob stattdessen das heilige Buch der Sikhs, das Guru Granth Sahib, in den Stand des Gurus.

Ein Stückchen entfernt von der Badestelle zeigt sich erstmals die weniger harmonische Seite der Sikh-Geschichte. An einem der weißen Gebäude mit den verschiedenen Säulengängen ragt ein Kiosk hervor, in dessen Fenster ein erstaunliches Bild ausgestellt ist. Es zeigt einen Mann in einer blauen Uniform, der in der rechten Hand ein blutiges Schwer hält und in der linken seinen eigenen, abgetrennten Kopf. Der Turban mit dem Miri-Piri-Symbol und der lange weiße Bart weisen ihn als Sikh aus. Das Bild ist mit Blumengirlanden geschmückt.

Es ist der erste Hinweis auf einen Opfermythos, dem ich in den kommenden Stunden noch öfters begegnen werde und der sich erst im Laufe der Geschichte der Sikhs ausgeprägt hat. Der kopflose Offizier ist Baba Deep Singh, einer der großen Krieger-Heiligen der Sikhs, der an dieser Stelle die afghanischen Invasoren 1757 davon abhalten wollte, den Hari Sahib Mandir zu entweihen. Dabei kämpfte er, obwohl bereits tödlich verwundet, heroisch weiter.

Wie oft in ihrer Geschichte hat der Kampf den Sikhs nicht geholfen: 1761 wurde der Tempel beim Einmarsch von Ahmad Schah Durrani endgültig zerstört, aber bereits 1764 in seiner heutigen Form wieder aufgebaut. Das Sich-Aufopfern im Kampf gilt jedoch nach wie vor als ein Zeichen für die Hingabe an Gott.

Im innersten Heiligtum

Der Weg zum Hari Sahib Mandir, dem eigentlichen Heiligtum, führt durch ein imposantes Tor, Darshani Deorhi genannt – „der Zugang zum Sehen". Da das Tempelgebäude in dem See liegt, ist es nur über einen marmornen Steg zu erreichen. Am frühen Morgen ist es hier noch leer, doch wer gegen Mittag kommt, muss sich in die lange Schlange der Pilger einreihen, die sich zum Teil bis vor das Darshani Deorhi staut.

Ich bin in wenigen Minuten im Inneren. Vor dem Eingang verteilt ein Tempelmitarbeiter Kadha Prasad, eine köstliche Süßigkeit aus Vollkornmehl, Zucker und geklärter Butter. Prasad ist auch im Hinduismus ein Symbol der Großzügigkeit und der Verbindung zwischen Mensch und Gott. Die Süßigkeit wird erst rituell dargebracht und dann – gesegnet – wieder an die Gläubigen verteilt.

Dann geht es einige Stufen hinab. Von einem flachen Messingzaun abgetrennt, sitzt dort ein Priester, der die Hymnen aus dem heiligen Buch der Sikhs, dem Guru Granth Sahib intoniert. Der Strom der Gesänge reißt niemals ab. Sie werden mit dem Lautsprecher in die gesamte Tempelanlage übertragen und tragen zu der friedlichen, geistigen Atmosphäre bei, die den Besucher hier empfängt. Die Priester lösen sich bei der Rezitation der Hymnen jeweils nach ein paar Stunden ab.

Die Pilger verteilen sich rasch über die zwei Stockwerke des Tempelgebäudes, wobei die meisten im ersten Stock auf dem Boden sitzen, den Gesängen lauschen, über den See blicken oder selbst einer kleinen Ausgabe des Guru Granth Sahib lesen. Das Buch, das im Original viele Sprachen enthält, darunter Punjabi, Sanskrit und Persisch, liegt auch als englische Übersetzung vor. Es enthält mehr als 5000 Hymnen, geschrieben von den verschiedenen Gurus, die sich als Ragas, klassische indische Musik, intonieren lassen. Außerdem enthält es Texte hinduistischer und muslimischer Heiliger.

Damit ist das Guru Granth Sahib in zweierlei Hinsicht eine Besonderheit: zum einen, weil es sich nicht scheut, andere Traditionen zu ehren, zum anderen, weil kaum eine andere Religion über Originaltexte ihrer Gründer verfügt. Weder Buddha, noch Jesus, noch Mohammad haben ihre Lehren aufgeschrieben. Aber die Stimmen der Gurus sind im Goldenen Tempel der Sikhs den ganzen Tag über zu hören.

Ich klettere über die schmale Marmortreppe nach oben in den ersten Stock, der eigentlich eine Galerie ist, und werfe über die Balustrade einen Blick auf das Geschehen im Eingangsbereich. Gläubige strömen herein und bieten vor dem Guru Granth Sahib Geldspenden und Prasad dar.

Ein alter Wächter, der auf den Stufen einer weiteren Marmortreppe sitzt, lädt mich ein, noch weiter nach oben zu gehen. Der zweite Stock ist der schönste Ort im ganzen Tempel. Er besteht aus einer offenen Terrasse, in deren Mitte ein kleiner Pavillon thront. Er ist von einem spektakulären, goldenen Dach in der Form einer geschlossenen Lotusblüte gekrönt. Der Lotus ist in Indien traditionell ein Symbol der (spirituellen) Reinheit, da diese Blüte aus schlammigem Wasser empor wächst, ohne selbst davon befleckt zu werden.

In dem Pavillon rezitiert ein weiterer Priester aus einem antiken Exemplar des Guru Granth Sahib. Die Wände zieren brillante Pietra-dura-Arbeiten: In den weißen Marmor sind Blüten, Ranken und Vögel aus Halbedelsteinen und Perlmutt eingelassen. Die von kleinen Goldkuppeln gekrönten Marmorplatten, die die Terrasse umgeben, erinnern in ihrer Gestaltung an die Marmorplatten in den Fußböden der Moscheen, die jedem Gläubigen ein gleich großes Rechteck für das Gebet zuweisen.

Ich setze mich mit dem Rücken an eine dieser Platten und

schaue über das goldene Dach in den Himmel. Frieden erfüllt diesen Ort und es ist nur schwer vorstellbar, dass er vor 20 Jahren Schauplatz einer militärischen Auseinandersetzung war. Die Legende will es, dass vom Hari Sahib Mandir eine Energieachse direkt zum Mittelpunkt der Erde führen soll. Ich bin geneigt, die Geschichte zu glauben. Während ich meditiere, kommen immer neue Familien auf das Dach und fotografiere sich gegenseitig vor den goldenen Kuppeln. Eine junge Frau aus den USA bittet mich, die ganze Familie gemeinsam aufzunehmen. Sie sind, wie viele Besucher hier, Sikhs, die ins Ausland ausgewandert sind.

Speisen unter Gleichen

Es fällt mir schwer, mich von diesem Ort loszureißen, aber ich habe Hunger. Und das ist eine gute Gelegenheit eine andere Sikh-Tradition kennen zu lernen: die Guru ka Langar, die „Küche des Gurus“. Sie wurde vom dritten Guru, Guru Amardas (1563–1574), eingeführt. In allen Gurdwaras (Sikh-Tempeln) gehört es seitdem dazu, die Besucher gratis mit einer warmen Mahlzeit zu versorgen. Der Goldene Tempel beherbergt die größte Langar im Land. 50 000 Menschen werden hier täglich verköstigt.

Eine Küche dieser Größenordnung hat keinen Platz innerhalb der Tempelmauern. Aber sie ist nicht weit. Ich steige die Treppenstufen an einem Seiteneingang hoch, wate noch einmal durch ein beheiztes Wasserbecken und dann sehe ich schon den Vorplatz der Küche, auf dem freiwillige Helfer Thalis austeilen. Thalis sind ein in Indien beliebtes Edelstahl-Geschirr, bestehend aus einem großen Teller mit Einbuchtungen, in die verschiedene Saucen und Curries gefüllt werden können. Bei üppigen Thalis gibt es auch noch Edelstahl-Schüsseln dazu, aber die Küche des Gurus ist kein Luxusrestaurant, ein Teller und ein Löffel müssen reichen.

Der Speisesaal liegt im oberen Stockwerk. Er ist düster und geschäftig wie eine Bahnhofshalle. Kein Ort, an dem man lange verweilen möchte. Aber das ist wohl beabsichtigt. Wie sonst sollte man 50 000 Hungrige pro Tag hier versorgen? Auf dem Boden liegen lange Kokosläufer hintereinander, auf denen man nur Platz zu nehmen und zu warten braucht, bis ein freiwilliger Helfer mit einem Eimer und einer Kelle herumkommt. Er gießt Dal, ein Linsengericht, auf den Thali und verteilt Chapatis, indische Fladenbrote. Für viele Arme sind Dal und Chapatis die Hauptnahrungsmittel. Beides gehört aber auch zu jeder üppigeren indischen Mahlzeit dazu.

Während noch in einigen Reihen gegessen wird, ist in anderen schon das Reinigungspersonal dabei, den Boden mit feuchten Lappen aufzuwischen. Revolutionär für indische Verhältnisse ist an dieser Speisung, dass hier Menschen aller Gesellschaftsschichten und Kasten nebeneinander sitzen und zusammen essen. Traditionell ist es für Hindus aus oberen Kasten tabu, mit Angehörigen unterer Kasten gemeinsam eine Mahlzeit einzunehmen. Bei der Priesterkaste, den Brahmanen, würde sogar die bloße Anwesenheit eines Nicht-Brahmanen in der Küche die Nahrung rituell verunreinigen.

Im heutigen Indien werden diese Regeln oft nicht mehr eingehalten, aber für Guru Amardas war die Gemeinschaftsküche auch ein politisches Signal gegen das Kastensystem. Die revolutionärste Neuerung, die Amardas durchsetzte, war jedoch die Abschaffung der Sati, der traditionellen Selbstverbrennung der Witwen. Diese Praxis ist im modernen Indien gesetzlich verboten, wird aber auf dem Land noch hin und wieder praktiziert. Guru Amardas war im 16. Jahrhundert seiner Zeit weit voraus, als er Witwen erlaubte, wieder zu heiraten, die Verschleierung von Frauen abschaffte und weibliche

Priester zuließ. Die Gleichberechtigung der Frauen gehört seitdem zu den Grundüberzeugungen der Sikhs.

Als ich meinen Edelstahlteller hochhalte, um meine Ration Dal zu empfangen, fragt mich der freiwillige Helfer, wo ich herkomme. Als er hört, dass ich Deutsche bin, wechselt er vom Englischen in ein einfaches Deutsch und erzählt, dass er ein paar Jahre in Frankfurt gelebt hat. Nach der Mahlzeit zeigt er mir die Küche der Gurus. In den riesigen Kesseln wird ununterbrochen Dal gekocht. Der ganze Stolz der Küchenmannschaft ist eine automatische Chapati-Maschine, die man zur besseren Sichtbarkeit außerhalb des Gebäudes aufgestellt hat.

Khalsa – Die Bruderschaft der Sikhs

Gestärkt gehe ich zurück auf das Tempelgelände, als mich ein gut aussehender Mann anspricht. Er trägt einen lilafarbenen Turban, der einen interessanten Kontrast zu seinem roten Bart, den hellbraunen Augen und der Adlernase bildet. Sein grauer Strickpullover über dem blauen Hemd und die helle Hose machen einen westlichen Eindruck. Er fragt mich, ob er mir behilflich sein könne und ob ich vielleicht eine Führung durch den Tempel wünsche.

Ich erkläre ihm erfreut, dass ich auf ihn gewartet habe. In der Tat war ich mir sicher, es würde sich früher oder später im Tempel ein Gespräch über die Sikhs, ihre Religion und ihre politischen Ansichten ergeben. Der Mann stellt sich als Dev Singh Chawla vor und erklärt, er sei ein freiwilliger Helfer im Tempel. Den sozialen Dienst betrachte er als Teil seines Glaubens.

Er berichtet, er sei in Amritsar geboren, lebe aber in Kanada und verdiene sein Geld mit dem Import von Ritualartikeln für Sikhs. Kanada hat eine der größten Sikh-Auslandsgemeinden weltweit. Im kanadischen Parlament sitzen bereits mehrere Turban tragende Abgeordnete. Dev Singhs Geschäfte laufen offenbar gut. Ich frage ihn, welche Artikel zur Grundausstattung eines Sikhs gehören, und er erläutert mir das Konzept der Khalsa, der Sikh-Bruderschaft, die durch Guru Gobind Singh (1675–1708) ins Leben gerufen wurde.

Wer sich in diese Bruderschaft durch Taufe aufnehmen lässt, verpflichtet sich, fünf Insignien des Glaubens (Panj Kakar) anzunehmen, die alle mit dem Buchstaben „K“ beginnen. Es handelt sich um *Kesh* (ungeschnittenes Haar), *Kanya* (einen Kamm, um dieses zu pflegen), *Kara* (ein Stahlarmband als Symbol der Verbundenheit mit dem Guru), *Kirpan* (den Ritualdolch als Symbol der Wehrhaftigkeit) sowie *Kacch* (kurze Baumwollunterhosen als Symbol der Sittsamkeit). Auch geben sich alle Sikhs seit dieser Zeit den Nachnamen „Singh“, was Löwe bedeutet. Frauen nennen sich „Kaur“, Löwin.

„Durch diese Symbole haben die Sikhs ihre heutige Identität erhalten“, sagt Dev Singh. Diesen Satz werde ich in den kommenden Tagen noch öfters hören. Es scheint als hätte die Religion selbst, die keine eigenständige Lehre entwickelt hat, sondern nur das Beste aus verschiedenen Traditionen zusammentrug, allein nicht genügend Bindungswirkung entfaltet, um im schwierigen politischen Klima Indiens zu überleben. Es bedurfte beides, einer Grundhaltung, die an kriegerische Traditionen anknüpfte, und einer einfachen, äußerlich sichtbaren Symbolik, um sie zusammenzuhalten. „Die Sikhs mussten immer einen Guerilla-Krieg führen“, sagt Dev Singh.

Ich denke an den Buddha, den Philosophen unter den Religionsführern, dessen Lehre nach einigen Hundert Jahren der Blüte auf indischem Boden fast ausgestorben ist. Lag es daran, dass er – im Gegensatz zu den Gurus der Sikhs – Gewaltfreiheit lehrte und der inneren Entwicklung des Menschen den

Vorzug gab? Der Buddhismus wurde nach seinem Ende in Indien zu einer Weltreligion, die heute in vielen asiatischen Ländern zu Hause ist. Der Sikhismus hingegen ist sogar in Indien ein regionales Phänomen geblieben. Nur sehr wenige seiner Anhänger stammen nicht aus dem Herzland der Sikhs, aus dem Punjab.

„Erst kürzlich haben wir hier das 300jährige Bestehen der Khalsa gefeiert", sagt Dev Singh. Es geht auf ein denkwürdiges Ereignis am Tag des Baisakhi, des Erntefestes im Punjab, im Jahr 1699 zurück. Am Tag des Festes trat Guru Gobind Singh mit einem blutigen Schwert in der Hand vor die Menge der Feiernden und rief aus: „Mein Schwert ist durstig. Es braucht einen Kopf. Gibt es jemanden, der bereit ist, seinen Kopf zu opfern?" Es meldete sich niemand.

Erst als der Guru noch einmal rief: „Sollte es wirklich so sein, dass niemand bereit ist, sein Leben für den Guru zu opfern?", trat ein Mann aus Lahore hervor und sagte bescheiden: „Mein Kopf gehört dir im Leben und im Tod." Der Guru führte ihn in ein Zelt und trat kurz darauf erneut mit seinem blutigen Schwert hervor: „Ich brauche noch einen Kopf!" Die grausame Szene spielte sich insgesamt fünf Mal ab, bis viele Anwesende am Geisteszustand ihres Gurus zu zweifeln begannen.

In dem Augenblick trat der Guru mit den fünf Männern aus dem Zelt heraus und verkündete: „Dies sind die Auserwählten. Sie haben Unsterblichkeit erlangt. Nur wer zu sterben weiß, wird Befreiung aus dem Zyklus von Geburt und Wiedergeburt erlangen." Der Guru hatte die Männer keineswegs getötet, sondern nur eine Ziege geopfert. Die fünf Helden, die alle aus verschiedenen Gesellschaftsschichten und Kasten kamen, wurden die ersten Mitglieder der Khalsa, der Sikh-Bruderschaft.

„Wie kommt es zu dem ausgeprägten Opfer-Mythos?“, frage ich Dev Singh. „Bis zu unserem fünften Guru, Guru Arjan Dev, war alles relativ einfach“, erläutert er. „Mit dem sechsten Guru, Guru Hargobind (1595–1644, d. A.), hielt der kriegerische Geist Einzug. Das war nötig, weil die Sikhs in allen Bereichen diskriminiert wurden. Es wurde ihnen verboten, ein Pferd zu reiten, ein Schwert zu besitzen und eine Flagge zu hissen. Da ordnete der Guru an, dass jeder Sikh-Soldat zwei Pferde, zwei Schwerter und zwei Flaggen haben sollte.“ Auf dieses Ereignis verweisen heute noch das Emblem des doppelten Schwertes (Miri-Piri) und die zwei Flaggen, die im Goldenen Tempel täglich gehisst werden. Sie stehen vor dem Akal Takhat, dem Parlament der Sikhs, das sich gegenüber dem Sanctum Sanctorum, dem Hari Sahib Madir, befindet. Zusammen vereinen sie weltliche und geistlichege Macht.

Die Verschränkung beider demonstrieren die Sikhs zweimal täglich in einer eindrucksvollen Zeremonie: Morgens wird das heilige Buch, das Guru Granth Sahib, feierlich vom Akal Takhat ins Hari Sahib Mandir getragen, um daraus den ganzen Tag zu rezitieren, abends wird es wieder mit denselben Ehren zum Ausruhen zurück gebracht. Dabei ruht das Buch tatsächlich auf einer Art Bett. In kleineren Gurdwaras habe ich schon Ruheräume für das Guru Granth Sahib gesehen, die Biedermeier-Schlafzimmern in nichts nachstanden.

Für derlei Gemütlichkeit ist das Akal Takhat nicht der richtige Ort. Das Zentrum der weltlichen Macht der Sikhs wurde immer wieder zum Zentrum gewaltsamer Auseinandersetzungen, zuletzt 1984 während der Besetzung des Tempels durch Separatisten. „Guru Hargobind hat das Akal Takhat bauen lassen, mit einem Thron darin, der höher war als der des Kaisers in Delhi“, sagt Dev Singh. So viel Eigensinn stieß nicht auf

Begeisterung, immerhin saß damals mit Schah Jehan – dem Erbauer des Taj Mahal – einer der bedeutendsten Moghul-Herrscher auf dem Pfauenthron. Die Schlachten zwischen Schah Jehans Armeen und denen des Gurus rissen nicht mehr ab. „In dieser Zeit ist der Widerstandsgeist der Sikhs entstanden", sagt Dev Singh.

Er sollte nicht nachlassen. Mehrere Gurus und ihre Söhne starben in den folgenden Jahrzehnten im Kampf gegen die Moghul-Herrscher. Und auch nach dem Tod des letzten Gurus, Gobind Singh, ging der Kampf weiter. Ein fürchterliches Ende fand ein Mann namens Banda Baba Singh 1716, dem es zunächst gelungen war, mit seiner Armee die muslimischen Herrscher aus dem Punjab zu vertreiben. Doch der Triumph währte nicht lange. Er wurde von Kaiser Farrukh Siyar gefangen genommen, in einem Käfig nach Delhi gebracht und dort öffentlich gevierteilt. Der Kaiser ordnete zudem an, dass im ganzen Reich jeder Sikh getötet werden sollte, wenn er nicht zum Islam konvertierte.

Erst im 19. Jahrhundert sollten die Sikhs eine Zeit des Friedens und des Glücks erleben – unter Maharaja Ranjit Singh (1780–1839), dem einzigen Herrscher über einen souveränen Sikh-Staat. Er hatte seine Hauptstadt in Lahore und sein Reich umfasste weite Teile des heutigen Pakistan. Unter seiner Herrschaft florierten die Künste und er war es auch, der den Goldenen Tempel zu dem machte, was er heute ist, indem er die Kuppeln des Hari Sahib Mandir vergolden ließ. Nach dem Tod des Maharadscha verleibten die Briten das Reich ihrem Empire ein.

Bis in die Gegenwart hinein brachte die Unbeugsamkeit den Sikhs viel Leid. Auch die Regierung im modernen Delhi machte mit den Besetzern des Goldenen Tempels 1984 kurzen Prozess und ließ die Armee einmarschieren. Bei dem als „Operation Blue Star" bekannt gewordenen Einsatz wurde das

Akal Takhat stark zerstört. Die Sikhs lehnten ein Angebot der Regierung ab, ihr Parlament wieder aufzubauen zu lassen, und übernahmen diese Arbeit selbst.

Vor dem Akal Takhat spielt eine Band, bestehend aus vier Musikern in blauen Turbanen, militärisch klingende Musik. Ein anderer Mann hisst die zwei Flaggen namens Nishaan Sahibs, die Miri und Piri, weltliche und geistige Macht repräsentieren. Die beiden hohen Fahnenmasten werden durch ein in der Mitte aufgehängtes Schild mit zwei Schwertern verbunden, dem Sikh-Symbol, seit Guru Hargobind Singh der Religion einen militärischen Anstrich gab.

Wir schlendern an der Guru ka Langar vorbei hinaus aus dem Goldenen Tempel zum Kaulsar Sarovar, einem kleinen See direkt um die Ecke. Wie Dev Singh berichtet, ist er nach der Tochter des damals Obersten Richters von Lahore, Kaulan, benannt. Die junge Frau entwickelte Sympathie für die Religion der Sikhs, nachdem sie Guru Hargobind Singh kennen gelernt hatte. Der Vater missbilligte das und drohte der Tochter mit Strafen. In ihrer Verzweifelung bat Kaulan den Sufi-Heiligen Mian Mir, der schon dem Grundstein zum Goldenen Tempel gelegt hatte, um Hilfe. Er brachte sie zu Guru Hargobind, der ihr in einem Haus neben dem See Unterschlupf gewährte. Es ist leicht vorstellbar, dass diese Art von Hilfsaktionen bei den muslimischen Herrschern nicht gut an kamen. Auch heute noch würden traditionelle Familien vermutlich in so einem Fall nach Vergeltung rufen.

Von dem kleinen Tempel aus, der jetzt an dem Ort steht, sieht man das Gästehaus des Goldenen Tempels, in dem auch Dev Singh wohnt. „Wenn du das nächste Mal kommst, solltest du hier wohnen. Das ist viel billiger als ein Hotel“, empfiehlt er. Wir gehen hinüber, um ein Blick in die Zimmer zu werfen. Das Gästehaus ist schmucklos, aber sauber und für umgerechnet zwei Euro ist die Unterkunft ein Schnäppchen.

Auf dem Rückweg passieren wir noch zwei Monumente, die das Bewusstsein der Sikhs geprägt haben. Eines davon ist ein weiterer Tempel, die Gurdwara Baba Atal Sahib. Das ungewöhnliche Gebäude, ein achteckiger, 45 Meter hoher Turm, wurde in Erinnerung an den Tod eines Kindes errichtet: Guru Hargobinds Sohn Atal. Dev Singh erzählt mir die Geschichte, während wir die Treppenstufen nach oben klettern.

Eines Morgens vermisste der neunjährige Atal seinen Spielkameraden Mohan. Der Junge lief zum Haus der Familie, um nachzusehen, was passiert war. Er erfuhr, dass sein Freund über Nacht von einer Schlange gebissen worden und gestorben war. Darüber war Atal so entsetzt, dass er zu der Leiche Mohans ging, sie berührte und sagte: „Warum schläfst du? Es ist nicht die richtige Zeit zum Schlafen." Und Mohan wachte von den Toten auf.

Atals Vater hingegen war wütend und schimpfte mit seinem Sohn. Wunder zu vollbringen, so Guru Hargobind Singh, sei eine Sünde, denn sie richteten sich gegen Gottes Willen. Der Junge war so entsetzt über seine Tat, dass er zum Amrit Sarovar hinunter ging, ein Gebet sprach und sich zum Sterben niederlegte. Er gab Gott sein eigenes Leben für das Leben seines Freundes.

Die rührende Geschichte illustriert die Ernsthaftigkeit der Reformbewegung der Sikhs. In einem Land, in dem der Wunderglaube ähnlich weit verbreitet ist wie der Glaube an die Wissenschaft im Westen, braucht es schon eines Kindesopfers, um ein Gegengewicht zu setzen. Der neunstöckige Tempel ist vielleicht aus diesem Grund einer der interessantesten und schönsten in Amritsar. Liebevolle Wandmalereien im Inneren erzählen aus dem Leben der Gurus.

Der Blick vom Dach über den Goldenen Tempel ist spektakulär. Die goldenen Kuppeln spiegeln sich im Blau des Wassers und glänzen gegen den Himmel. Dev Singh erzählt Geschichten von Guru Nanak, dem ersten Guru der Sikhs. Etwa, dass er nur durch die Kraft des Geistes durch die halbe Welt reiste, nach Mekka und Tibet. Merkwürdig, dass gerade diese Orte erwähnt werden: Auch der Prophet Mohammad reiste auf einem Schimmel durch die Luft und in der Mythologie der Tibeter sind Geistesreisen sehr verbreitet.

Schön ist auch die Episode, in der Guru Nanak in der Nähe einer Moschee eingeschlafen ist, als ihn plötzlich ein ärgerlicher Muslim weckt: „Hey, bist du dir nicht bewusst, dass du deine Füße in Richtung Mekka streckst? Das gehört sich nicht!" Noch etwas verschlafen antwortet der Guru: „Ach, bitte, dann drehe doch meine Füße einfach in eine Richtung, wo Gott nicht ist."

Dieser direkte und pragmatische Charakter ist auch heute noch kennzeichnend für die Sikhs. Und er ist selten in Indien. Der hinduistische Geist tendiert zu ausschweifenden philosophischen Diskussionen, gekoppelt an strenges Einhalten von Regeln und Ritualen.

Folgenreiche Kämpfe

Das zweite bedeutende Monument auf unserem Weg ist der Garten Jallianwala Bagh. Was sich hier am Baisakhi-Fest im Jahr 1919 ereignete, wurde zu einem indischen Schlüsselerlebnis im Kampf gegen die britische Kolonialherrschaft. Richard Attenborough hat es in seinem Film „Gandhi" ausführlich dokumentiert.

In Amritsar waren 1919 Unruhen gegen den „Rowlatt Act" ausgebrochen, der den Briten die Möglichkeit gab, Inder, die mit der Unabhängigkeitsbewegung sympathisierten, ohne Verfahren einzusperren. Bei den Unruhen kamen drei Briten ums Leben.

Kurz darauf versammelten sich 20 000 Menschen zu einer friedlichen Kundgebung im Jallianwala Bagh, einem kleinen, von Mauern umgebenen Park, als plötzlich die britische Armee mit 150 Soldaten anmarschierte. Die Soldaten eröffneten ohne vorherige Warnung das Feuer und töteten innerhalb weniger Minuten fast 400 Menschen, darunter mehr als 40 Kinder. Weitere 1500 wurden verletzt. Die Einschusslöcher in den Mauern sind noch heute zu sehen.

Wie Mahatma Gandhi in seinen Memoiren berichtet, machten junge Sikhs ihn und seine Philosophie des passiven Widerstands für das Massaker verantwortlich. Sogar Morddrohungen habe er erhalten. Es gibt vermutlich keine Religion, die an diesem Punkt weiter von Gandhi entfernt ist, als die Sikhs. Selbstverteidigung mit Waffen und im Notfall bis zum Tod ist nahezu eine religiöse Pflicht. Schockiert von dem Massaker, sagte Gandhi weitere gewaltfreie Proteste zunächst ab.

Im Sikh Museum am Eingang des Goldenen Tempels befindet sich eine Märtyrer-Galerie, in der Gemälde von diesem Ereignis ausgestellt sind. Erschreckender sind jedoch die Fotos derjenigen Sikhs, die 1984 beim Einmarsch der indischen Armee in den Goldenen Tempel ums Leben kamen: Es sind die verzerrten Gesichter von Männern, die im Kampf starben.

Die offizielle Geschichtsschreibung Indiens sieht in den Menschen, die 1919 ermordet wurden, Märtyrer im Unabhängigkeitskampf, während die Sikhs, die 1984 den Goldenen Tempel besetzten, als Terroristen betrachtet werden. Der Opfermythos der Sikhs macht keine Unterschiede.

Tatsächlich können die Ereignisse im Jallianwala Bagh als Geburtsstunde der Sikh-Unabhängigkeitsbewegung betrachtet werden. Kurz nach dem Massaker formierte sich die Akali-Bewegung, deren Ziel es war, den Briten die Kontrolle über die Tempel der Sikhs, die Gurdwaras, zu entreißen. Dies gelang 1925. Seitdem leitet das Shiromani Gurdwara Parbandhak

Commitee (SGPC) sämtliche Gurdwaras. Bereits 1921 wurde ein politischer Arm des SGPC ins Leben gerufen: die Shiromani Akali Dal Partei.

Operation „Blue Star"

Diese Verflechtung von weltlicher und geistlicher Macht, Miri und Piri, die zu den Prinzipien der Religion gehören, sollte den Sikhs 1984 zum Verhängnis werden. Dev Singh, der anwesend war, als die indische Armee in den Goldenen Tempel einmarschierte, berichtet: „Die Extremisten wohnten zunächst im Gästehaus des Goldenen Tempels, dort wo ich jetzt auch wohne. Sie hatten Waffen dabei und agitierten für einen eigenen Staat. Dabei hatten sie die Unterstützung des Akal Takhat."

Dann erzählt er die Geschichte, dass die Unabhängigkeitskämpfer um Jarnail Singh Bhindranwale nur deshalb so viele Waffen hatten, weil der indische Geheimdienst sie heimlich versorgt habe. Wie viele Sikhs sieht er in der Operation „Blue Star" eine Verschwörung der damaligen Regierung unter Indira Gandhi gegen die Sikhs. „Das war rein politisch motiviert. Die Akali-Abgeordneten im Parlament in Neu-Delhi wurden vom SGPC unterstützt. Der Goldene Tempel war der Kongress-Partei zu mächtig. Man wollte seinen Einfluss beschneiden, aber das hat nicht geklappt. Wir kriegen heute hundert Mal mehr Geldspenden als damals."

Wie hat er den Einmarsch der Armee erlebt? „Ich habe nicht wirklich viel davon mitgekriegt", gesteht er. „Ich war im Goldenen Tempel, als es auf einmal hieß, wir sollten alle nach Hause gehen, es sei eine Ausgangssperre verhängt worden. Ich habe mich daran gehalten. Aber die Polizei kriegte die Lage nicht in den Griff. Einen Tag später kam die Armee mit Panzern. Ich habe das Feuer von meinem Haus aus gehört.

Bhindranwale hat mit 40 Männern drei Tage lang gegen 10 000 Soldaten gekämpft. Dabei wurde das Akal Takhat zerstört, aber vom Goldenen Tempel wurden alle Kugeln dank spiritueller Kraft abgelenkt."

Was ist aus der Unabhängigkeitsbewegung nach der Niederschlagung geworden? Dev Singh sagt, dass noch einige Mitglieder aktiv seien, allerdings im Untergrund. Es gehe sogar das Gerücht, dass Bhindranwale gar nicht 1984 starb, sondern tatsächlich noch am Leben ist. Hat die Idee eines eigenen Staates für die Sikhs noch Unterstützer in der Bevölkerung? „Es gibt sie noch", sagt Dev Singh. „Wir Sikhs sind zwar nur zwei Prozent der Bevölkerung, aber wir sind das Salz in der Suppe. Man muss uns endlich mehr Rechte geben."

Reicht es nicht aus, dass mit Manmohan Singh jetzt ein Sikh Premierminister ist? „Der Premierminister ist beliebt, weil er unbestechlich, kompetent und freundlich ist", sagt Dev Singh. „Aber wir sind nie zufrieden. Die Kongress-Partei muss uns noch heute für 1984 um Verzeihung bitten, aber die Gemeinde verzeiht nicht. Kongress-Politiker sind im Zweifelsfall eher ihrer Partei gegenüber loyal als der Sache der Sikhs."

Die Politikerin

Eine, die es wissen muss, ist Kiran Jot Kaur, frühere Generalsekretärin des Shiromani Gurdwara Parbandhak Commitee (SGPC), jetzt Vorstandsmitglied im SGPC sowie politische Beraterin der Shiromani Akali Dal Partei. Wir fahren mit der Rikscha zu ihrem Haus. Es liegt jenseits der Bahngleise und des Flyovers in der Neustadt. Eine gepflegte Villa mit grünem Vorgarten aus den 60er Jahren. Kiran Jot Kaur sieht in ihrer geblümten Kurta Pyjama aus wie eine sympathische Hausfrau aus dem Punjab. Sie hat ein rundes, offenes Gesicht und lacht gern. Dabei hat sie einen schnellen, scharfen Verstand und überrascht im Gespräch mit radikalen Ansichten.

„Was ich mache, ist eigentlich eine Art Vollzeit-Freiwilligenarbeit", spielt die Mutter zweier Kinder ihre politische Position herunter. Sie ist die erste Frau, die im SGCP eine Führungsposition hatte. „Das liegt in der Familie", lacht sie, „meine Mutter war schon die erste Sikh-Frau die in Philosophie promoviert hat."

Ich will mehr erfahren über den Zusammenhang zwischen der Akali Dal Partei, dem SGCP und dem Parlament der Sikhs, dem Akal Takhat. „Wir haben ein sehr demokratisches System", sagt Kiran Kaur. „Das SGCP verwaltet die Geldspenden an die Gurdwaras. Das Geld wird für die Erhaltung der Tempel, die Langar-Küche, die Pilgerunterkünfte, Gehälter der Angestellten und die Herausgabe von Literatur ausgegeben."

Außerdem ernennt das SGCP den Chef des Akal Takhat, das, wie sie sagt, nur über religiöse Fragen entscheide, wie beispielsweise kürzlich über die Einführung eines eigenen Kalenders. Dev Singh macht einen überraschten Einwurf, dass es sich doch um die höchste politische Institution handele. Aber Kiran Kaur beharrt auf der rein religiösen Autorität des Akal Takhat.

Ob die Einführung eines neuen Kalenders oder die Unterstützung einer Separatistenbewegung eine religiöse Frage ist, entscheidet vermutlich das Akal Takhat selbst. Tatsache ist, dass in der Geschichte der Sikhs Religion und Politik nicht zu trennen sind, weil es bei allen politischen und militärischen Auseinandersetzungen auch immer ums Überleben der Religionsgemeinschaft ging. Die Akali Dal Partei ist zwar unabhängig vom SGCP und vom Akal Takhat, aber die Zusammenarbeit ist eng.

Kiran Kaur ist noch heute unversöhnlich gestimmt, wenn es auf die Ereignisse von 1984 zu sprechen kommt. „Premierminister Manmohan Singh wird wegen seiner persönlichen Integrität respektiert. Das heißt aber nicht, dass die Sikhs nun auf einmal mit der Kongress-Partei sympathisieren", sagt sie. „Die Kongress-Partei ist für alles, was damals passiert ist, verantwortlich."

Auch sie betont, die Separatisten seien von der Kongress-Partei ermuntert und unterstützt worden. Doch schlimmer als der Marsch auf den Goldenen Tempel waren die Ausschreitungen gegen Sikhs, die daraufhin folgten. „3000 Menschen starben dabei und der Mann, der das ans Licht gebracht hat, wurde im Polizeiverhör getötet. Gerade wurden die verantwortlichen Polizisten verurteilt. 20 Jahre danach laufen noch immer Untersuchungskommissionen, aber wo bleiben die Ergebnisse? Die Regierung hat versucht, den Terror in diesen Staat zu tragen."

Ich frage Kiran Kaur, warum das Thema noch immer so starke Emotionen wecken kann. Sie erzählt ihre persönliche Geschichte: „Meine Mutter wurde bei den Unruhen ermordet. Sie war damals Parlamentsmitglied und Herausgeberin einer wichtigen Zeitschrift. Sie wurde zu einem Vortrag außerhalb Amritsars eingeladen. Die Familie riet ihr ab, dort hinzufahren, weil die Lage unruhig war. Aber sie wollte die Leute überzeugen, sie war damals eine Stimme der Vernunft. Sie wurde auf dem Weg angehalten und getötet."

Hat sie sich trotz oder wegen der Familientragödie für die Politik entschieden? „Es lag nicht am Tod meiner Mutter. Mein Großvater war schon ein politischer Führer. Es ist immer eine bestimmte Anzahl von Positionen im SGCP für Frauen reserviert. Mein Mann und mein Vater wollten, dass ich eine davon übernehme, sie wollen, dass ich die Tradition fortsetze." Ihr Großvater Tara Singh ist der Gründer der Akali Dal Partei.

Doch die Erinnerungen an ähnliche Erlebnisse sind noch in vielen Familien wach. „Insgesamt 10 000 Sikhs sind ums Leben gekommen, wenn man die Unruhen nach dem Tod Indira Gandhis mitrechnet, und niemand wurde verurteilt", sagt Kiran Kaur.

Was danach passierte trägt ähnliche Züge wie die kommunalen Unruhen, die in den letzten Jahren von Hindu-Nationalisten gegen Muslime angezettelt wurden. In diesem Fall geschah es mit Billigung der Kongress-Partei. Den durch den Mord an der Premierministerin aufgeheizten Mobs wurde es mehrere Tage lang erlaubt, Sikh-Wohnviertel zu plündern und Menschen zu massakrieren. Allein in Delhi starben in diesen Tagen 3000 Sikhs. Die Polizei griff nicht ein.

Es ist unter anderem die Ähnlichkeit der Vorfälle, die dazu geführt hat, dass viele Inder heute der Meinung sind, dass es kaum einen Unterschied macht, welche Partei an der Regierung ist. Alle seien willens und in der Lage für einen Wahlsieg über Leichen zu gehen. Kurz nach der Operation „Blue Star" fanden Wahlen im Punjab statt, einem Bundesstaat, in dem die Kongress-Partei nicht sehr gut aufgestellt war. Sie gewann haushoch, weil sie sich als diejenige Kraft verkaufen konnte, die Sicherheit und Ordnung garantiert.

„Jeder ging durch die Hölle damals", erinnert sich Kiran Kaur. Zwar seien die meisten heute wieder in ihr normales Leben zurückgekehrt, aber „nichts ist vergessen". Ob Khalistan, der eigene Staat für die Sikhs, jemals wieder zu einem ernsthaften politischen Thema wird, will sie nicht beurteilen. „Die meisten jungen Leute wolle heute einfach nur ihr Leben leben", sagt sie.

Kiran Kaur hat zwei Söhne im Teenager-Alter und die haben andere Sorgen. „Da geht es oft um so Themen, dass sie sich die Haar schneiden wollen und so weiter", sagt Kiran Kaur. „Aber diese Probleme haben Eltern und Kinder überall", lacht sie. Wie beurteilt sie selbst diese Fragen? „Ich finde, man muss offen sein in einer Religion. Gottes Willen sollte auch in uns selbst akzeptiert werden. Zum Glück ist die Religion der Sikhs sehr offen. Zum Beispiel in der Frage der Frauen. Es heißt, die Seele hat kein Geschlecht.“

„Aber es macht doch den Eindruck, dass Männer und vor allem Krieger in der Geschichte der Sikhs stark dominiert haben“, wende ich ein. „Oh“, sagt sie, „es ist nicht so bekannt, aber in Guru Gobind Singhs Armee war auch eine Frau.“ Sie selbst ist Mitglied der Khalsa-Bruderschaft. Frauen und Männer werden gemeinsam getauft. Stolz zeigt sie mir den Kirpan, den Ritualdolch, den sie unter der Tunika trägt. „Der Kirpan gibt mir Stärke, auch wenn ich ihn nicht benutze“, sagt sie. Frauen seien bei den Sikhs nicht so sichtbar wie die Männer, weil sie ihr langes Haar meistens offen trügen. Aber es gelten für sie dieselben Regeln. Einige Frauen trügen auch Turban, aber das falle den meisten Leuten gar nicht auf, weil sie davon ausgingen, die Turbanträger seien immer Männer.

„Die Rolle der Frau darf nicht unterschätzt werden“, sagt Kiran Kaur. „Weil die Sikhs so oft verfolgt wurden, erziehen wir unsere Kinder dahin, Krieger zu sein, auch wenn ihre Väter verfolgt werden.“ Natürlich komme es auch zu Konflikten. Momentan gebe es einen Streit um die Frage, warum Frauen nicht öffentlich die Hymnen aus dem Guru Granth Sahib vortragen dürfen. „Das steht nirgends geschrieben“, sagt Kiran Kaur. „Momentan sind noch einige Machos dagegen, aber auch das wird sich ändern“, sagt sie kampfeslustig.

Das Erbe eines Heiligen

Es hat aber auch bis in die Gegenwart hinein immer wieder Sikhs gegeben, die das sanfte Erbe des ersten Gurus verkörperten. Einer von ihnen ist Bhagat Puran Singh. Ich habe von ihm durch einen Freund in Delhi erfahren, der mich bat, auf meiner Reise in Amritsar einen kleinen Geldbetrag am Goldenen Tempel für ihn zu spenden. Dabei drückte er mir auch eine Broschüre über Pingalwara in die Hand, die mich neugierig gemacht hat.

Das Heim für arme und kranke Menschen, die, von ihren Familien aufgegeben ihr Dasein auf der Straße fristen, wurde von einem ungewöhnlichen Mann gegründet, den viele für einen Heiligen halten, der aber außerhalb Indiens kaum bekannt ist: Bhagat Puran Singh. Im Punjab nennt man ihn eine „männliche Mutter Teresa". Der berühmte Schriftsteller Kushwant Singh, der sich einen Namen als gnadenloser Spötter und Zyniker gemacht hat, sagt über ihn: „Ich habe keinen größeren Mann als ihn getroffen."

1904 unter dem Namen Ramji Das in einfachen Verhältnissen geboren, fühlt er sich schon früh zum Dienst im Glauben hingezogen und beginnt als junger Mann in Lahore in einer Gurdwara auszuhelfen. Schnell erhält er den Spitznamen „Puran", der Reine. 1934 wird dort ein gelähmtes und geistig behindertes Kleinkind abgegeben, weil niemand Zeit hatte, sich darum zu kümmern. Bhagat Puran Singh adoptiert den Jungen und gibt ihm den Namen Piara. 13 Jahre sollte er ihn auf seinem Rücken durch die Straßen Lahores tragen – der Beginn seiner Berufung.

Während der Unruhen der indischen Teilung flieht er wie die meisten Sikhs aus Pakistan. Seine erste Sorge in Amritsar sind die Behinderten und Kranken in dem Auffanglager, in dem er selbst als Flüchtling lebt. Täglich liest er neue Menschen von der Straße auf, wäscht und pflegt sie, doch viele sterben unter seinen Händen, da er selbst weder Geld noch andere Mittel hat, um sie medizinisch zu versorgen. Oft hungern sogar er selbst und sein Adoptivsohn tagelang, doch er gibt nicht auf.

Geschickt schlägt er ein improvisiertes Lager für seine Patienten unter einem Baum gegenüber dem Krankenhaus auf.

Dadurch erhält er die Aufmerksamkeit von Ärzten und wohlhabenden Patienten: Er erhält erste Spenden. 1950 bezieht er mit 90 Patienten Quartier in einem verlassenen Kinogebäude. Doch das Glück hält nicht lange. 1955 wird das Gebäude von der Stadt versteigert. In seiner Verzweiflung wendet er sich an Tara Singh, den Gründer der Akali Dal Partei und Kiran Jot Kaurs Großvater. Die Partei spendet ihm einen größeren Geldbetrag. Ein Politiker aus Delhi, der gerade Amritsar besucht, sorgt dafür, dass ihm ein Stück Land zugewiesen wird. Das Projekt Pingalwara kann beginnen.

Ein Ort der Hoffnung

Pingalwara liegt an einer breiten und viel befahrenen Hauptstraße in der Altstadt Amritsars. Dev Singh holt mich am Morgen am Goldenen Tempel ab. Wir nehmen eine Fahrradrikscha. Durch eine Toreinfahrt kommen wir in den Hof eines unscheinbaren, grauen Gebäudekomplexes. Am Eingang ist ein Tisch aufgestellt, an dem einige Männer ins Gespräch vertieft sind. An der gegenüberliegenden Ecke kauert eine alte Frau, die offensichtlich geistig verwirrt ist. Wir stellen uns vor und bitten, uns die Einrichtung anschauen zu dürfen.

Einer der Mitarbeiter bietet an, uns herumzuführen, während wir auf den Leiter des Heims warten. Hinter dem Durchgang liegt ein Hof, an dessen Ende ein zweistöckiges Gebäude steht. Als wir ein Metallgatter öffnen, kommen uns schon mehrere der Bewohner entgegen. Es sind Kinder und Jugendliche mit verschiedenen geistigen und körperlichen Behinderungen. Sie freuen sich über den überraschenden Besuch und schauen uns neugierig an.

Viele suchen körperlichen Kontakt, vor allem eine junge Frau mit Trisomie-21 lässt meine Hand gar nicht mehr los.

Wir klettern die Stufen des Gebäudes hoch, um die Zimmer anzuschauen. Oben sind vor allem die kleineren Kinder, die noch nicht allein im Hof herumlaufen können. Dev Singh nimmt eines auf den Arm, ich ein anderes. Einige Säuglinge sitzen bei ihren Müttern auf dem Schoß. Die Räume sind einfach, mit Pritschen ausgestattet.

Obwohl die Einrichtung zumindest unter Sikhs bekannt ist, verfügt sie offenbar nicht über üppige Geldmittel. Wir schauen uns noch die Gemeinschaftsküche an, bevor wir am Eingang den Verwaltungsleiter treffen. Er ist ein Mann mittleren Alters mit einem großen, schweren Turban und grauem Bart. Seinen Namen will er nicht nennen. Es sei Philosophie in Pingalwara, dass keiner der 500 angestellten und freiwilligen Mitarbeiter sich in den Vordergrund spiele. Einzig die Nachfolgerin des Gründers, Inderjit Kaur, ist in der Öffentlichkeit bekannt. Leider ist die Ärztin, die Bhagat Puran Singh vor seinem Tod persönlich für seine Nachfolge ausgewählt hat, nicht anwesend.

Pingalwara betreut heute rund 1100 Patienten. Davon lebt der größte Teil in einer der Einrichtungen. „Die meisten werden von ihren Familien ausgesetzt, weil sie selbst nichts haben und sich nicht um die Behinderten kümmern können", sagt der Verwaltungsleiter. Die Arbeit basiert auf Spenden. Die indische Regierung hat keinerlei Mittel für diese Menschen.

Es gibt eine Biographie über Bhagat Puran Singh, in der Bilder aus den ersten Jahren von Pingalwara zu sehen sind. Viele davon zeigen den Gründer mit Patienten, die zum Teil bis auf das Skelett abgemagert sind. Die Bilder sind herzzerreißend. Heute macht Pingalwara einen gepflegten Eindruck, aber Indien hat Heime wie dieses auch bitter nötig.

Während des Gesprächs mit dem Verwaltungsleiter kommt ein Mitarbeiter und unterbricht uns kurz. Er unterzeichnet ein Formular. „Entschuldigen Sie", sagt er danach. „Gestern wurde uns hier ein schwer kranker Mann vor die Tür gelegt. Er ist heute Morgen gestorben. Ich habe eben den Totenschein unterzeichnet."

„Für uns Sikhs ist das tägliche Leben das Höchste. Ohne rechtes Leben ist jede Philosophie sinnlos. Der Mensch sollte daran arbeiten, sich selbst zu verbessern", sagt er.

Neben der Arbeit mit den Kranken und Behinderten betreibt Pingalwara auch drei Schulen für Kinder aus armen Familien sowie Ökoprojekte. Jedes Jahr pflanzen die Mitarbeiter landesweit mehr als 15 000 Bäume. Die Sorge um die Umwelt war für Bhagat Puran Singh das zweite große Lebensthema. Und damit war er seiner Zeit und seinem Land weit voraus. Wie sein Vorbild Mahatma Gandhi ging er die meiste Zeit zu Fuß oder benutzte eine Tonga, eine Pferdekutsche, die man heute in Indien nur noch selten sieht.

„Je einfacher die Arbeit ist, die jemand macht, umso höher ist sein Verdienst", sagt der Verwaltungsleiter. Wir verabschieden uns, nicht ohne einen Schein in die große schwarze Spendenbox am Ausgang zu stecken.

Unterwegs nach Chandigarh

Ich muss schnell zum Busbahnhof. Es ist eines von den vielen kleinen Rätseln Indiens, warum es keine direkte Bahnverbindung zwischen den beiden größten Städten im Punjab gibt. Während die Bahnfahrt von Delhi nach Chandigarh zwei Stunden dauert und von Delhi nach Amritsar vier Stunden, braucht man von Amritsar nach Chandigarh sechs Stunden, dabei liegt die Stadt fast genau auf halber Strecke. Es muss wohl daran liegen, dass Chandigarh erst gebaut wurde, nachdem die Engländer, die einen Großteil des Streckennetzes gebaut haben, das Land verlassen hatten.

Ich entscheide mich daher für die dreistündige Busfahrt. Dev Singh begleitet mich in der Fahrradrikscha zum Busbahnhof. Bei dem dichten Verkehr ist das auch nicht langsamer als ein Taxi. „Weißt du was?", sagt er auf einmal, „du solltest Sikh werden." Ich schaue ihn erstaunt an: „Warum das?" „Weil ich dich mag. Das fiel mir gerade so ein. Es sind bereits zwei Kanadierinnen durch mich konvertiert."

Ich vermute dass Dev Singh seine freiwillige Arbeit im Tempel zur Brautschau nutzt. Er gibt es zu. „Meine Mutter ist alt und krank und sie macht mir Druck, dass ich endlich heiraten soll. Ich bin immer so oft in Kanada. Wenn ich eine Frau hätte, wäre jemand da, der sich um sie kümmert, meint sie." Zum Glück kommen wir gerade am Busbahnhof an, sodass das Gespräch nicht fortgesetzt werden muss.

Nach dem Ticketkauf laden wir meinen Koffer in den Bus und will mir noch schnell eine Flasche Wasser und ein Sandwich kaufen, als sich auf einmal der Bus in Bewegung setzt. In Panik laufen wir hinterher und versuchen, dem Fahrer Zeichen zu geben. Zum Glück bemerkt er uns und verlangsamt sein Tempo, ich springe auf und winke Dev Singh noch lange nach. Ich konnte mich noch nicht einmal richtig bei ihm bedanken.

Wir erreichen Chandigarh am Abend. Ich habe mir ein Zimmer im Hotel Sunbeam reserviert, das eines der besten der Stadt sein soll. Das mag stimmen. Mittelgroße indische Städte, d. h. solche von der Größe Hamburgs oder Berlins, verfügen in der Regel über keine Hotels von internationalem Standard. Dafür bekommt man für etwa 20 Euro meist ein anständiges Zimmer, auch wenn der Teppichboden Falten wirft und in den Schmuddelecken oft die Farbe von den Wänden blättert.

Das Sunbeam liegt gegenüber dem Busbahnhof an einer breiten Straße. Die Mitarbeiter sind freundlich, aber die Gegend scheint nicht die beste. Als ich mir im Dunkeln noch etwas die Beine vertreten will, werde ich von einigen Männern recht unerfreulich angequatscht. Ich verschwinde schnell wieder im Hotel. Diese Art von Begegnungen sind in Indien eher selten und es überrascht mich, dies ausgerechnet in der modernen Stadt Chandigarh zu erleben, von der es heißt, es gebe hier mehr Geldautomaten als heilige Kühe. Aber vermutlich kommen recht selten ausländische Frauen vorbei.

Chandigarh ist ein Experiment des berühmten schweizerisch-französischen Architekten Le Corbusier und in Indien streitet man sich noch immer darüber, ob es gelungen ist. Le Corbusier erhielt 1950 den Traumauftrag eines jeden Architekten, für den indischen Bundesstaat Punjab eine Hauptstadt auf der grünen Wiese zu entwerfen. Die frühere Hauptstadt des Punjab, Lahore, war nach der Teilung an Pakistan gefallen.

In den Worten des damaligen indischen Präsidenten Jawaharlal Nehru – auf dessen Wunsch Le Corbusier eingeladen wurde – ist Chandigarh das größte Beispiel experimenteller Architektur in Indien. „Lasst dies eine neue Stadt sein, ein Symbol für die Freiheit Indiens. Unbeirrt von den Traditionen der Vergangenheit, ein Ausdruck für den Glauben der Nation an die Zukunft“, forderte Nehru damals ganz im optimistischen Geist der Moderne.

Und gerade dies sollte man Corbusier später vorwerfen: Dass er in dem funktional gegliederten Stadtraster mit den breiten Straßen und Grünflächen die Traditionen indischer Lebensweise ignoriert habe. Dass seine Verwaltungs- und Wohngebäude aus Stahlbeton im heißen Klima des Landes im Sommer zu Backöfen würden. Dass die weitläufige Stadt die Fortbewegung für die ärmeren Bewohner zum Horror mache, da auch Chandigarh, wie alle indischen Städte, nur über einen rudimentären öffentlichen Personennahverkehr verfügt.

Doch bevor ich das Experiment näher unter die Lupe nehmen kann, habe ich einen Termin bei Herkawaljit Singh, Bürochef der größten Zeitung der Stadt, „Ajit“. Er ist der Freund eines Freundes in Delhi und lädt mich ein, gleich morgens bei ihm vorbeizukommen. Der Mann, der die Politik im Punjab seit 30 Jahren kritisch begleitet, ist eine eindrucksvolle Erscheinung. Zum grauen Anzug trägt er einen großen, dunkelroten Turban und eine passende rote Seidenkrawatte. Sein Bart ist dicht und schwarz und die Enden des Schnurrbarts sind an beiden Seiten zu kleinen Kringeln aufgerollt.

Schwieriger als das lange Haupthaar, das sich relativ leicht unter einem Turban verstecken lässt, ist für die Sikhs das Problem der wuchernden Bärte zu lösen. Wer ihn nicht einfach wachsen lässt – was offenbar nur diejenigen tun, die entweder besonders verwegen aussehen wollen oder völlig uneitel sind –, greift mit fortschreitendem Alter meist zu Bartbinden, mit denen das Haar aufgerollt und unter dem Kinn festgezurrt wird. Männer im besten Alter erhalten dadurch schnell etwas Altväterliches. Zusammen mit dem über dem Kopf thronenden Turban strahlen sie dann eine Seniorität aus, die Respekt einflößt.

Dabei ist Herkawaljit Singh ganz anders: entspannt, offen und humorvoll. Als Journalist verfügt er über einen schnellen Verstand und die Fähigkeit, komplizierte Dinge auf den Punkt zu bringen. Wir setzen uns in den großzügigen Garten seines Hauses. Seine Frau bringt Tee. Ich berichte ihm von meinen Eindrücken und Begegnungen in Amritsar und frage ihn nach seiner Sicht des politischen Konflikts.

„Tja“, sagt er, „für die Sikhs sind Politik und Religion nicht zu trennen. Das ist in der Auseinandersetzung mit dem Islam entstanden. Unsere Religion war ja ursprünglich eine Reformbewegung innerhalb des Hinduismus.“ Gibt es einen Unterschied zum Islam, der Politik und Religion ebenfalls nicht trennt? frage ich. „Aber ja“, sagt er. „Der Islam toleriert andere Religionen nicht. In Dubai zum Beispiel dürfen keine Tempel gebaut werden. Die Muslime betrachten Nicht-Muslime als Feinde. Wir Sikhs hingegen glauben an die universelle Bruderschaft der Menschen.“

Ich teile seine Sicht des Islam nicht. Sie trifft auf Fanatiker zu, aber nicht auf die Mehrheit der Muslime – und schon gar nicht der indischen Muslime, die ich kennen gelernt habe. Aber wie in vielen meiner Gespräche merke ich, dass unter der Oberfläche der Toleranz in Indien viele Vorurteile und eine Bitterkeit schlummern, die realen Konflikten geschuldet ist.

„Wir mussten lange gegen den Islam kämpfen“, sagt er. „Vor allem im Punjab ist das religiöse Gefühl sehr stark. Wir sind ja in gewisser Weise ein Puffer zwischen Hindus und Muslimen. Direkt hinter unserer Grenze, in Lahore, beginnt die islamische Welt. Die Leute haben das Gefühl, sie müssen ihre lokale Kultur schützen.“ Das ist eine interessante Sicht der Dinge. Vermutlich würden viele Hindus das ähnlich sehen, dabei leben in Indien fast so viele Muslime wie in Pakistan, auch wenn sie nur knapp 13 Prozent der Bevölkerung ausmachen.

Herkawaljit Singh ist allerdings der Meinung, dass sich die politische Situation in den letzten Jahren entscheidend geändert hat. „Es hat einen positiven Einfluss, dass der indische Regierungschef jetzt ein Sikh ist. Insgesamt hat sich das Denken der Zentralregierung geändert. Man hat gemerkt, dass man die Sikhs nicht einfach ausbooten kann.“ Ich wende ein, dass ich in Amritsar anderes gehört habe. „Ja“, sagt er, „die Akalis werden der Kongress-Partei die Besetzung des Goldenen Tempels nie verzeihen. Aber die normalen Sikhs sympathisieren mit Manmohan Singh. Auch der Kongress hat sich verändert.“

Als Beispiel nennt er den Chiefminister des Punjab, Amrinder Singh. Er war lange Zeit Mitglied der Akali-Bewegung und trat 1984 wegen der Operation „Blue Star“ aus der Kongress-Partei. Inzwischen ist er wieder eingetreten und seit vier Jahren Regierungschef im Punjab. „Kongress-Präsidentin Sonia Gandhi hat gemerkt, dass man im Punjab ohne Leute wie Amrinder Singh nichts gewinnen kann. Die meisten Parteien sind weder religiös noch säkular, sondern opportunistisch.“

Zum Glück habe sich das politische Klima insgesamt gewandelt. „Es hilft, dass mit Abdul Kalam ein Muslim Präsident ist. Und der gebürtigen Italienerin Sonia Gandhi unterstellt niemand, dass sie eine Hindu-Hardlinerin sein könnte. Das beruhigt die Minderheiten“, sagt er.

Was Sonia Gandhi betrifft, so ist es sogar genau umgekehrt: Hindu-Hardliner werfen ihr vor, Christin zu sein, obwohl das keineswegs ausgemachte Sache ist. Ihr Biograph, Rasheed Kidwai, widmet der Frage ein ganzes Kapitel, ohne zu einer eindeutigen Antwort zu kommen. Die Frau, die in der indischen Politik oft als „Sphinx“ bezeichnet wird, zog es in der Anfangszeit ihrer politischen Karriere vor, zu dieser Frage ganz zu schweigen. Doch seit der Druck der Fundamentalisten zunahm, zelebriert sie demonstrativ in der Öffentlichkeit hinduistische Pujas.

Zugleich gibt sich ihre Partei strikt säkular. Herkawaljit Singh hält das für reine Rhetorik. „Der Kongress war nie säkular, sondern immer vom Denken in Kasten getrieben.“ Er beschreibt damit eines der dominierenden Phänomene der indischen Politik: Die Kasten, vor allem die in den Provinzen verschiedenen, zahlreichen Unterkasten, werden als „vote banks“ betrachtet, als sicheres Stimmenreservoir. Die Parteien versuchen daher, sie durch Interessen geleitete Versprechungen und politische Maßnahmen für sich zu gewinnen.

Die eher linksgerichtete Kongress-Partei kann sich auf die

benachteiligten Kasten sowie die muslimische Minderheit verlassen: Dies hat sich bei den letzten Parlamentswahlen 2004 wieder einmal gezeigt. Die hindu-nationalistische BJP wurde vor allem deshalb abgewählt, weil die Landbewohner und die unteren Kasten das Gefühl hatten, vom wirtschaftlichen Aufschwung des Landes nichts mitzubekommen. Die gesamte indische Presse, die zumeist in den Städten sitzt, wurde daher vom Wahlsieg der Kongress-Partei überrascht.

Herkawaljit Singh ist deshalb der Meinung: „Es gibt gar keinen echten Säkularismus in der indischen Politik. Um nicht als Minderheitenpartei zu gelten, hat die Kongress-Partei auch immer versucht, zu zeigen, dass sie pro-Hindu ist. Die Operation „Blue Star" war ein Ergebnis dieses Denkens. Man hat gedacht, man kann leicht Wahlen gewinnen, wenn man gegen die militanten Sikhs vorgeht. Das hat sich dann ja auch als richtig erwiesen, wie man an dem darauf folgenden Erdrutsch-Sieg der Kongress-Partei sah."

Als Journalist hat Singh diese Zeit intensiv miterlebt. „Es ist klar, dass der indische Geheimdienst den Radikalen um Bhindranwale Waffen geliefert hat. Wir wurden ja als Journalisten ständig mit Informationen gefüttert. Die ganze Sache wurde von Chandigarh geplant. Die Polizei in Amritsar war nicht eingeweiht, was passieren würde, aber wir wussten schon Bescheid, bevor es losging", erinnert er sich.

Ich frage ihn, was die Bevölkerung damals von der Bewegung um Bhindranwale gehalten hat. „Ich war damals oft im Goldenen Tempel", sagt er. „Ich hatte den Eindruck, dass viele Sikhs sich benachteiligt fühlten, beispielsweise bei der Vergabe von Regierungsämtern. Deshalb gab es eine gewisse Sympathie für das Ziel, einen eigenen Staat zu schaffen, aber der Radikalismus wurde von den meisten abgelehnt. Außerdem schlossen sich irgendwann normale Kriminelle den Radikalen an. Das hat deren Ziele ins Zwielicht gebracht."

Warum distanzierte sich die Führung des Goldenen Tempels, das SGPC, nicht von den Terroristen? „Das SGPC ist eine schwache Behörde, sie kann nicht führen. Sie hat damals die Kontrolle verloren, als die Radikalen den Goldenen Tempel besetzten."

Sikhs aus dem Westen

Während unseres Gesprächs im Garten klingelt es an der Haustür. Wir drehen uns um und sehen eine weißgekleidete Frau mit Turban am Eingang stehen. Singh steht auf, um sie zu begrüßen. Es ist eine Bekannte der Familie, die Amerikanerin Nirinjan Kaur Khalsa. Sie ist Mitglied in der Organisation Yogi Bhajans, ebenso wie die kleine amerikanische Familie, die ich in Mrs. Bandhari's Guesthouse in Amritsar kennen gelernt hatte.

Da ich selbst als Studentin in Hamburg einige Zeit Yoga-Kurse bei dieser Organisation namens 3HO (Happy, Healthy, Holy Organization) besucht habe, mich damals aber nicht für der Frage interessierte, welche Rolle der Sikh-Glaube für die Mitglieder spielt, nutze ich jetzt die Gelegenheit, mehr darüber zu erfahren. Nirinjan Kaur setzt sich zu uns. Am Turban trägt sie eine große, silberne Plakette mit dem Miri-Piri-Symbol.

Ich frage sie, ob sie zufällig meinen alten Yoga-Lehrer kennt, einen kleinen, rothaarigen Holländer. „Jaja, klar", sagt sie. Er ist noch immer aktiv dabei, inzwischen aber nicht mehr in Hamburg, sondern in Amsterdam. Was hat sie motiviert, Sikh zu werden. „Ach, ich bin schon so lange Sikh, das ist für mich inzwischen so normal geworden", überlegt sie. „Ich denke, es ist die diesseitige Haltung und auch das kämpferische Element. Wir sind ja alles andere als Pazifisten", lacht sie.

In den 60er und 70er Jahren, als Yogi Bhajan seine Organisation gründete, galt 3HO unter den spirituellen Gruppen aus

Indien sicher als konservativ. Statt Pazifismus und freier Liebe lehrten die Sikhs Familienwerte und die offensive Verteidigung des eigenen Glaubens. „Am Anfang hatten wir es wirklich schwer“, sagt Nirinjan Kaur. Inzwischen habe sie sich daran gewöhnt, aber noch heute würden die Sikhs in den USA diskriminiert. „Mit den Turbanen fällt man überall auf und es ist schwer, einen Job zu bekommen. Deshalb fühlen wir uns auch so wohl, wenn wir in Indien sind.“

„Aber eure geschäftlichen Aktivitäten bringen doch sicher gutes Geld“, werfe ich ein. 3HO betreibt weltweit eine erfolgreiche Restaurantkette, zu der unter anderem auch das „Golden Temple“ in Hamburg gehört, und verkauft Bioprodukte wie den bekannten Yogi-Tee. „Ja“, lacht sie, „das Geschäft läuft wirklich gut.“ Auch in Delhi hätten sie jetzt angefangen, Bio-Produkte zu verkaufen. „Die indische Mittelklasse beginnt, sich für gesundes Essen zu interessieren“, sagt sie.

Herkawaljit Singhs Frau kommt heraus und fragt, ob wir zum Mittagessen bleiben wollen. Wir nehmen die Einladung gern an. Zum Beleg unseres letzten Gesprächsthemas zeigt uns der Hausherr eine ganze Sammlung von Bio-Teesorten im Esszimmer. Im Nebenzimmer warten zwei weitere Gäste auf Herkawaljit Singh.

Während der jüngere der beiden Männer mit uns am Esstisch Platz nimmt, bleibt der ältere nebenan sitzen. Es handelt sich um Vater und Sohn. Der Vater lebt noch immer in bäuerlichen Verhältnissen auf dem Land und spricht kein Englisch. Sein Sohn hingegen hat sich mit Import und Export eine Existenz aufgebaut. Da er auch ein Geschäft in Düsseldorf hatte, spricht er gut Deutsch.

Mutter und Tochter kommen dazu. Das Familienmittagessen ist komplett. Mit seiner Tochter, die demnächst anfangen soll zu studieren, liefert sich Herkawaljit Singh familientypische Kabbeleien am Mittagstisch. Während der Vater es gern sähe, dass die Tochter Jura studiert („Dann kann man die ganzen Bücher, die mein Vater als Jurist damals angeschafft hat, wenigsten noch mal verwenden!“), beharrt die junge Frau auf ein Wirtschaftsstudium. Unschwer zu erraten, wer sich durchsetzen wird. „Ich werde definitiv nicht Jura studieren. Ich will in den Finanzsektor!“, sagt sie selbstbewusst. Der Vater grinst nicht ohne Stolz: „Es ist immer gut, von Geld umgeben zu sein.“

Damit sind wir wieder beim Thema. Die junge Generation der Sikhs, das weiß Singh aus erster Hand, ist heute weitaus mehr an Wirtschaft als an Politik interessiert. „Der Punjab war lange landwirtschaftlich geprägt und dabei sehr erfolgreich. Aber darauf kann man sich nicht mehr verlassen. Nach der indischen Teilung wurde auch der Großgrundbesitz aufgeteilt. Wenn wir unsere Stärke bewahren wollen, müssen wir aber heute in eine andere Richtung gehen. Viele hoffen, dass wir uns Märkte in Nahost und Osteuropa erschließen können, wenn die Grenzen zu Pakistan für den Handel geöffnet werden.“

Die Idee, einen eigenen Staat für die Sikhs zu schaffen, sei ja aus der Überlegung heraus entstanden, dass der Punjab eine Art Kornkammer Indiens sei, ohne dass die Sikhs ausreichend am indischen Gemeinwesen beteiligt würden. Doch gerade die jungen Leute schauen heute weniger auf den Staatssektor als auf lukrative Jobs in der freien Wirtschaft. Wenn der Punjab wirtschaftlich erfolgreich ist, so meint auch Herkawaljit Singh, wird Khalistan keine Rolle mehr spielen.

Rebellion gegen die gerade Linie

Es ist schon spät am Nachmittag als ich mich bei der Familie Singh verabschiede. Ich bitte den Taxifahrer, mich noch ein wenig durch Chandigarh zu fahren, um einen Eindruck von der Stadt Le Corbusiers zu gewinnen. Das Auto ist sicher die beste Form, die Stadt zu erkunden, denn sie ist weitläufig, sehr weitläufig.

Die breiten Alleen und Gärten unterscheiden sie vom dichten Gewimmel der meisten indischen Städte. Und es ist kein Wunder, dass die Stadt „City Beautiful", die schöne Stadt, genannt wird. Wer es sich leisten kann und einen so schönen Garten besitzt wie Herkawaljit Singh, der genießt hier eine Lebensqualität, die nicht so leicht zu finden ist.

Die Privathäuser, die zu den teuersten in Indien gehören, sind im schönen, schlichten Stil der Moderne gehalten. Einige der Häuser für Staatsbedienstete sollen sogar noch dieselbe funktionale Einrichtung enthalten, die allen Beamten damals von Corbusier verordnet wurde.

Unzeitgemäß erscheint heute die strikte Aufteilung der Stadt in funktionale Sektoren, in denen entweder gewohnt, gearbeitet oder verwaltet wird. Das macht Chandigarh zu einer Stadt der langen Wege. Weniger überzeugen können auch die Verwaltungsgebäude, die sich als eine endlose Wiederholung von Betonblocks herausstellen. Es wundert mich nicht, dass ausgerechnet ein Beamter seine ganz eigene, erfolgreiche Rebellion gegen diese Eintönigkeit angezettelt hat.

Es ist der „Rockgarden", der inzwischen als Sehenswürdigkeit mit der Architektur Chandigarhs konkurriert. Nek Chand, ein Straßeninspektor in der Abteilung für Öffentliche Arbeiten, wagte einen Gegenentwurf zu Le Corbusier, der so bunt, so wuchernd und so ausufernd ist, wie Indien nur sein kann, und ohne den Chandigarh vermutlich ein Fremdkörper in diesem Land bleiben würde.

1958, während die neue Stadt sich im Bau befand, fing der Beamte an, Schutt zu sammeln, der beim Abriss der alten Siedlungen anfiel. Aus Scherben, zerbrochenem Geschirr, alten Steckern, Elektroleitungen und Zement begann er Figuren zu formen. Weil es ihm vor seiner Frau peinlich war, tat er das alles nach Dienstschluss in einer kleinen Hütte im Wald am Stadtrand. Als die Stadt 1972 das Gelände zwecks weiterer Baumaßnahmen roden wollte, sahen sich die Arbeiter auf einmal einer ganzen Armee von phantasievollen Skulpturen gegenüber.

Die Entdeckung sprach sich wie ein Lauffeuer herum. Und Nek Chand hatte Glück. Wollten die Behörden seinen Garten zunächst einfach planieren, fanden sich in der Stadt schnell Menschen, die den künstlerischen Wert seiner Arbeit erkannten. 1976 wurde der „Rock Garden" auf Druck der Öffentlichkeit zur staatlichen Einrichtung erklärt. Heute ist der Beamte als „Sub Divisional Engineer, Rock Garden" zuständig für Unterhalt und weiteren Ausbau der Attraktion und verfügt über ein eigenes Budget und 50 Mitarbeiter.

Neben den Hunderten von Menschen- und Tierskulpturen, die an jeder Ecke des labyrinthartigen Gartens auf den überraschten Besucher warten, gibt es künstliche Wasserfälle, Fassadenpaläste, rätselhafte Landschaftsarchitektur sowie einen neueren Teil, der als Vergnügungspark angelegt ist. Dort warten an den hohen Eingängen künstlicher Höhlen aufgehängte Schaukeln sowie ein Amphitheater mit Do-it-yourself-Bühne und Snack- und Schmuckverkäufer auf das jugendliche Publikum. Wer mag, kann auch Kamel reiten.

Mit diesen frohen Eindrücken aus dem Punjab mache ich mich auf den Rückweg nach Delhi.

Nachwort

Ist Indien ein Land, das von religiösen Konflikten zerissen zu werden droht? Oder ist es ein Land, dem es trotz enormen Konfliktpotenzials gelungen ist, fast allen Weltreligionen auf seinem Territorium eine Heimstatt zu bieten? Beides ist richtig. Es gibt in Indien eine jahrhundertealte Tradition religiöser Toleranz. Eine Haltung des „Leben und Leben lassen", die auch heute noch das Zusammenleben der Religionen auf den Dörfern und in den Städten bestimmt. Zugleich ist es nicht verwunderlich, dass die verschiedenen Religionen im Laufe ihrer Geschichte immer wieder aneinander geraten sind. Warum sollte es in Indien anders sein als im Rest der Welt?

Was beunruhigend ist, ist die politische Tendenz, religiöse Konflikte zu instrumentalisieren und gewaltsam zuzuspitzen. Sie ist durch die Abwahl der BJP als Regierungspartei nicht zu einem Ende gekommen. Denn einerseits ist mit der BJP und dem Sangh Parivar als politische Kraft weiterhin zu rechnen, andererseits beschränkt sich die Instrumentalisierung von Religion nicht auf einen Teil des politischen Spektrums. Man muss kein Prophet sein, um vorherzusehen, dass in den letzten Jahren eine Saat gelegt wurde, die auch in Zukunft vergiftete Früchte hervorbringen wird.

Es gibt aber auch Gründe zur Hoffnung. Indien ist derzeit das Land mit der weltweit am stärksten wachsenden Volkswirtschaft. Im Zuge dieser Entwicklung geht es heute vielen Indern weitaus besser als noch vor zehn Jahren. Und wie sonst kaum irgendwo ist die junge Generation optimistisch, dass es ihnen besser gehen wird als ihren Eltern und Großeltern. Sollte es gelingen, an diesem wirtschaftlichen Aufschwung auch diejenigen teilhaben zu lassen, die bis heute unter der Armutsgrenze leben – und das sind immerhin etwa 35 Prozent der Bevölkerung – wird dies ohne Zweifel einen befriedenden Einfluss haben. Zwar sind die Ideologen religiöser Gewalt meist in der Oberschicht zu finden, die gewaltsamen Konflikte aber trägt das Heer von ungebildeten Armen aus, die nichts zu verlieren haben.

Die Demokratisierung einer Gesellschaft misst sich auch an den Möglichkeiten der am schlechtesten Gestellten. „Religion spielt deshalb eine Rolle, weil die Politik die tiefe, soziale Krise des Landes nicht in den Griff bekommt", sagt der frühere Leiter der Friedrich-Ebert-Stiftung in Delhi, Klaus Voll, und ich stimme ihm in dieser Analyse zu.

Angesichts des derzeitigen Wirtschaftsbooms wird oft die These vertreten, dass Indien über kurz oder lang eine ökonomische und politische Supermacht sein wird. Das wird nur dann eintreten, wenn es gelingt, das unterste Drittel der Gesellschaft an den Früchten des Wachstums teilhaben zu lassen und die Sklaverei, die aus Analphabetismus und Verelendung besteht, zu beenden. Erst dann wird Indien das enorme Potenzial entfalten können, das in der Vielfalt der Religionen und der großartigen Tradition der Toleranz – die ein Charakteristikum des Hinduismus ist – liegt.

Zum Abschluss möchte ich die Gelegenheit nutzen, mich bei allen zu bedanken, die mir bei der Arbeit an diesem Buch zur Seite gestanden haben. Besonders danke ich Martin Breitfeld vom Verlag Herder für seine Geduld, Vijay Thakur Singh und ihrem Mann Vishvjit, die mich so herzlich in Delhi aufgenommen haben, der Familie Verma für das phantastische Domizil, Klaus Voll für mancherlei praktischen Tipp und viele interessante Gespräche sowie Amit Dasgupta für seine langjährige Freundschaft.

INDIEN
0 km
500
TURK.
UZB.
TADSCH.
AFGHANISTAN
PAKISTAN
CHINA
v. China beansprucht
Indus
KASCHMIR
Amritsar (Amrīstar)
Chandigarh
PUNJAB
Indus
Delhi
RAJASTAN
Vrindavan
Mathura
UTTAR PRADESH
NEPAL
TIBET
Lhasa
Brahmaputra
BHUTAN
Ayodhya
Ganges
Varanasi (Benares)
BIHAR
BANGLADESH
Ahmedabad
Kalkutta
Narmada
MADHYA PRADESH
MYANMAR (Birma)
Gangesmündung
MAHARASHTRA
ORISSA
Bombay
Godavari
Hyderabad
Krishna
ANDHRA PRADESH
Goa
KARNATAKA
GOLF VON BENGALEN
ARABISCHES MEER
Cauvery
ANDAMANEN
TAMIL NADU
SRI LANKA
NIKOBAREN
MALEDIVEN
INDISCHER OZEAN
© J. Weitzel 2006

Weiterführende Literatur

Akbar, M.J.: „The Shade of Swords. Jihad and the Conflict between Islam and Christianity“, New Delhi 2003

Anand, Reema: „His Sacred Burden. The Life of Bhagat Puran Singh“, Delhi 2001

Andrews, Charles F.: „Mahatma Gandhi. His Life and Ideas“, Mumbai 2006

Balsara, P.P.: „Highlights of Parsi History“, Bombay 1981

Chothia, Rustom C.: „Zoroastrian Religion“, Mumbai 2002

Duggal, K.S.: „Sikh Gurus. Their Lives and Teachings“, Delhi 2005

Gandhi, M.K.: „An Autobiography or The Story of my Experiments with Truth“, Ahmedabad 2006

Gandhi, M.K.: „Hindu Dharma“, Delhi 2003

Gomes, Olivinho J.F.: „Goa“, New Delhi 2004

Kakar, Sudhir: „Die Gewalt der Frommen. Zur Psychologie religiöser und ethnischer Konflikte“, München 1997

Mendonca, Délio de: „Conversions and Citizenry. Goa under Portugal 1510–1610“, New Delhi 2002

Mendonca, Délio de (Hrsg.): „Church in the Evolving Society of Goa“, Goa 2005

Meyer, Thomas: „Identity Mania. Fundamentalism and the Politicization of Cultural Differences“, New Delhi 2001

Miranda, Mario: „Goa. With Love“, Goa 2001

Naoroji, Dadabhai: „The Manners and Customs of the Parsees“, Liverpool 1861

Newman Fernandes, I.P.: „St. Francis Xavier and Old Goa. A Historical Guide“, Goa 2004

Said, Edward W.:„Orientalism. Western Conceptions of the Orient“, New Delhi 2001

Schuon, Frithjof: „Den Islam verstehen“, München 2002

Sen, Amartya: „The Argumentative Indian. Writings on Indian History, Culture and Identity“, London 2005

Shah, Indries: „Die Sufis. Botschaft der Derwische. Weisheit der Magier“, München 2002

Shourie, Arun: „Indian Controversies. Essays on Religion in Politics“, New Delhi 2005

Shri Ram Janamabhoomi Nyasa: „Some Frequently asked Questions on Shri Rama Janmabhoomi“, New Delhi 2001

Skoda, Uwe/Voll, Klaus: „Der Hindu-Nationalismus in Indien. Aufstieg – Konsolidierung – Niedergang?“ Berlin 2005

Srinivas, M.N.: „Caste in its Twentieth Century Avatar“, New Delhi 1997

Stukenberg, Marla: „Die Sikhs. Religion, Geschichte, Politik“, München 1995

Tavadia, Jehangir C.: „The Zoroastrian Religion in the Avesta“, Bombay 1933

Varadarajan, Siddharth (Hrsg.): „Gujarat. The Making of a Tragedy“, New Delhi 2002

Zimmer, Heinrich: „Philosophie und Religion Indiens“, Frankfurt/M. 1973